진지한 파이썬

파이썬 작동 원리에서 확장, 테스트, 배포, 최적화까지

진지한 파이썬

파이썬 작동 원리에서 확장, 테스트, 배포, 최적화까지

초판 1쇄 발행 2021년 1월 25일

지은이 쥘리앵 당주 / **옮긴이** 김영하 / **펴낸이** 김태헌
베타리더 박서희, 시한, 오정민, 이석곤, 이현훈, 이호상, 전준형, 허민
펴낸곳 한빛미디어(주) / **주소** 서울시 서대문구 연희로2길 62 한빛미디어(주) IT출판부
전화 02-325-5544 / **팩스** 02-336-7124
등록 1999년 6월 24일 제25100-2017-000058호 / **ISBN** 979-11-6224-379-4 93000

총괄 전정아 / **책임편집** 이상복 / **기획 · 편집** 윤나리 / **교정** 박용규
디자인 표지 최연희 내지 박정화 / **전산편집** 이경숙
영업 김형진, 김진불, 조유미 / **마케팅** 박상용, 송경석, 조수현, 이행은, 고광일 / **제작** 박성우, 김정우

이 책에 대한 의견이나 오탈자 및 잘못된 내용에 대한 수정 정보는 한빛미디어(주)의 홈페이지나 아래 이메일로
알려주십시오. 잘못된 책은 구입하신 서점에서 교환해드립니다. 책값은 뒤표지에 표시되어 있습니다.
한빛미디어 홈페이지 www.hanbit.co.kr / 이메일 ask@hanbit.co.kr

지금 하지 않으면 할 수 없는 일이 있습니다.
책으로 펴내고 싶은 아이디어나 원고를 메일(writer@hanbit.co.kr)로 보내주세요.
한빛미디어(주)는 여러분의 소중한 경험과 지식을 기다리고 있습니다.

진지한 파이썬

파이썬 작동 원리에서 확장, 테스트, 배포, 최적화까지

질리앵 당주 지음 / 김영하 옮김

한빛미디어
Hanbit Media, Inc.

추천사

"파이썬으로 프로그램을 개발하면서 마주친 에러들에 대해 잘 모르는 부분이 있었습니다. 이 책을 읽으면서 그 수수께끼를 풀 수 있게 되었습니다. 특히, 스핑크스 기반 문서화와 setup.py를 만드는 방법은 효율적으로 소프트웨어를 배포하고 API를 문서화하는 데 큰 도움이 됐습니다. 또한 유명 개발자 인터뷰에는 성공과 실패의 경험담과 파이썬 라이브러리를 설계하려는 사람들에게 도움이 되는 고견을 담고 있어, 책을 읽는 동안 멘토들에게 도움을 받는 느낌을 받았습니다. 잘하지만 더 잘하고 싶을 때, 즉 진정한 파이썬 고급 개발자가 되고 싶을 때 마중물이 되어줄 수 있는 책입니다."

박서희, KT

"파이썬을 다루다 보면 '파이써닉'하게 프로그래밍해야 한다는 이야기를 자주 듣습니다. 파이썬의 기능을 최대한 활용해야 다른 언어 대신 파이썬을 사용하는 의미가 있으니까요. 파이썬으로 프로젝트를 하면서 자신감이 한창 차오를 때 이 책을 만난다면 자신감이 조금 꺾일 수도 있습니다. 하지만 이 책을 공부하고 파이써닉하게 프로그래밍하는 방법을 익힌다면 더 성장한 프로그래머가 될 것입니다. 이 책에서는 데커레이터, API 문서화, 시간대 등 깊이 고민해보지 않았거나, 문제가 되는지 생각하지 못했던 것들을 잔뜩 만나게 됩니다. '난 지금까지 어떤 공부를 한 걸까' 하고 생각하게 될 수도 있지만, 자신감을 잃지 않고 실습하며 완독한다면 파이썬 실력을 더 높은 단계로 올릴 수 있을 것입니다."

시한, VAIS 인공지능 오픈채팅 커뮤니티 운영진

"정말 많은 소프트웨어를 개발했습니다. 많은 언어를 사용했고 파이썬도 그중 하나였습니다. 파이썬을 이용하여 기능 구현에만 집중했고, 잘 작동되니 파이썬을 잘 사용하고 있다고 생각했습니다. 하지만 이 책을 읽고 '내가 과연 파이썬을 파이썬답게 잘 쓰고 있는가?'라는 의문이 들었습니다. 이 책은 단순한 코딩을 넘어 프로젝트의 구조, 버전 관리 등 코딩 외적인 것까지 파이썬답게 관리하는 방법을 제시합니다. '파이써닉하다'는 말의 의미를 이제야 진정으로 이해하게 되었습니다."

오정민, 숭실대학교

"자바 중급서에 『이펙티브 자바』가 있다면 파이썬에는 『진지한 파이썬』이 있습니다. 파이썬 기본서로 공부하고 실무에 뛰어들면 고전하게 됩니다. 실무에서 개발하는 프로그램은 'Hello World' 같은 게 아니니까요. 기본이 중요하지만 프로 개발자가 되려면 테크닉도 필요합니다. 이 책은 프로그램을 더 잘 만들기 위한 방법과 조언을 잘 설명하고, 여러 개발 방법론을 소스 코드에 어떻게 적용하고 실무에 활용하는지 알려줍니다. 개발할 때 마주하는 문제에 대해서도 예시를 통해 해결 방법을 제시합니다. 파이썬을 좀 더 파이썬답게 쓰며 실력을 한 단계 더 업그레이드하고 싶다면 이 책을 읽어보길 적극 추천합니다."

이석곤, 엔컴(주) 프로젝트팀

"코로나19로 의료를 포함한 여러 분야에서 비대면 서비스 개발을 위해 다양한 프로젝트가 진행되고 있습니다. 이 책은 그러한 프로젝트들을 더욱 깔끔하고 멋지게 만들기 위해 파이썬을 정말 '진지하게' 다루는 법을 알려줍니다. 유용한 모듈, 라이브러리와 메서드, 데커레이터의 고급 활용법으로 개발 프로젝트를 진행하다 마주하는 문제들에 대한 해결책을 제시해줍니다. 또한 개발한 소프트웨어의 테스트부터 성능 최적화, 문서화와 API 관리, 배포까지 효율적으로 진행하는 방법을 설명하여, 프로젝트의 완성도를 높이고 다른 개발자와의 공유를 더욱 용이하게 해줍니다. 구상 중인 개발 프로젝트에서 파이썬을 좀 더 세련되게 쓰고 싶은 이에게 이 책을 적극 추천합니다."

이현훈, 한의사전문의, 경희대학교 임상한의학과 박사과정

"파이썬은 훌륭한 프로그래밍 입문 언어이자 실무에서도 활발히 쓰이는 명실상부한 인기 언어입니다. 이 책은 파이썬의 기본 문법을 숙지하고 기본적인 프로그래밍이 가능한 프로그래머가 중급자가 되기 위해 알아야 할 필수 내용을 예제와 함께 담고 있습니다. 특히 실무에서 여러 사람과 함께 개발할 때 필요한 문서화, 모듈과 라이브러리, 배포, 테스트부터 고급 프로그래머가 되기 위한 성능 최적화, 확장, 함수형 프로그래밍까지 다양한 내용을 고루 다루는 흔치 않은 책입니다. 파이썬을 파이썬답게 사용하며 고급 기법을 프로젝트에 적용하고 싶은 이에게 이 책을 추천합니다."

이호상, SK텔레콤

"파이썬 프로젝트를 시작하기 위해 필요한 기본 지식부터 최적화 등의 고급 기술에 이르기까지 『진지한 파이썬』 한 권으로 모두 배울 수 있습니다. 특히 책의 후반부에서는 개발을 오랜 시간 경험하지 않은 초심자라면 접하기 어려운 여러 기술과 기법들이 이해하기 쉽게 설명되어 있습니다. 진지하게 파이썬 프로젝트에 임해보고 싶다면 이 책을 읽어보길 권합니다."

전준형, 티맥스

"주위에 물어보고 싶었지만 대답해줄 고수조차 찾기 힘들었던 실무 난제들의 해답이 한 권에 모두 담겨 있습니다. 데커레이터, 제너레이터, 코루틴 등의 '파이써닉'한 활용을 위한 조언부터 프로파일링 기법, 메모이제이션을 통한 최적화, 멀티 프로세싱을 고려한 확장에 이르기까지 오픈스택 프로젝트 팀 리더 출신의 저자가 일목요연하게 정리해줍니다. 약 300쪽의 가벼운 분량으로 고수들만 아는 기법들을 빠르게 훑어볼 수 있으며 파이썬 2, 3 등 버전에 따른 변화를 파악하기 쉽습니다. 또한 각 장의 말미에 있는 파이썬 고수들의 인터뷰에서 살아 있는 파이썬을 생생하게 느낄 수 있습니다. 파이썬 엔지니어라면 꼭 읽어보길 권합니다."

허민, 한국외국어대학교 정보지원처

지은이 · 옮긴이 소개

지은이 쥘리앵 당주 Julien Danjou

20년 가까이 자유 소프트웨어 해커로 활동하며, 파이썬으로 소프트웨어를 개발했다. 250만 줄이 넘는 코드가 파이썬으로 작성된 거대 오픈소스 오픈스택OpenStack의 분산 클라우드 플랫폼을 위한 프로젝트의 팀 리더로 일했다. 클라우드 개발 일을 하기 전에 윈도우 관리자를 개발했으며, 데비안Debian과 GNU 이맥스Emacs와 같은 다양한 소프트웨어 프로젝트에 기여했다.

옮긴이 김영하fermat39@gmail.com

새로운 기술에 관심이 많고 공유하기를 좋아하는 개발자이자 번역가. 디플러스 소속으로 주로 인공지능과 데이터 분석 분야에서 개발 및 강의를 하며, IT 분야 직무 면접관으로도 일한다.

새 기술과 최신 정보를 공유하고자 『안전한 인공지능 시스템을 위한 심층 신경망 강화』(한빛미디어, 2020), 『Do it! 데이터 분석을 위한 판다스 입문』(이지스퍼블리싱, 2018), 『파이썬 웹 스크래핑』(2017), 『Splunk 앱 제작과 대시보드 개발』(2016 이상 에이콘출판사), 『뷰티풀 자바스크립트』(2016), 『누구나 쉽게 배우는 스몰베이직』(2016, 이상 비제이퍼블릭) 등을 번역했으며, EBS 이솦에서 데이터 분석 컨텐츠를 제작한다.

파이썬은 쉽고 간결합니다. 시중에는 정말 많은 파이썬 책이 있고, 프로그래밍 입문뿐만 아니라 머신러닝 모델 개발에도 파이썬을 많이 사용합니다.

파이썬을 파이썬답게 프로그래밍하는 것은 어떻게 하는 걸까요? 파이썬은 참 유연합니다. 함수형 프로그래밍 언어이자 객체지향 언어이기도 합니다. 또한 절차적 언어이기도 합니다. 파이썬을 파이썬답게 쓴다는 건 이런 파이썬의 특성을 잘 활용한다는 것을 의미할 겁니다.

파이썬 입문서는 많지만, 파이썬 프로젝트를 진지하게 진행하며 파이썬이 내부적으로 어떻게 작동하고 처리되는지까지 다루는 책은 찾기 어렵습니다.

이 책은 파이썬을 참 '진지하게' 다룹니다. 주제가 그렇습니다. 그럼에도 쉬운 방법으로 설명합니다. 파이썬을 오래 다뤄본 경험이 없다면 나올 수 없는 내용도 많습니다.

여러분이 이 책을 읽으며 저자가 15년 넘는 세월 동안 쌓은 노하우를 얻고, 좀 더 효율적으로 파이썬다운 코딩을 경험하게 되기를 바랍니다.

저는 파이썬 3.8.6을 기준으로 윈도우에 비주얼 스튜디오 코드를 설치하고 터미널로는 명령 프롬프트를 사용해 예제를 테스트했습니다. 다만, 일부 코드 예제는 맥 OS와 리눅스 환경에서만 작동합니다. 파이썬 설치 경로와 작업 디렉터리는 다음과 같이 설정했습니다.

- 설치 경로: C:\users\[사용자명]\appdata\local\programs\python\python38\python.exe
- 작업 디렉터리: C:\serious_python

김영하

감사의 말

이 책의 초판을 집필할 때는 많은 노력이 필요했습니다. 되돌아보면 얼마나 힘들지도 몰랐고 어떤 결과를 얻게 될지도 몰랐습니다.

빨리 가려면 혼자 가야 한다고들 말하지만, 멀리 가려면 함께 가야 합니다. 이 책은 벌써 4판[1] 입니다. 여기까지 오면서 도와준 분들이 없었다면 이 책은 존재하지 않았을 겁니다. 이 책은 함께 노력한 결실입니다. 책을 만들기까지 도움을 주신 모든 분께 감사의 마음을 전합니다.

많은 분이 저를 믿고 기꺼이 시간을 내 인터뷰에 응해주셨습니다. 이 책에 담긴 다음 분들의 가르침에 많은 빚을 졌습니다. 파이썬 라이브러리 개발에 좋은 조언을 해준 더그 헬먼[Doug Hellmann], 분산 시스템에 관한 유머와 지식을 전달해준 조슈아 할로[Joshua Harlow], 프레임워크 제작 경험을 공유해준 크리스토프 드 비엔[Christophe de Vienne], 놀라운 CPython을 알려준 빅터 스티너[Victor Stinner], 데이터베이스 처리를 도와준 디미트리 퐁텐[Dimitri Fontaine], 테스팅에 조언을 준 로버트 콜린스[Robert Collins], 더 좋게 파이썬을 만들고자 하는 닉 코글런[Nick Coghlan], 놀라운 해커 정신을 가진 폴 탈리아몬테[Paul Tagliamonte]에게 감사의 인사를 전합니다.

이 책을 새로운 수준으로 만드는 데 도움을 준 노 스타치 직원들에게 감사합니다. 특히 편집을 훌륭하게 해준 리즈 채드윅[Liz Chadwick], 제가 끝까지 집필할 수 있도록 도와준 로럴 춘[Laurel Chun], 기술적 통찰력을 준 마이크 드리스콜[Mike Driscoll](@driscollis)에게 감사합니다.

또한 지식 공유로 제가 성장할 수 있게 도와준 자유 소프트웨어 커뮤니티와 특히 항상 따뜻하고 열정적인 파이썬 커뮤니티에 감사의 마음을 전합니다.

쥘리앵 당주

---

1 옮긴이_ 원서 초판의 제목은 『The Hacker's Guide to Python』(Lulu.com, 2014)이며, 번역서로는 『실전 파이썬 프로그래밍』(인사이트, 2014)이라는 이름으로 출간되었습니다. 『진지한 파이썬』은 4판에 해당하며, 원제는 『Serious Python』입니다.

이 책에 대하여

여러분이 이 책을 읽기로 했다면 이미 파이썬으로 개발을 해본 경험이 있을 것입니다. 책이나 관련 자료로 공부하거나 기존 프로그램을 분석하고 밑바닥부터 코드를 작성해보며 시작했을 수도 있습니다. 어떤 경우든 '자신만의 방법으로' 파이썬을 배웠을 것입니다. 10년 전 큰 오픈 소스 프로젝트들을 시작하기 전까지 저도 그렇게 공부했습니다.

첫 파이썬 프로그램을 완성한 후에는 파이썬을 잘 알게 되었다는 생각이 들기 마련입니다. 파이썬이라는 프로그래밍 언어 자체는 이해하기 쉽습니다. 그러나 높은 수준에서 파이썬으로 개발하고 파이썬이 가진 장단점을 깊이 이해하려면 수년이 걸립니다.

제가 파이썬을 시작할 당시에 만든 파이썬 라이브러리와 애플리케이션은 '보잘것없는' 규모였습니다. 그런데 수많은 사용자가 사용하는 프로그램을 다양한 개발자와 함께 개발하게 되자 많은 것이 바뀌었습니다. 예를 들어 제가 기여했던 오픈스택 플랫폼은 9백만 줄이 넘는 파이썬 소스 코드로 만들어졌습니다. 그럼에도 이 플랫폼은 사용자가 요구하는 클라우드 컴퓨팅 애플리케이션 수준을 만족할 수 있도록 간결하면서도 효율적으로 확장이 가능해야 했습니다. 이런 규모의 프로젝트에 참여한다면 테스트와 문서화 같은 작업에 자동화가 절대적으로 필요합니다. 그렇지 않다면 결코 프로젝트를 끝낼 수 없을 테니까요.

한때 저는 파이썬을 많이 안다고 생각했습니다. 상상할 수 없을 정도로 엄청나게 큰 규모의 프로젝트를 시작하기 전까지 말입니다. 규모가 큰 프로젝트를 하면서 저는 많이 배웠습니다. 업계 최고 수준의 파이썬 개발자들을 만났고, 그들에게 배울 기회도 얻었습니다. 그들은 일반적 아키텍처와 설계 이론부터 도움이 되는 다양한 조언까지, 많은 것을 가르쳐주었습니다. 이 책에서 제가 배운 아주 중요한 지식을 공유하고자 합니다. 앞으로 여러분이 효율적으로 더 좋은 파이썬 프로그램을 만들 수 있기를 바랍니다.

이 책과 함께 즐겁고 진지하게 파이썬 개발을 하길 바랍니다!

대상 독자

파이썬 개발자가 파이썬 실력을 높이고 싶을 때 참고할 수 있도록 집필했습니다. 파이썬이 가진 능력을 극대화하고, 잘 실행되는 프로그램을 만들기 위한 많은 방법과 조언을 담았습니다. 이미 프로젝트를 진행한다면 현재 개발 중인 소스 코드를 개선하기 위해 이 책에서 다룬 기법들을 바로 적용해볼 수 있습니다. 프로젝트를 처음 시작한다면 모범 사례에서 배운 기법을 적용해 프로젝트의 청사진을 그려볼 수 있을 것입니다.

책에서는 파이썬 소스 코드를 효율적으로 작성하는 방법을 더 잘 이해할 수 있도록 파이썬 내부도 살펴봅니다. 파이썬이라는 프로그래밍 언어 내부에서 어떻게 소스 코드가 처리되는지 깊이 이해하면, 개발할 때 생기는 문제나 비효율적인 상황을 잘 해결할 수 있습니다.

이 책은 파이썬 소스 코드, 애플리케이션, 라이브러리 테스트, 이식, 확장 같은 문제에 대해 실무에서 입증된 해결 방법을 제공합니다. 다른 개발자가 경험한 실수를 피하고, 프로그램을 오랫동안 유지할 수 있는 전략을 익힐 수 있을 것입니다.

책의 구성

이 책은 반드시 처음부터 끝까지 순서대로 읽도록 집필하지 않았습니다. 관심 있거나 현재 하는 일과 관련된 부분을 바로 읽어도 좋습니다. 다양하고 실용적인 조언을 만나게 될 것입니다. 장별로 다루는 내용을 간략히 정리하면 다음과 같습니다.

1장은 프로젝트 구조화, 파이썬 버전 선택, 자동 오류 검출 환경 만들기 등에 대한 조언이며 프로젝트 착수 전에 무엇을 고려해야 하는지 지침을 제공합니다. 마지막에는 조슈아 할로의 인터뷰를 실었습니다.

2장은 파이썬 모듈, 라이브러리, 프레임워크를 소개하고 내부적으로 어떻게 작동하는지 간단히 다룹니다. sys 모듈 사용법, 자세한 pip 패키지 관리자 사용법, 개발자에게 맞는 최선의 프레임워크를 선택하는 방법, 표준 및 외부 라이브러리 사용에 대한 지침을 살펴봅니다. 마지막에는 더그 헬먼의 인터뷰를 실었습니다.

3장은 프로젝트 문서화와 API 관리에 대한 조언을 제공합니다. 프로젝트를 공개한 이후에도 계속 관리하고 개선해야 하기 때문입니다. 문서 작업을 자동화하는 스핑크스를 사용하는 방법도 다룹니다. 마지막에는 크리스토프 드 비엔의 인터뷰를 실었습니다.

4장은 `datetime` 객체와 `tzinfo` 객체를 사용해서 자주 접하지만 막상 처리하기는 어려운 시간대와 관련된 오랜 문제를 다루는 방법을 살펴봅니다.

5장은 개발한 프로그램을 사용자에게 배포하는 지침을 설명합니다. 패키징, 배포 표준, `distutils` 및 `setuptools` 라이브러리, 엔트리 포인트를 사용해서 패키지 내의 동적 기능을 쉽게 찾는 방법도 다룹니다. 마지막에는 닉 코글런의 인터뷰를 실었습니다.

6장은 모범 사례로 단위 테스트를 설명하고 `pytest`로 단위 테스트를 자동화하는 방법을 제공합니다. 편하게 테스트할 수 있게 돕는 가상 환경^{virtual environment}을 사용하는 방법도 설명합니다. 마지막에는 로버트 콜린스의 인터뷰를 실었습니다.

7장은 메서드와 데커레이터를 자세히 설명합니다. 언제 어떻게 데커레이터를 사용하는지와 데커레이터를 만드는 방법 및 조언, 함수형 프로그래밍에 파이썬을 사용하는 방법을 살펴봅니다. 정적, 클래스, 추상 메서드도 자세히 살펴보고 크고 강력한 프로그램을 개발하기 위해 세 가지 메서드를 함께 사용하는 방법도 살펴봅니다.

8장은 파이썬으로 구현할 수 있는 함수형 프로그래밍 기법을 더 설명합니다. 제너레이터^{generator}, 리스트, 함수형 함수 그리고 실제로 구현하는 일반적인 도구와 유용한 `functools` 라이브러리를 다룹니다.

9장은 파이썬 언어 자체의 구조를 들여다봅니다. 파이썬 내부 구조인 추상 구문 트리^{abstract syntax tree}(AST)를 설명합니다. 정교한 자동 검사를 프로그램에 구현하기 위해 `flake8`를 AST와 함께 동작하도록 확장하는 방법도 설명합니다. 마지막에는 폴 탈리아몬테와의 인터뷰를 실었습니다.

10장은 적절한 자료구조 사용, 효율적인 함수 정의, 소스 코드에 존재하는 병목현상을 확인하기 위해 동적 성능 분석을 적용해서 성능을 최적화하는 지침을 제공합니다. 메모이제이션memoization과 데이터 복사 시 낭비를 줄이는 방법도 다룹니다. 마지막에는 빅터 스티너의 인터뷰를 실었습니다.

11장은 멀티프로세싱과 달리 언제 어떻게 멀티스레드를 사용해야 하는지, 확장성 있는 프로그램을 만들기 위해 이벤트 지향 아키텍처event-oriented architecture를 사용해야 하는지 서비스 지향 아키텍처service-oriented architecture를 사용해야 하는지에 관한 멀티스레딩의 고급 주제를 다룹니다.

12장은 관계형 데이터베이스가 주제입니다. 관계형 데이터베이스의 내부 동작과 효과적으로 데이터를 관리하고 주고받기 위한 PostgreSQL 사용 방법을 설명합니다. 디미트리 퐁텐의 인터뷰도 실었습니다.

마지막 **13장**은 다양한 주제에 대한 훌륭한 조언을 제공합니다. 파이썬 2와 파이썬 3 모두 호환되는 소스 코드 작성하기, 함수형 프로그래밍 언어인 리스프Lisp 유형의 소스 코드 작성하기, 콘텍스트 관리자 사용, attr 라이브러리로 반복 줄이기를 설명합니다.

CONTENTS

CHAPTER **1** 프로젝트 시작하기

CHAPTER **2** 모듈, 라이브러리, 프레임워크

CHAPTER 3 문서화와 모범 API 사례

CHAPTER 4 시간 정보와 시간대 다루기

CONTENTS

CHAPTER **7 메서드와 데커레이터**

CONTENTS

CHAPTER 10 성능과 최적화

CHAPTER 11 확장과 구조

CONTENTS

프로젝트 시작하기

1장에서는 파이썬 프로젝트를 시작하기 전에 파이썬 버전 선택 방법, 모듈을 구조화하는 방법, 효과적으로 프로그램 버전을 부여하는 방법, 자동으로 오류를 확인하는 최선의 코딩 방법을 살펴봅니다.

1.1 파이썬 버전

프로젝트 시작 전에 파이썬 버전을 결정해야 합니다. 버전 선택은 생각보다 간단하지 않습니다. 파이썬은 여러 버전이 동시에 공개되어 있습니다. 파이썬의 각 마이너 버전은 출시 후 18 개월간 버그 수정, 5년간 보안 문제를 지원합니다. 2019년 10월 14일 출시된 파이썬 3.8도 18개월 뒤인 2021년 4월까지 버그 수정 지원을 받으므로 그 후에는 모든 개발자가 파이썬 3.9 를 사용해야 합니다(파이썬 3.9는 2020년 10월에 출시되었습니다). 파이썬은 새로운 버전이 릴리스될 때마다 기능이 새롭게 추가되거나 없어지기도 합니다. [그림 1-1]은 파이썬 릴리스 연표입니다.

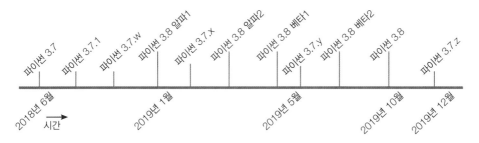

그림 1-1 파이썬 릴리스 연표

파이썬 2를 사용해야 하느냐 파이썬 3을 사용해야 하느냐의 문제를 먼저 고려해야 합니다. (매우) 오래된 시스템 환경에서 개발한다면 파이썬 2를 사용해야 할 수도 있습니다. 가장 좋은 방법은 가능한 한 파이썬 2를 사용하지 않는 것입니다.

다음은 언제, 어떤 파이썬 버전이 필요한지 빠르게 파악하는 방법입니다.

- 파이썬 2.6과 그 이전 버전은 너무 오래되어 아무도 사용하지 않으므로 권장하지 않습니다. 특별한 이유로 이전 버전을 사용한다면 파이썬 3.x에서 실행되지 않을 수 있습니다. 구형 시스템에선 파이썬 2.6이 실행될 수도 있습니다.
- 파이썬 2.7은 파이썬 2.x의 마지막 버전입니다. 현재 모든 시스템에서 기본적으로 파이썬 3을 실행할 수 있습니다. 여러분이 디지털 세계의 고고학자가 아니라면 새롭게 개발하는 프로그램에선 파이썬 2.7 지원을 신경 쓰지 않아도 됩니다. 파이썬 2.7은 2020년 이후로 지원이 중단됩니다. 그러므로 파이썬 2 버전을 사용한다면 해당 버전으로 만드는 마지막 프로그램이 될 것입니다.
- 파이썬 3.7은 이 책을 집필하는 시점에 가장 최신 버전입니다.[1]

파이썬 2.7과 3.x를 모두 지원하는 프로그램을 만드는 기법은 13장에서 설명합니다. 이 책은 파이썬 3을 기준으로 집필했습니다.

---

1 옮긴이_ 2020년 1월 1일에 파이썬 2 버전이 공식적으로 지원이 끝났습니다. 그 전에까지는 https://pythonclock.org라는 사이트에서 파이썬 2 공식 종료까지 시간이 얼마나 남았는지 알려주기도 했습니다. 이제는 파이썬 2는 잊고, 파이썬 3으로 개발하면 됩니다. 2020년 10월에 파이썬 3.9 버전이 릴리스되었지만, 텐서플로는 파이썬 3.8 버전까지만 지원합니다. 따라서 사용할 라이브러리와의 호환을 고려하여 파이썬 버전을 선택해야 합니다.

1.2 프로젝트 잘 설계하기

신규 프로젝트를 시작하는 것은 어려운 문제를 푸는 것과 비슷합니다. 진행할 프로젝트를 어떻게 구조화할지 확신하기 어렵고, 프로젝트와 관련된 파일을 정리하는 것도 어렵습니다. 하지만 잘 구조화된 모범 프로젝트를 이해하면, 어떤 기본 구조부터 시작해야 하는지 알게 될 것입니다. 이제 프로젝트를 설계할 때 지켜야 할 사항과 하지 말아야 할 사항을 알아봅시다.

1.2.1 지켜야 할 사항

프로젝트 구조는 가능한 한 단순하게 만들어야 합니다. 패키지와 계층구조를 적절히 사용합시다. 너무 많은 계층구조를 사용하면 소스 코드를 찾을 때 힘들고, 너무 단순한 구조를 사용하면 프로젝트를 구분하기도 힘들고 구조가 비대해집니다.

단위 테스트를 패키지 디렉터리가 아닌 곳에 저장하지 않도록 주의해야 합니다. 단위 테스트는 반드시 개발하고 있는 프로그램의 하위 패키지subpackage에 포함해야 합니다. 그래야 setuptools나 다른 패키징 라이브러리가 단위 테스트를 최상위 수준top-level 모듈로 자동 설치하지 않습니다. 단위 테스트를 하위 패키지에 포함해두면, 다른 패키지에서도 설치해서 사용할 수 있습니다. 그래서 사용자가 자신만의 단위 테스트를 만들 수도 있습니다. [그림 1-2] 는 앞서 이야기한 표준 파일 계층도의 예시입니다.

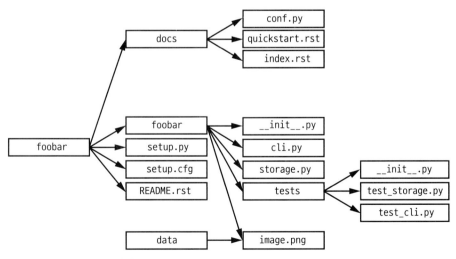

그림 1-2 일반적인 패키지 디렉터리 구조

파이썬 설치 스크립트의 표준 이름은 setup.py입니다. 이 파일은 설치 스크립트 구성 세부 정보가 포함된 setup.cfg과 함께 제공됩니다. setup.py를 실행하면 파이썬 배포 유틸리티를 사용해서 패키지를 설치합니다.

README.rst나 README.txt 혹은 선호하는 이름으로 정한 파일을 만들어 사용자에게 중요한 정보를 제공할 수 있습니다. 마지막으로 docs 디렉터리에는 reStructuredText 형식으로 작성한 패키지 문서를 저장합니다. 3장에서 언급하는 스핑크스^{Sphinx}를 사용해서 이 문서를 다룹니다.

패키지는 소프트웨어가 사용할 데이터(이미지, 셸 스크립트 등)를 제공할 때 사용됩니다. 파일을 저장하는 표준이 없기 때문에 프로젝트 목적에 부합하는 위치에 저장하는 것이 좋습니다. 예를 들어 웹 애플리케이션 템플릿은 패키지 루트 디렉터리의 template에 파일을 저장할 수 있습니다.

다음은 패키지 루트에서 볼 수 있는 디렉터리들입니다.

- 설정 파일들을 위한 etc
- 셸 스크립트와 관련 도구들을 위한 tools
- setup.py로 설치할 실행 스크립트들이 위치하는 bin

1.2.2 금지 사항

잘 만들어지지 않은 프로젝트 구조에서 종종 마주치는 설계 문제가 있습니다. 어떤 개발자는 저장할 소스 코드의 '기능'을 기반으로 파일이나 모듈을 생성합니다. 예를 들면 functions.py나 exceptions.py같이 말입니다. 이는 좋지 않은 접근 방식이며 소스 코드를 살펴볼 다른 개발자에게도 도움이 되지 않습니다. 개발자는 소스 코드를 볼 때, 프로그램의 특정 기능이 특정 파일에 들어 있다고 생각하기 때문입니다. 이유 없이 파일을 오가게 하는 건 도움이 되지 않습니다.

코드는 형식이 아니라 기능을 기반으로 구성해야 합니다.

__init__.py 파일만 있는 모듈 디렉터리를 만드는 것은 불필요한 일입니다. 예를 들어 디렉터리 hooks 안에 hooks/__init__.py 파일만 있다면, 디렉터리 없이 hooks.py만으로 충분합니다. 디렉터리를 만들 땐, 그 디렉터리가 의미하는 여러 파일을 함께 저장하는 것이 좋습니다. 디렉터리에 불필요한 하위 계층을 여러 개 생성하면, 사용자가 혼란을 겪기 쉽습니다.

__init__.py 파일에 입력할 소스 코드는 매우 주의해야 합니다. 디렉터리에 포함된 모듈을 불러올 때, 가장 먼저 이 파일을 호출하고 실행합니다. __init__.py에 잘못된 내용이 있으면 의도하지 않은 오류가 생길 수 있습니다. 대부분은 __init__.py 파일은 아무 내용도 없어야 합니다. 파이썬은 하위 모듈이라고 생각하는 디렉터리에 __init__.py 파일이 존재한다고 가정합니다. 따라서 __init__.py 파일을 삭제하면 파이썬 모듈을 불러올 수 없습니다.

1.3 버전 번호 매기기

사용자가 최신 버전임을 알 수 있도록 소프트웨어 버전을 표기해야 합니다. 사용자는 모든 프로젝트가 개발되는 과정을 시간 순서대로 알아야 합니다.

버전 번호를 구성하는 방법에는 제한이 없습니다. 하지만 PEP 440[2]은 다른 프로그램과 패키지가 패키지의 버전을 쉽고 안정적으로 구별하도록, 모든 파이썬 패키지와 애플리케이션이 따라야 하는 버전 형식을 명시합니다.

PEP 440은 버전 번호 매기기에 대한 다음 정규표현식regular expression을 정의합니다.

```
N[.N]+[{a¦b¦c¦rc}N][.postN][.devN]
```

이 기준에 따르면 1.2 또는 1.2.3과 같은 표준 번호를 지정할 수 있고, 몇 가지 주의 사항이 있습니다.

- 버전 1.2는 1.2.0과 같고 1.3.4는 1.3.4.0과 같습니다.
- N[.N]+와 일치하는 버전은 최종 릴리스로 간주합니다.
- 2013.06.22와 같이 날짜 기반 버전은 유효하지 않은 것으로 간주합니다. PEP 440 형식 버전 번호를 감지하도록 설계된 자동화 도구가 1980 이상의 버전 번호를 감지하면 오류가 발생합니다.
- 최종 구성 요소는 다음 형식도 사용할 수 있습니다.
- N[.N]+aN(예를 들어 1.2a1)은 알파 버전으로, 불안정하고 누락된 기능이 있을 수 있는 버전입니다.
  - N[.N]+bN(예를 들어 2.3.1b2)은 기능이 완료되었지만, 여전히 버그가 있는 베타 버전입니다.

---

2 옮긴이_ `https://www.python.org/dev/peps/pep-0440`

- N[.N]+cN 또는 N[.N]+rcN(예를 들어 0.4rc1)은 (릴리스) 후보를 나타냅니다. 심각한 버그가 발생하지 않는 한 최종 제품으로 출시될 수 있는 버전입니다. rc와 c 접미어는 동일한 의미가 있지만 둘 다 사용되는 경우 rc 릴리스는 c 릴리스보다 새로운 것으로 간주합니다.

- 다음 접미사도 사용할 수 있습니다.

  - .postN(예를 들어 1.4.post2)은 릴리스 후를 나타냅니다. 출시 이후의 릴리스는 일반적으로 릴리스 노트와 같은 출시 과정의 사소한 오류를 해결하는 데 사용합니다. 버그 수정 버전을 출시할 때는 .postN 접미사를 사용하면 안 됩니다. 그 대신 마이너 버전의 번호를 늘려야 합니다.

  - .devN(예를 들어 2.3.4.dev3)은 개발 릴리스를 나타냅니다. 예를 들어 2.3.4.dev3는 알파, 베타, RC$^{release\ candidate}$ 또는 최종 릴리스 이전의 2.3.4 릴리스의 세 번째 개발 버전을 나타냅니다. 이 접미사는 사람이 알아보기 어렵기 때문에 권장하지 않습니다.

위 방법은 대부분의 일반적인 사용 사례를 충족할 겁니다.

> **NOTE_** 버전 번호 매기기에 대한 자체 지침을 제공하는 **시맨틱 버전 관리**Semantic Versioning에 대해 들어봤을 겁니다. 이 사양은 PEP 440과 부분적으로 겹치고, 완전히 호환되지는 않습니다. 예를 들어 시험판 버전 관리에 대한 시맨틱 버전 관리의 권장 사항은 PEP 440을 준수하지 않는 **1.0.0-alpha+001**과 같은 체계를 사용합니다.

깃^{Git} 및 머큐리얼Mercurial처럼, **분산 버전 제어 시스템**distributed version control system(DVCS) 플랫폼은 식별 해시를 사용하여 버전 번호를 생성할 수 있습니다(깃은 git describe 참조). 하지만 이 시스템은 PEP 440이 정의한 체계와 호환되지 않습니다. 한 가지 이유로는 해시^{hash} 식별을 명령할 수 없습니다.

1.4 코딩 스타일과 자동 검사

코딩 스타일은 어려운 주제이지만 파이썬을 더 진지하게 다루기 위해서는 반드시 필요한 스킬입니다. 다른 프로그래밍 언어와 달리 파이썬은 들여쓰기를 사용하여 블록을 정의합니다.

이번 절에서는 파이썬 코드 작성을 위한 표준 스타일과 자동 검사 도구를 소개합니다. '들여쓰기를 어떻게 해야 하나요?'와 같은 질문에 대한 해답이 여기 있습니다.

파이썬 개발자들은 PEP 8(https://www.python.org/dev/peps/pep-0008)이라는 파이썬

스타일 가이드를 만들었는데, 이는 파이썬 코드 작성을 위한 표준 스타일을 정의합니다.

이 가이드를 요약하면 다음과 같습니다.

- 들여쓰기는 4개의 공백을 사용하십시오.

- 모든 행은 최대 79자로 제한하십시오.

- 최상위 함수나 클래스 정의는 두 개의 빈 줄로 분리하십시오.

- ASCII 또는 UTF-8을 사용하여 파일을 인코딩하십시오.

- import 문은 한 라인에 하나만 쓰고, 한 import 문에서는 하나의 모듈만 가져옵니다. import 문은 문서 맨 위에 쓰되, 주석과 독스트링docstring 다음에 씁니다. 그리고 표준 라이브러리 임포트, 제3자 임포트, 로컬 라이브러리 임포트 순서로 그룹화해야 합니다.

- 괄호, 대괄호, 중괄호 사이 또는 쉼표 앞에 불필요한 공백을 사용하지 마십시오.

- 클래스 이름을 낙타 표기법(예를 들어 CamelCase), 접미사 예외 오류(해당하는 경우), 소문자의 함수 이름과 언더바(예를 들어 separator_by_underscores)로 작성하십시오. _private 속성 또는 메서드에는 선행 언더바를 사용하십시오.

이 가이드는 따르기 어렵지 않으며 이해하기도 쉽습니다. 파이썬 개발자는 문제없이 코드를 작성할 수 있습니다.

하지만 사람은 늘 실수를 할 수 있기 때문에 여러분의 코드가 PEP 8 가이드에 맞는지 다시 한번 확인하는 과정이 필요합니다. 이를 위해 다행히도 pycodestyle라는 자동 검사 도구 (https://pypi.org/project/pycodestyle)가 있습니다. 파이썬에 이 도구가 기본으로 설치되어 있지 않으므로, pip로 pycodestyle을 설치(pip install pycodestyle)해야 하며, 다음과 같이 파일에서 사용할 수 있습니다. 유닉스 계열에서는 echo %ERRORLEVEL% 대신 echo $?를 사용합니다.[3]

```
C:\serious_python\chapter01> pycodestyle hello.py
hello.py:4:1: E302 expected 2 blank lines, found 1

C:\serious_python\chapter01> echo %ERRORLEVEL%
1
```

---

3 echo %ERRORLEVEL%의 값이 0이면 프로그램이 성공적으로 종료된 것입니다. 만약 0이 아닌 수의 값을 반환한다면 프로그램이 정상적으로 종료되지 않은 것입니다.

pycodestyle에 소스 코드 파일 `hello.py`를 전달해서 실행합니다. 출력 시 PEP 8을 준수하지 않은 행과 열을 알려줍니다. 예제에서는 해당 파일의 4행 1열에서 함수 선언 전에 빈 두 줄이 없다는 것을 알려줍니다. PEP 8 가이드에서 꼭 지켜야하는 항목에 대한 위반은 **오류**[error]로 보고되며 오류 코드는 E로 시작합니다. 사소한 문제는 **경고**[warning]로 보고되며, 오류 코드는 W로 시작합니다. 첫 번째 문자 다음에 나오는 3자리 코드는 오류 또는 경고의 종류를 나타냅니다.

예를 들어 E2로 시작하는 오류는 공백 문제, E3로 시작하는 오류는 빈 줄 문제, W6로 시작하는 경고는 더는 사용되지 않는 기능을 나타냅니다. 이 코드는 모두 문서(https://pep8.readthedocs.io)에 나와 있습니다.[4]

1.4.1 스타일 오류를 잡는 도구

표준 라이브러리의 일부가 아닌 PEP 8에 따라 코드를 검증하는 것이 좋은지 고민하는 사람들이 있습니다. 필자의 조언은 정기적으로 소스 코드에 대해 PEP 8 유효성 검사 도구를 실행하자는 것입니다. PEP 8 가이드를 준수하면 장기적으로 좋고, 지속적 통합[continuous integration](CI)으로 쉽게 이어질 수 있습니다. pycodestyle과 tox를 통합하여 검사를 자동화하는 방법은 6.2.2절의 'tox와 virtualenv 사용하기'에서 설명합니다.

대부분의 오픈소스 프로젝트는 PEP 8을 준수하도록 자동화하여 관리합니다. 프로젝트 초기부터 이러한 자동 검사를 사용하면 처음에는 어려움을 느낄 수 있겠지만, 프로젝트를 구성하는 모든 소스 코드가 동일한 스타일을 갖게 할 수 있습니다. 연산자 앞에 공백을 넣어야 할지, 들여쓰기는 몇 칸으로 해야 할지 등에 관해서는 다양한 의견들이 존재하므로, 한 프로젝트에서는 혼란이 생기지 않도록 동일한 스타일을 유지하는 것이 매우 중요합니다.

`--ignore` 옵션을 사용하여 특정 종류의 오류를 무시하도록 설정할 수 있습니다.

```
C:\serious_python\chapter01> pycodestyle --ignore=E3 hello.py
C:\serious_python\chapter01> echo %ERRORLEVEL%
1
```

---

4 옮긴이_ pycodestyle의 원래 명칭은 pep8이었습니다. 표준 스타일 가이드인 PEP 8과 이름이 혼동된다는 의견 때문에 변경되었습니다. 코드 명칭과 관련된 토론 내용은 이 페이지(https://github.com/PyCQA/pycodestyle/issues/466)에서 볼 수 있습니다.

위 예제는 `hello.py` 파일 내의 모든 코드 E3 오류를 무시합니다. 소스 코드에 `--ignore` 옵션을 주고 `pycodestyle`을 실행하면 특정 종류의 문제를 무시할 수 있습니다. 이렇게 하면 다양한 종류의 오류가 많이 있을 때, 한 번에 한 종류씩 집중해서 해결할 수 있어 도움이 됩니다.

> **NOTE_** 파이썬에서 사용할 모듈을 만들 때 C 언어를 사용할 경우, PEP 7이라는 표준 스타일을 준수해야 합니다(https://www.python.org/dev/peps/pep-0007).

1.4.2 코딩 오류를 잡는 도구

파이썬에는 코딩 오류를 검사하는 도구가 있습니다. 다음은 관심을 가질 만한 몇 가지 예입니다.

- **Pyflakes**(https://pypi.org/project/pyflakes)
  pip로 설치할 수 있습니다.
- **Pylint**(https://pypi.org/project/pylint)
  코드 오류 검사를 하는 동안 PEP 8 적합성을 확인합니다. pip로 설치할 수 있습니다.

이러한 도구는 모두 정적 분석을 사용합니다. 즉 코드를 실행하지 않고 구문을 분석합니다.

`pyflakes`만으로는 PEP 8 적합성까지 확인할 수는 없습니다. 코드 오류 검사와 PEP 8 적합성을 모두 처리하려면 `pylint`까지 써야 합니다.

`pylint`보다는 `pyflakes`가 좀 더 빠르기 때문에 `pyflakes`와 `pycodestyle`을 한 번에 실행할 수 있도록 만든 `flake8`(https://pypi.org/project/flake8) 프로젝트[5]가 있습니다. 특정 줄의 오류를 무시하려면 해당 소스 코드 라인에 `# noqa`를 추가하면 됩니다.

`flake8`에는 다양한 플러그인이 있고 이는 바로 사용할 수 있습니다. 예를 들어 `flake8-import-order`(`pip install flake8-import-order`)를 설치하면 `flake8`이 확장되어 `import` 문이 소스 코드에서 사전 순으로 정렬됐는지 확인할 수 있습니다. 일부 프로젝트는 이 기능이 필요하기도 합니다.

---

5 옮긴이_ `pip install flake8`로 설치합니다.

대부분의 오픈소스 프로젝트에서 flake8은 코드 스타일 검증에 많이 사용합니다. 일부 대규모 오픈소스 프로젝트에서는 flake8에 자체 플러그인을 작성하여 except 문의 잘못된 사용, 파이썬 2와 파이썬 3 버전의 호환성 문제, 스타일 가져오기, 위험한 문자열 형식, 현지화localization 가능성 등을 확인하기도 합니다.

새 프로젝트를 시작하면 코드 품질과 스타일을 자동으로 확인하는 도구를 사용하는 것이 좋습니다. 자동 코드 검사를 적용하지 않은 소스 코드가 있다면 대부분의 경고를 비활성화한 상태에서 선택한 도구를 실행하고, 한 범주씩 문제를 해결하는 것이 좋습니다.

이 도구가 여러분의 프로젝트나 환경 설정에 완벽하게 맞지 않겠지만, flake8을 사용하는 것은 코드의 품질과 안정성을 높이는 좋은 방법입니다.

> **NOTE_** 유명한 GNU 이맥스Emacs와 vim을 포함한 많은 텍스트 편집기는 코드 버퍼에서 직접 pycodestyle, flake8과 같은 도구를 직접 실행할 수 있는 플러그인(예를 들어 Flycheck)[6]이 있고, 실시간으로 PEP 8과 호환되지 않는 코드 부분을 강조해서 보여줍니다. 코드를 작성할 때 스타일 오류를 편리하게 수정할 수 있습니다.

정확한 메서드 선언을 검증하기 위해 자체 플러그인으로 툴셋을 확장하는 방법은 9장에서 다룹니다.

1.5 인터뷰: 조슈아 할로와 파이썬에 대해

조슈아 할로Joshua Harlow는 파이썬 개발자입니다. 야후 오픈스택 팀의 기술 책임자였고, 2012년에서 2016년 사이, 그리고 현재 고 대디GoDaddy에서 근무하고 있습니다. 조슈아는 태스크플로Taskflow, 오토마톤Automaton, Zake와 같은 파이썬 라이브러리의 개발자입니다.

파이썬을 사용하게 된 계기는 무엇입니까?

저는 뉴욕 포킵시 근처의 IBM에서 인턴십을 하면서 2004년경 파이썬 2.3, 2.4로 프로그래밍

---

6 옮긴이_ https://www.flycheck.org/

을 시작했습니다(저희 친척과 가족 대부분 뉴욕 북부 출신이랍니다). 제가 했던 일이 정확히 기억나지 않지만, wxPython과 일부 시스템의 자동화를 위한 파이썬 코드 작업을 했습니다.

인턴십을 마치고 학교로 돌아와 로체스터 공과대학교 대학원에 진학했고, 야후에서 일하게 되었습니다.

CTO 팀에서 일했으며, 이곳에서 몇몇 사람들과 어떤 오픈소스 클라우드 플랫폼을 사용할지 확인하는 업무를 수행했습니다. 그러다 대부분의 코드가 파이썬으로 작성된 오픈스택 프로젝트에 정착하게 되었습니다.

파이썬 언어에서 좋아하는 점과 좋아하지 않는 점이 있다면요?

제가 특별히 좋아하는 것은 다음과 같습니다.

- 단순성
  파이썬은 초보자가 쉽게 입문할 수 있고, 숙련된 개발자도 계속 사용할 수 있습니다.
- 스타일 검사
  작성해둔 코드를 나중에 읽는 일은 소프트웨어를 개발에서 큰 부분을 차지하며, `flake8`, `pycodestyle`, `pylint`와 같은 도구로 일관성을 갖추는 것은 큰 도움이 됩니다.
- 프로그래밍 스타일을 원하는 대로 선택하고 조합할 수 있습니다.

제가 싫어하는 것은 다음과 같습니다.

- 파이썬 2에서 3으로의 전환이 조금 혼란스럽습니다(하지만 파이썬 3.6에서 대부분의 문제가 해결되었습니다).
- 람다^{Lambda}는 너무 단순해서, 더 강력해져야 합니다.
- 제대로 된 패키지 설치 프로그램이 없습니다. `pip`는 디펜던시^{dependency} 문제를 해결하는 개발이 필요합니다.
- **전역 인터프리터 락**^{global interpreter lock}(GIL)이 필요합니다(11장 GIL에 대해 더 자세히 설명합니다).
- 멀티스레딩에 대한 지원이 부족합니다. 현재는 `asyncio` 모델을 추가해서 작업해야 합니다.
- 파이썬 커뮤니티가 분산되어 있습니다. CPython과 PyPy 등으로 나뉘어 있습니다.

지원 중단 경고를 관리하기 위한 파이썬 모듈인 debtcollector를 개발하신다고 들었습니다. 새 라이브러리를 시작하는 과정은 어떻습니까?

위에서 언급한 단순성으로 다른 사람이 사용할 수 있는 새 라이브러리를 쉽게 만들고 게시할 수 있습니다. 코드는 내가 작업하는 다른 라이브러리에서 나왔으므로(태스크플로)[7] API가 잘못 설계되어 있다는 걱정 없이, 코드를 이식하고 확장하는 것이 상대적으로 쉬웠습니다. 많은 사람이(오픈스택 커뮤니티 또는 외부) 라이브러리의 중요성을 느끼는 것 같아 기쁩니다. 저는 이 라이브러리를 더 발전시켜서 다른 라이브러리에서 유용하게 사용할 수 있도록 더 폭넓은 지원 중단^{deprecation} 패턴을 지원하게 하고 싶습니다.

파이썬에는 어떤 점이 부족하다고 생각하나요?

파이썬은 JIT^{just-in-time} 컴파일에서 성능을 더 잘 발휘할 수 있습니다. 최근에 개발된 대부분의 언어(예를 들어 크롬 V8 자바스크립트 엔진을 사용하는 러스트^{Rust}, Node.js 등)는 파이썬 기능을 많이 가지고 있지만 JIT로 컴파일되었습니다. 기본 CPython도 JIT 컴파일하여, 파이썬이 성능 면에서 새로운 언어와 경쟁할 수 있다면 정말 좋을 것입니다.

또한 파이썬은 강력한 동시성 패턴이 필요합니다. 낮은 수준의 비동기와 스레딩 스타일 패턴뿐만 아니라 더 큰 규모의 응용프로그램에서 작동하는 애플리케이션을 만드는 데 도움이 되는 높은 수준의 패턴이 필요합니다. 파이썬 라이브러리 goless는 내장 동시성 모델을 제공하는 Go의 일부 개념을 포함합니다. 이리한 상위 수준의 패턴이 표준 라이브러리에 내장되어 개발자들이 적합한 곳에 사용할 수 있도록 가장 첫 번째 패턴으로 유지되어야 합니다. 이것이 없다면 파이썬은 다른 언어와 경쟁하기 어려울 것입니다.

여러분 모두 늘 행복하게 코딩하길 바랍니다!

---

7 프로젝트의 기여자는 항상 환영합니다. 자유롭게 irc://chat.freenode.net/openstack-state-management에서 참여해주세요.

## CHAPTER 2

모듈, 라이브러리, 프레임워크

모듈은 파이썬을 확장하는 핵심적인 역할을 합니다. 모듈이 없으면 파이썬은 인터프리터 역할만 하는 프로그래밍 언어가 됩니다. 모듈은 파이썬을 확장하고 결합해, 개발자들이 빠르고 쉽게 애플리케이션을 만들 수 있게 합니다. 2장에서는 반드시 알아야 할 내장 모듈과 외부에서 관리하는 프레임워크까지, 파이썬 모듈을 훌륭하게 만드는 기능들을 소개합니다.

2.1 임포트

프로그램에서 모듈과 라이브러리를 사용하려면 import 키워드를 사용해서 불러와야 합니다. [예제 2-1]은 「파이썬의 선The Zen of Python」에서 중요한 부분을 불러온 것입니다.

예제 2-1 파이썬의 선

```
>>> import this
The Zen of Python, by Tim Peters

Beautiful is better than ugly.
Explicit is better than implicit.
Simple is better than complex.
Complex is better than complicated.
Flat is better than nested.
```

```
Sparse is better than dense.
Readability counts.
Special cases aren't special enough to break the rules.
Although practicality beats purity.
Errors should never pass silently.
Unless explicitly silenced.
In the face of ambiguity, refuse the temptation to guess.
There should be one-- and preferably only one --obvious way to do it.
Although that way may not be obvious at first unless you're Dutch.
Now is better than never.
Although never is often better than *right* now.
If the implementation is hard to explain, it's a bad idea.
If the implementation is easy to explain, it may be a good idea.
Namespaces are one honking great idea -- let's do more of those!
```

import 시스템은 복잡하지만 이미 여러분이 기본 지식을 가지고 있다고 가정하겠습니다. 필자는 sys 모듈의 동작 방법, import 경로를 변경하거나 추가하는 방법, 사용자 지정 모듈을 불러오는 방법을 설명하겠습니다.

import 키워드는 사실 __import__라는 함수를 사용합니다. 다음은 모듈을 불러오는 일반적인 방법입니다.

```
>>> import itertools
>>> itertools
<module 'itertools' (built-in)>
```

불러온 모듈이 메서드와 정확하게 동일합니다.

```
>>> itertools = __import__("itertools")
>>> itertools
<module 'itertools' (built-in)>
```

다음과 같은 두 가지 방법으로 불러온 모듈에 별칭을 부여할 수도 있습니다.

```
>>> import itertools as it
>>> it
<module 'itertools' (built-in)>
```

이번에는 두 번째 방법입니다.

```
>>> it = __import__("itertools")
>>> it
<module 'itertools' (built-in)>
```

import는 파이썬 키워드지만, __import__를 통해 접근하는 간단한 내부 함수이기도 합니다. __import__ 함수는 다음과 같이 모듈의 이름을 모를 때 아주 유용합니다.

```
>>> random = __import__("RANDOM".lower())
>>> random
<module 'random' from 'c:\\users\\fermat39\\appdata\\local\\programs\\python\\
python38\\lib\\random.py'>
```

불러온 모듈은 본질적으로 속성(클래스, 함수, 변수 등)이 객체입니다.

2.1.1 sys 모듈

sys 모듈은 파이썬과 파이썬을 실행 중인 운영체제에 변수와 함수에 대한 액세스를 제공합니다. 이 모듈에는 파이썬 import 시스템에 대한 많은 정보가 포함되어 있습니다.

우선 sys.modules 변수를 사용하여 현재 불러온 모듈 목록을 검색할 수 있습니다. sys.modules 변수는 검색하는 모듈 이름이 키이고, 반환값이 모듈 객체인 파이썬 딕셔너리입니다. 예를 들어 OS 모듈을 불러온 후에는 다음과 같이 입력하여 검색할 수 있습니다.

```
>>> import sys
>>> import os
>>> sys.modules['os']
<module 'os' from 'c:\\users\\fermat39\\appdata\\local\\programs\\python\\
python38\\lib\\os.py'>
```

sys.modules 변수는 로드된 모든 모듈을 포함하는 표준 파이썬 딕셔너리입니다. 예를 들어 sys.modules.keys()를 호출하면 불러온 모듈 이름의 전체 목록을 반환합니다.

sys.builtin_module_names 변수를 사용하여 내장된 모듈 목록을 검색할 수도 있습니다. 인터프리터에 컴파일된 기본 제공 모듈은 파이썬 빌드 시스템에 전달된 컴파일 옵션에 따라 다를 수 있습니다.

2.1.2 import 경로

파이썬은 모듈을 불러올 때 경로 리스트로 모듈 위치를 찾습니다. 이 리스트는 sys.path 변수에 저장되어 있습니다. sys.path를 입력하면 인터프리터가 모듈의 경로를 확인합니다. 이 리스트는 필요에 따라 경로를 추가하거나 제거해서 변경할 수도 있고, PYTHONPATH 환경변수를 수정하여 파이썬 코드를 작성하지 않고 경로를 추가할 수도 있습니다.

테스트 환경처럼 표준이 아닌 위치에 모듈을 설치하고 싶을 때 sys.path 변수에 경로를 추가하면 유용합니다. 그러나 일반적인 작업에서는 경로 변수를 변경할 필요가 없습니다. 다음 두 방법은 거의 동일하며 그 차이는 대부분의 경우 중요하지 않습니다.

```
>>> import sys
>>> sys.path.append('/foo/bar')
```

위 방법은 다음과 거의 동일합니다(유닉스 기준).

```
$ PYTHONPATH=/foo/bar python3
>>> import sys
>>> '/foo/bar' in sys.path
True
```

윈도우에서 실행할 경우에는 다음과 같이 환경변수를 추가하고 확인해볼 수 있습니다.[1]

```
C:\serious_python\chapter02> set PYTHONPATH=c:\foo\bar
C:\serious_python\chapter02> python
>>> import sys
>>> "c:\\foo\\bar" in sys.path
True
```

요청한 모듈을 순서대로 검색하며 찾기 때문에 sys.path의 경로 순서는 중요합니다. 불러올 가능성이 높은 모듈이 있다면, 모듈을 포함한 경로를 리스트 앞부분에 두어 검색 시간을 단축할 수 있습니다. 만약 이름이 같은 두 모듈이 있다면, 첫 번째로 일치하는 항목이 선택됩니다.

마지막으로, 사람들이 종종 하는 실수는 파이썬 내장 모듈과 동일한 이름으로 모듈을 만드는 것입니다. 동일한 이름의 모듈이 두 개 있으면 파이썬 표준 라이브러리 디렉터리보다 사용자가 만든 디렉터리가 먼저 검색됩니다. 예를 들어 random.py라는 이름의 스크립트를 현재 디렉터리에 저장한 후 random 파이썬 내장 모듈을 부르면, random보다 현재 디렉터리의 random.py 파일을 우선으로 불러옵니다.

2.1.3 사용자 지정 불러오기

사용자 지정 불러오기를 사용해서 불러오기 방법을 확장할 수 있습니다. 이는 파이썬으로 구현한 리스프인 Hy가 표준 .py, .pyc 이외의 파일을 불러오는 방법을 파이썬에게 알려주는 기술입니다(Hy는 9.3절 'Hy 살펴보기'에서 소개합니다).

---

1 옮긴이_ 이 명령은 환경변수 PYTHONPATH가 없다고 가정합니다. 해당 환경변수가 이미 존재한다면 set PYTHONPATH=c:\foo\bar;%PYTHONPATH%로 기존 환경변수에 새 경로를 추가해야 합니다.

모듈 불러오기 방법은 PEP 302에 정의되어 있습니다. 표준 불러오기 방법을 확장하면 파이썬이 모듈을 불러오는 방법을 바꾸거나 사용자만의 불러오기 방법을 만들 수 있습니다. 예를 들어 네트워크를 통해 데이터베이스에서 모듈을 불러오거나, 모듈을 불러오기 전에 정합성을 검사할 수 있는 확장을 만들 수도 있습니다.

파이썬은 불러오기 방법을 두 가지 제시합니다. sys.meta_path를 사용하는 메타 경로 파인더와 sys.path_hooks를 사용하는 경로 항목 파인더가 있습니다.

2.1.4 메타 경로 파인더

메타 경로 파인더meta path finder는 표준 .py 파일뿐만 아니라 사용자 지정 객체를 로드할 수 있는 객체입니다. 메타 경로 파인더 객체는 로더 객체를 반환하는 find_module(fullname, path=None) 메서드를 호출해야 합니다. 로더 객체에는 소스 파일에서 모듈을 로드하는 load_module(fullname) 메서드도 있어야 합니다.

[예제 2−2]는 Hy에서 사용자 지정 메타 경로 파인더를 사용하여 파이썬이 .py 대신 .hy로 끝나는 소스 파일을 가져올 수 있도록 하는 방법을 보여줍니다.

예제 2-2 Hy 모듈 가져오기

```
class MetaImporter(object):
    def find_on_path(self, fullname):
        fls = ["%s/__init__.hy", "%s.hy"]
        dirpath = "/".join(fullname.split("."))

        for pth in sys.path:
            pth = os.path.abspath(pth)
            for fp in fls:
                composed_path = fp % ("%s/%s" % (pth, dirpath))
                if os.path.exists(composed_path):
                    return composed_path

    def find_module(self, fullname, path=None):
        path = self.find_on_path(fullname)
        if path:
```

```
            return MetaLoader(path)


    sys.meta_path.append(MetaImporter())
```

파이썬에서 경로가 유효하고 모듈을 가리키고 있으면 [예제 2-3]과 같이 메타로더 객체를 반
환합니다.

예제 2-3 Hy 모듈 로더 객체

```
    class MetaLoader(object):
        def __init__(self, path):
            self.path = path


        def is_package(self, fullname):
            dirpath = "/".join(fullname.split("."))
            for pth in sys.path:
                pth = os.path.abspath(pth)
                composed_path = "%s/%s/__init__.hy" % (pth, dirpath)
                if os.path.exists(composed_path):
                    return True
            return False


        def load_module(self, fullname):
            if fullname in sys.modules:
                return sys.modules[fullname]
            if not self.path:
                return

            sys.modules[fullname] = None
            mod = import_file_to_module(fullname, self.path)

            ispkg = self.is_package(fullname)

            mod.__file__ = self.path
            mod.__loader__ = self
            mod.__name__ = fullname
```

```
    if ispkg:
        mod.__path__ = []
        mod.__package__ = fullname
    else:
        mod.__package__ = fullname.rpartition('.')[0]

    sys.modules[fullname] = mod
    return mod
```

import_file_to_module은 .hy 소스 파일을 읽고, 파이썬 코드로 컴파일하고, 파이썬 모듈 객체를 반환합니다. [예제 2-3]의 로더는 매우 간단합니다. .hy 파일을 찾으면 이 로더로 전달되어 필요한 경우 파일을 컴파일하고, 등록하고, 일부 속성을 설정한 다음 파이썬 인터프리터로 반환합니다. uprefix[2] 모듈은 이를 구현한 좋은 사례입니다. 파이썬 3.0에서 3.2까지는 파이썬 2에 등장한 유니코드 문자열을 나타내는 u 접두사를 지원하지 않았습니다. uprefix 모듈은 컴파일 전, 문자열에서 u 접두사를 제거하여 파이썬 버전 2와 3을 호환시켜줍니다.

2.2 유용한 표준 라이브러리

파이썬 표준 라이브러리에는 여러분이 생각하는 대부분의 목적을 이룰 도구와 기능이 있습니다. 하지만 다른 프로그래밍 언어에서는 기본 작업도 자신이 직접 구현해야 했습니다. 그렇기 때문에 다른 언어에서 파이썬으로 넘어온 개발자들은 파이썬이 제공하는 다양한 기본 기능에 종종 충격을 받곤 합니다.

간단한 작업을 할 때 함수를 직접 만들기보다는 표준 라이브러리를 살펴봅시다. 파이썬 작업을 시작하기 전에 한 번쯤 모든 라이브러리를 훑어본다면, 필요한 함수를 표준 라이브러리에서 편리하게 사용할 수 있습니다.

functools나 itertools와 같은 모듈은 뒷장에서 다루고, 지금은 유용한 표준 모듈 몇 가지를 알아보겠습니다.[3]

----

2 옮긴이_ https://pypi.org/project/uprefix/
3 옮긴이_ 파이썬 표준 라이브러리이므로 import 키워드에 해당 라이브러리 이름을 입력해서 불러올 수 있습니다.

- atexit

  프로그램이 종료될 때 호출할 함수를 등록할 수 있습니다.

- argparse

  명령줄 인수를 분석하는 함수를 제공합니다.

- bisect

  정렬 리스트에 대한 이중 섹션 알고리즘을 제공합니다(10장 참조).

- calendar

  날짜에 관련된 다양한 기능을 제공합니다.

- codecs

  인코딩과 디코딩 데이터를 위한 함수를 제공합니다.

- collections

  다양하고 유용한 자료구조를 제공합니다.

- copy

  데이터 복사 기능을 제공합니다.

- csv

  CSV 파일을 읽고 쓰는 기능을 제공합니다.

- datetime

  처리 날짜, 시간에 대한 클래스를 제공합니다.

- fnmatch

  유닉스 스타일의 파일 이름 패턴을 일치하는 함수를 제공합니다.

- concurrent

  비동기 계산을 제공합니다(파이썬 3에서는 네이티브, 파이썬 2에서는 PyPI를 통해 사용할 수 있습니다).

- glob

  유닉스 스타일의 경로 패턴을 일치하는 함수를 제공합니다.

- io

  I/O 스트림을 처리하는 기능을 제공합니다. 파이썬 3에서는 StringIO(모듈 내부에 있고 파이썬 2와 이름이 동일)가 포함되어 있어 문자열을 파일로 처리할 수 있습니다.

- json

  JSON 형식으로 데이터를 읽고 쓰는 기능을 제공합니다.

- logging

  파이썬 자체에 기본으로 제공되는 로깅 기능에 대한 액세스를 제공합니다.

- multiprocessing

  응용프로그램에서 여러 하위 프로세스를 실행하는 동시에 스레드처럼 보이게 하는 API를 제공합니다.

- operator

  자신의 람다 표현식을 작성하지 않고, 기본 파이썬 연산자를 구현하는 함수를 제공합니다(10장 참조).

- `os`

  기본 OS 기능에 대한 액세스를 제공합니다.

- `random`

  의사 난수^{presudorandom} 생성 함수를 제공합니다.

- `re`

  정규표현식 기능을 제공합니다.

- `sched`

  멀티스레딩을 사용하지 않고 이벤트 스케줄러를 제공합니다.

- `select`

  이벤트 루프를 만들기 위한 `select()` 및 `poll()` 함수에 대한 액세스를 제공합니다.

- `shutil`

  높은 수준의 파일 함수에 대한 액세스를 제공합니다.

- `signal`

  POSIX 신호를 처리하는 기능을 제공합니다.

- `tempfile`

  임시 파일과 디렉터리를 만드는 기능을 제공합니다.

- `threading`

  고급 스레딩 기능에 대한 액세스를 제공합니다.

- `urllib`(또는 파이썬 2.x의 `urllib2`, `urlparse`)

  URL을 처리하고, 분석하는 기능을 제공합니다.

- `uuid`

  범용 고유 식별자universally unique identifior(UUID)를 생성할 수 있습니다.

라이브러리 모듈이 가진 유용한 기능을 빠르게 찾을 수 있도록 위 목록을 참고합시다. 이 목록을 어느 정도 암기하는 것도 좋습니다. 라이브러리 모듈을 찾는 시간을 단축하면, 코드를 작성하는 데 시간을 많이 할애할 수 있습니다.

표준 라이브러리는 대부분 파이썬으로 작성했기 때문에 모듈과 함수의 소스 코드를 볼 수 있습니다. 의심스러우면 코드를 직접 확인하십시오. 필요한 모든 것이 문서에 있어도 이러한 과정을 통해 유용한 것들을 배울 수 있습니다.

2.3 외부 라이브러리

파이썬의 철학은 파이썬 내부에 필요한 것을 모두 갖춰서 불필요한 추가 설치를 막고 개발하는데 문제가 없도록 하는 것입니다.

하지만 파이썬은 파이썬으로 개발하는 사람들이 원하는 모든 것을 예측할 수는 없습니다. 가능하다 하더라도 대부분의 사람들은 파일 이름을 바꾸려고 작성하는 스크립트를 위해서 큰 용량의 표준 라이브러리를 다운로드하지 않을 것입니다. 파이썬 표준 라이브러리는 광범위한 기능을 가지고 있지만, 모든 것을 다루지는 않습니다. 대신 파이썬 사용자 커뮤니티에서 사람들이 만들어서 배포하는 외부 라이브러리가 있습니다.

파이썬 표준 라이브러리는 안전하고 잘 정리되어 있습니다. 모듈은 잘 문서화되어 있습니다. 정기적으로 많은 사람이 이 라이브러리를 사용하므로 안전성이 높으며, 가끔 중단되면 누군가 대신 고쳐줄 것이라고 생각할 수도 있습니다. 반면에 외부 라이브러리는 '여기에 이런 게 있다'고 표시만 해주는 정도입니다. 큰 프로젝트에서 외부 라이브러리에서만 제공하는 기능 때문에 사용해야 할 수 있지만, 외부 라이브러리를 사용할 때 발생할 수 있는 위험도 염두에 둬야 합니다.

다음과 같이 외부 라이브러리를 사용할 때는 조심해야 할 점이 있습니다. 오픈스택은 파이썬용 데이터베이스 도구 키트인 SQLAlchemy를 사용합니다. SQL이 익숙하다면 데이터베이스 스키마가 시간이 지남에 따라 변경될 수 있다는 것을 아실 겁니다. 그래서 오픈스택은 스키마 마이그레이션^{schema migration} 요구 사항을 처리하기 위해 sqlalchemy-migrate[4]를 사용했습니다. 그리고 문제가 생기기 전까지 잘 동작했습니다. 얼마 후 프로그램에 버그가 생기기 시작했지만 아무런 조치도 취하지 않았습니다. 이 즈음 오픈스택은 파이썬 3을 지원하는 데 관심을 가지고 있었고, sqlalchemy-migrate는 그렇지 않았습니다. sqlalchemy-migrate의 필요성이 없어졌고, 우리는 다른 것으로 전환해야 했습니다. 이 글을 쓰는 시점에서 오픈스택 프로젝트는 파이썬 3이 지원되는 Alembic[5](새로운 SQL 데이터베이스 마이그레이션 도구)을 사용하여 마이그레이션되고 있습니다. 그리고 큰 문제없이 진행되고 있습니다.

---

4 옮긴이_ https://pypi.org/project/sqlalchemy-migrate를 보면 2019년 10월 23일 이후 업데이트되지 않았습니다.

5 옮긴이_ https://pypi.org/project/alembic 2020년 9월 12일까지 개발되었습니다.

2.3.1 외부 라이브러리 안전 체크리스트

이 모든 것은 다음과 같은 하나의 의문을 갖게 합니다. 외부 라이브러리를 사용할 때 문제가 없을 것이라고 어떻게 확신할 수 있을까? 안타깝지만 개발자조차도 현재 잘 동작하는 라이브러리가 몇 달 후에도 잘 작동할 수 있을지 확신하지 못합니다. 하지만 라이브러리는 위험을 감수하면서 사용할 가치가 있습니다. 무엇보다 여러분의 상황을 신중하게 검토하는 것이 중요합니다. 오픈스택에서 외부 라이브러리를 사용할 때 쓰는 검사 목록을 소개합니다. 여러분도 외부 라이브러리 사용을 결정하기 전에 아래와 같은 사항을 점검해보기를 바랍니다.

- **파이썬 3 호환성**
  파이썬 3을 사용하지 않는 프로젝트라 하더라도 언젠가 버전 3을 사용하게 될 수 있기 때문에 선택한 라이브러리가 파이썬 3과 호환되는지 확인해야 합니다.

- **진행 중인 개발**
  보통 깃허브와 오픈 허브Open Hub는 담당자가 라이브러리에 대한 검토 자료를 제공하기 때문에 라이브러리를 선택하는 데 도움이 됩니다.

- **진행 중인 유지 관리**
  완성된 라이브러리라 하더라도 담당자는 계속해서 라이브러리에 버그가 없는지 확인해야 합니다. 프로젝트 추적 시스템으로 담당자가 버그에 얼마나 빨리 대응하는지도 확인할 수 있습니다.

- **OS 배포판 패키지**
  라이브러리가 주요 리눅스 배포판에 패키지에 포함되어 있다면, 프로젝트들이 리눅스에 의존한다는 것을 의미합니다. 문제가 발생할 수도 있으니 소프트웨어를 배포하려면 이를 확인하십시오.

- **API 호환성**
  라이브러리가 API에 의존하고 있을 때 전체 API를 변경하면 소프트웨어가 갑자기 중단될 수 있습니다. 여러분은 선택한 라이브러리가 과거에 이런 일이 있었는지 확인할 수 있습니다.

- **라이선스**
  작성하려는 라이선스가 소프트웨어와 호환되는지, 배포, 수정, 실행 측면에서 코드로 수행하려는 모든 작업을 수행할 수 있는지 확인해야 합니다.

이 검사 목록을 디펜던시에 적용하는 것도 좋은 생각이지만, 힘든 일입니다. 대신 여러분의 애플리케이션이 특정 라이브러리에 크게 의존할 것이라고 생각되면 이 검사 목록을 해당 라이브러리의 각 디펜던시에 적용하면 됩니다.

2.3.2 API 래퍼로 코드 보호하기

어떤 라이브러리를 사용하든 라이브러리는 프로그램에 심각한 손상을 줄 잠재 요소를 가지고 있습니다. 안전을 위해 라이브러리를 물리적인 도구로 생각하고 유용하게 사용하세요. 예를 들어 깨지기 쉬운 귀중품은 도구 창고에 보관하고, 실제로 필요할 때만 사용하는 것처럼 말이죠.

외부 라이브러리가 유용해도 소스 코드에 반영할 때는 주의해야 합니다. 문제가 발생하면, 라이브러리를 전환해야 하는 경우 프로그램의 많은 부분을 다시 작성해야 할 수 있습니다. 좋은 방법은 직접 API를 작성해 래퍼wrapper를 만드는 것입니다. 래퍼는 외부 라이브러리를 캡슐화해 소스 코드에 영향을 주지 못하게 합니다. 프로그램은 어떤 외부 라이브러리를 사용하는지 알 수 없고, API가 제공하는 기능만 알 수 있습니다. 만약 다른 라이브러리를 사용하게 된다면, 래퍼만 변경하면 됩니다. 새로 적용하려는 라이브러리가 동일한 기능을 제공하면, 그와 관련된 소스 코드는 변경하지 않아도 됩니다. 예외가 있을 수 있지만 아마도 많지는 않을 겁니다. 대부분의 라이브러리는 문제를 세세하게 해결할 수 있도록 설계되었기 때문에 문제가 발생한 라이브러리를 쉽게 독립시킬 수 있습니다.

5장 후반부에서는 **진입점**entry point을 사용하여 프로젝트의 일부를 원하는 대로 전환할 수 있는 드라이버 시스템의 구축하는 방법에 대해서도 살펴봅니다.

2.4 패키지 설치: pip로 더 많은 것 얻기

pip 프로젝트는 패키지와 외부 라이브러리 설치를 처리하는 간단한 방법을 제공합니다. pip는 적극적으로 개발되고 잘 유지됩니다. 파이썬 3.4부터 포함되어 있습니다. pip로 **파이썬 패키징 인덱스**Python Package Index(PyPI), tarball, Wheel 저장소에서 패키지를 설치하거나 제거할 수 있습니다(5장에서 이에 대해 설명합니다). 사용 방법은 간단합니다.[6]

```
C:\serious_python\chapter02> pip install voluptuous
Collecting voluptuous
  Downloading voluptuous-0.12.0-py3-none-any.whl (29 kB)
```

---

6 옮긴이_ 유닉스 계열에서는 pip install --user voluptuous로 설치합니다.

```
Installing collected packages: voluptuous
Successfully installed voluptuous-0.12.0
```

pip install은 설치할 모듈을 PyPI 사이트에서 조회합니다. 이 사이트에 누구나 배포와 설치를 위해 패키지를 업로드할 수 있습니다.

홈 디렉터리에 pip 패키지를 설치하도록 하는 --user 옵션을 추가할 수도 있습니다. 이렇게 하면 시스템 전체에 패키지가 설치되지 않아 운영체제 디텍터리를 오염시키지 않습니다.

pip freeze 명령을 사용하여 이미 설치한 패키지를 확인할 수 있습니다.

```
C:\serious_python\chapter02> pip freeze
appdirs==1.4.3
astor==0.8.1
-- 생략 --
```

uninstall을 사용하여 패키지를 제거할 수 있습니다.

```
C:\serious_python\chapter02> pip uninstall voluptuous
Found existing installation: voluptuous 0.11.7
Uninstalling voluptuous-0.11.7:
  Would remove:
    c:\users\fermat39\appdata\local\programs\python\python38\lib\site-packages\
voluptuous-0.11.7.dist-info\*
    c:\users\fermat39\appdata\local\programs\python\python38\lib\site-packages\
voluptuous\*
Proceed (y/n)? y
  Successfully uninstalled voluptuous-0.11.7
```

pip가 제공하는 중요한 기능 중에 패키지 파일을 복사하지 않고 설치하는 방법이 있습니다. 이렇게 하면 작업 중인 패키지에 변경을 가했을 때 테스트를 하기 위해 매번 재설치하는 길고 지루한 작업을 피할 수 있습니다. -e *<directory>* 플래그로 사용할 수 있습니다.

```
C:\serious_python\chapter02\daiquiri> pip install -e .
Obtaining file:///C:/serious_python/chapter02/daiquiri
Installing collected packages: daiquiri
  Running setup.py develop for daiquiri
Successfully installed daiquiri
```

pip는 로컬 소스 디렉터리에서 파일을 복사하지 않고, 배포 경로에 egg-link 링크라는 특수 파일을 준비합니다.

다음과 같이 확인할 수 있습니다. 유닉스 계열에서는 type 대신 cat 명령어로 실행합니다.

```
C:\serious_python\chapter02> type %localappdata%\Programs\Python\Python38\Lib\
site-packages\daiquiri.egg-link
```

egg-link 파일에는 sys.path에 추가하여 패키지를 찾게 할 수 있는 경로가 포함되어 있습니다.

pip install의 -e 옵션은 다른 유용한 사용법이 있습니다. 바로 다양한 버전 관리 시스템의 저장소에 소스 코드를 배포하는 데 쓸 수 있습니다. 깃, 머큐리얼, 서브버전Subversion, 심지어 바자르Bazaar도 지원합니다. 예를 들어 -e 옵션 뒤에 URL로 주소를 전달하여 깃 저장소에서 직접 라이브러리를 설치할 수 있습니다.

아래 예제를 실행하기 위해서는 깃이 설치되어 있어야 합니다.

```
C:\serious_python\chapter02> pip install -e git+https://github.com/jd/daiquiri.
git/#egg=daiquiri
Obtaining daiquiri from git+https://github.com/jd/daiquiri.git/#egg=daiquiri
  Cloning https://github.com/jd/daiquiri.git/ to d:\workspace\review_python\venv\
src\daiquiri
Requirement already satisfied: python-json-logger in d:\workspace\review_python\
venv\lib\site-packages (from daiquiri) (2.0.1)
Installing collected packages: daiquiri
  Attempting uninstall: daiquiri
    Found existing installation: daiquiri 3.0.0
```

```
  Uninstalling daiquiri-3.0.0:
    Successfully uninstalled daiquiri-3.0.0
  Running setup.py develop for daiquiri
Successfully installed daiquiri
```

설치가 올바르게 작동하려면 URL 끝에 #egg=를 추가하여 패키지 egg 이름을 제공해야 합니다. 그러면 pip는 git clone을 사용하여 src/<eggname> 내부의 저장소를 복제하고, 복제된 디렉터리를 가리키는 egg-link 파일을 만듭니다.

이 메커니즘은 릴리스되지 않은 버전의 라이브러리를 사용할 때와 연속적인 테스트 시스템에서 작업할 때 유용합니다. 그러나 그 이후의 버전이 없기 때문에 -e 옵션을 사용하는 것은 불편할 수 있습니다. 이 원격 저장소의 다음 커밋이 모든 것을 중단하지는 않는다는 것을 미리 알 수 없습니다.

마지막으로, pip 외의 다른 모든 설치 도구는 더는 사용되지 않습니다. 그러므로 여러분에게 필요한 모든 패키지는 pip에서 설치하면 됩니다.

2.5 프레임워크 사용 및 선택하기

파이썬은 여러 종류의 파이썬 응용프로그램에 사용할 수 있는 다양한 프레임워크를 가지고 있습니다. 웹 응용프로그램을 작성할 때 장고Django, 파이런스Pylons, 터보기어스TurboGears, 토네이도 Tornado, 조프Zope, 플론Plone을 사용할 수 있습니다. 이벤트 기반 프레임워크를 찾는다면 Twisted[7] 나 Circuits[8]를 사용할 수도 있습니다.

프레임워크와 외부 라이브러리의 주요 차이점은 애플리케이션이 프레임워크를 기반으로 구축된다는 것입니다. 코드 작성을 위해 사용하는 라이브러리와 달리, 프레임워크는 코드의 **형태** chassis를 구성합니다. 빠른 프로토타이핑과 개발에 프레임워크를 사용하는 것은 좋지만, 몇 가지 단점도 있습니다. 따라서 프레임워크를 사용할 때 다음과 같은 사항을 고려해야 합니다.

---

7 옮긴이_ https://pypi.org/project/Twisted는 마이크로소프트 비주얼 C++ 14.0 이상으로 설치 시 필요합니다. https://visualstudio.microsoft.com/ko/visual-cpp-build-tools에서 [Build Tools를 다운로드] 버튼을 누른 후 설치합니다.

8 옮긴이_ https://pypi.org/project/circuits

파이썬 애플리케이션에 적합한 프레임워크를 선택할 때 확인해야 할 권장 사항은 2.3.1절 '외부 라이브러리 안전 체크리스트'에 설명한 것과 대체로 동일하며, 이는 프레임워크가 파이썬 라이브러리의 묶음으로 배포되기 때문에 의미가 있습니다. 때로는 프레임워크에 애플리케이션을 생성, 실행, 배포하는 도구가 포함되기도 하지만 적용해야 하는 기준이 변하지는 않습니다. 코드를 작성한 후 외부 라이브러리를 교체하는 것은 힘듭니다. 하지만 프레임워크를 교체하는 것은 더 어려운 일입니다. 보통 이런 경우에는 처음부터 프로그램을 다시 만들어야 합니다.

트위스티드Twisted 프레임워크는 파이썬 3을 지원하지 않았지만, 최근에는 파이썬 3.7까지 지원하게 되었습니다. 만약 여러분이 몇 년 전에 트위스티드로 프로그램을 작성했고, 파이썬 3에서 실행되도록 업데이트한다면 문제가 생길 겁니다. 다른 프레임워크를 사용하려면 전체 프로그램을 다시 작성거나, 누군가가 파이썬 3에서 구동되게 트위스티드 프레임워크를 업그레이드할 때까지 기다려야 합니다.

어떤 프레임워크는 다른 프레임워크보다 상대적으로 가볍기도 합니다. 예를 들어 장고에는 고유의 내장 객체 관계 매핑object-relational mapping(ORM) 기능이 있지만, 플라스크Flask에는 없습니다. 프레임워크가 사용자에게 제공하는 기능이 적을수록 발생할 수 있는 문제가 줄어듭니다. 그런데 프레임워크가 제공하는 기능이 부족하면, 사용자가 직접 코드를 작성하거나 다른 라이브러리를 추가로 선택해야 하는 번거로움을 겪을 수도 있습니다. 프로젝트의 성격에 따라 어떤 프레임워크를 쓸지 현명하게 선택해야 합니다. 프레임워크를 사용하지 않으면 엄청나게 힘든 작업이 될 수 있습니다. 모든 기능을 가진 파이썬으로도 말이죠.

2.6 인터뷰: 파이썬 코어 개발자 더그 헬먼과 라이브러리에 대해

더그 헬먼Doug Hellmann은 드림호스트의 수석 개발자이자 오픈스택 프로젝트에 기여한 개발자입니다. 그는 웹 사이트(http://www.pymotw.com)를 운영하고, 『The Python Standard Library by Example 한국어판』(에이콘출판사, 2012)이라는 훌륭한 책도 썼습니다. 그리고 파이썬 코어 개발자이기도 합니다. 더그에게 표준 라이브러리, 라이브러리 설계, 애플리케이션에 대해서 몇 가지 질문을 했습니다.

파이썬으로 애플리케이션을 만들 때 가장 먼저 해야 하는 것은 무엇일까요?

애플리케이션을 처음부터 만들 때는 기존에 있는 애플리케이션을 해킹하듯이 진행하고 세부 사항을 변경하면 됩니다.

기존 코드를 변경할 때는 코드가 어떻게 작동하는지 먼저 확인하고, 변경할 위치를 파악하는 것으로 시작합니다. 로깅 또는 print 문을 추가하거나, pdb를 사용해서 테스트 데이터로 애플리케이션을 실행하여 수행하는 작업을 이해하도록 하는 몇 가지 디버깅 기술을 사용합니다. 보통 직접 수정하고 테스트한 후 다음 패치에 적용하기 전에 자동화된 테스트를 추가합니다.

저는 새로운 애플리케이션을 만들 때 동일한 접근 방식으로 작업을 시작합니다. 직접 코드를 만들고 실행하여 기본적인 기능이 작동하면, 모든 에지 케이스$^{edge\ case}$를 해결했는지 확인하기 위해 테스트를 만듭니다. 테스트를 만들고 나면 코드가 더 잘 작동하도록 리팩터링을 하기도 합니다.

애플리케이션을 만들기 전에 사용하지 않는 몇 개의 스크립트를 이용해서 파이썬의 추적 API를 실험했습니다. 원래는 실행 중인 다른 애플리케이션에서 데이터를 수집하고, 네트워크를 통해 전송된 데이터를 수집하여 저장해둘 계획이었습니다. 보고 기능을 몇 가지 추가하면서 수집된 데이터를 재생하는 과정이 처음 데이터를 수집하는 과정과 거의 동일하다는 것을 깨달았습니다. 몇 가지 클래스를 리팩터링하여 데이터 수집, 데이터베이스 접근 및 보고서 생성기를 위한 기본 클래스를 만들 수 있었습니다. 클래스를 동일한 API에 부합하도록 해서 네트워크를 통해 정보를 보내는 대신 데이터베이스에 직접 작성한 데이터 수집 애플리케이션 버전을 쉽게 만들었습니다.

smiley[9]라는 툴을 만든 방식이 바로 이와 같습니다. 제가 애플리케이션을 설계할 때는 사용자 인터페이스의 작동 방식에 대해 생각하지만 라이브러리를 설계할 때는 개발자가 API를 사용하는 방법에 중점을 둡니다. 프로그램에서 사용할 새로운 라이브러리에 대한 테스트를 작성한 다음 라이브러리 코드를 작성하는 것이 더 쉬울 수 있습니다. 저는 보통 일련의 예제 프로그램을 테스트 형식으로 만들고 라이브러리를 빌드하여 작동합니다.

또한 코드를 작성하기 전에 라이브러리에 대한 설명서를 작성하면 라이브러리 사용자가 세부 사항에 신경 쓰지 않고, 기능과 워크플로에 집중할 수 있게 도울 수 있습니다. 설명서를 먼저

---

9 옮긴이_ https://pypi.org/project/smiley

작성하면 라이브러리를 설계할 때 의도하고 선택했던 사항을 기록해 사용자가 라이브러리의 사용 방법을 쉽게 이해할 수 있을 뿐만 아니라, 라이브러리 개발 시 의도했던 바를 이해하게 할 수 있습니다.

파이썬 표준 라이브러리에 모듈을 추가하는 과정은 무엇입니까?

표준 라이브러리에 모듈을 추가하는 전체 과정 및 지침은 'Python Developer's Guide(파이썬 개발자 가이드)'(https://docs.python.org/devguide/stdlibchanges.html)에서 찾을 수있습니다.

모듈을 추가하기 전, 제출자는 모듈이 안정적이고 다양한 면에서 유용한다는 것을 증명해야 합니다. 모듈은 일반 사용자가 자체적으로 구현하기 어렵거나, 개발자가 자체 변형하여 사용할 정도로 유용해야 합니다. API는 명확해야 하며, 모든 모듈 디펜던시는 표준 라이브러리 내에 있어야 합니다.

첫 번째 단계는 커뮤니티의 파이썬 아이디어Python ideas 목록에 모듈을 소개하고, 이를 표준 라이브러리에 도입하는 것이 어떤지 사람들의 관심을 파악하는 것입니다. 반응이 긍정적이면, 다음 단계는 **파이썬 향상 제안**Python Enhancement Proposal(PEP)를 만드는 것입니다. PEP에는 모듈을 추가한 동기와 작동 방법에 대한 세부 정보를 포함해야 합니다.

패키지 관리와 검색 도구(특히 `pip`, PyPI)가 매우 안정적이기 때문에, 파이썬 표준 라이브러리 외부에 새 라이브러리를 유지하는 것이 더 실용적일 수 있습니다. 별도의 릴리스를 사용하면 버그 수정과 새로운 기능을 더 자주 업데이트할 수 있으며, 이는 새로운 기술이나 API를 해결하는 라이브러리에서 중요할 수 있습니다.

사람들이 더 잘 알았으면 하는 표준 라이브러리 모듈 세 개를 꼽아볼 수 있나요?

표준 라이브러리에서 정말 유용한 도구는 abc 모듈입니다. 저는 abc 모듈을 동적으로 로드된 확장을 위한 API를 추상 기본 클래스로 정의하기 위해 사용합니다. 이는 확장 설계자들이 API의 어떤 모듈, 라이브러리, 프레임워크 메서드는 필수이고, 어떤 것은 선택 사항으로 넣을 수 있는지 이해할 수 있게 돕습니다. 추상 기본 클래스는 다른 **객체 지향 프로그래밍**object-oriented programming(OOP) 언어에 내장되어 있지만 많은 파이썬 개발자가 우리가 가지고 있다는 것을 알지 못합니다.

bisect 모듈의 이진 검색 알고리즘은 유용한 기능이지만 종종 잘못 구현되곤 합니다. bisect 모듈은 표준 라이브러리에 적합합니다. 특히 검색값이 데이터에 포함되지 않을 수 있는 희소한 리스트를 검색할 수 있어서 좋아합니다.

collections 모듈에는 자주 사용되지 않는 몇 가지 유용한 자료구조가 있습니다. 저는 관련 논리 없이 데이터를 보유해야 하는 작은 클래스와 같은 자료구조를 만들기 위해 namedtuple 을 사용하는 것을 좋아합니다. namedtuple은 이름으로 속성에 접근하는 것을 지원하므로 나중에 논리를 추가해야 할 때 namedtuple에서 일반 클래스로 변환하는 것이 매우 쉽습니다. 모듈의 또 다른 흥미로운 자료구조는 ChainMap으로, 이는 스택 가능한stackable 네임스페이스를 잘 만듭니다. ChainMap은 명확하게 정의된 우선 순위를 가진 다른 소스에서 템플릿을 렌더링하거나 구성 설정을 관리하기 위한 콘텍스트를 만드는 데 사용할 수 있습니다.

오픈스택과 외부 라이브러리를 포함한 많은 프로젝트는 날짜/시간 처리와 같은 표준 라이브러리 위에 자체 추상화를 가져옵니다. 개발자가 표준 라이브러리에 충실해야 하나요 아니면 자체 기능을 사용하거나, 외부 라이브러리로 전환하거나, 파이썬에 패치를 보내야 할까요?

모두 해야죠! 저는 시간 낭비하는 걸 싫어합니다. 디펜던시로 사용할 수 있는 프로젝트에 업스트림upstream하여 수정과 개선 사항에 기여하면 좋겠습니다. 상황에 따라서는 다른 추상화abstraction을 만들고, 애플리케이션 내부 또는 새 라이브러리에 해당 코드를 별도로 유지 관리하는 것이 합리적일 수도 있습니다.

예제에서 사용되는 timeutils 모듈은 파이썬의 datetime 모듈을 감싸는 간단한 래퍼입니다. 대부분의 함수는 상황에 따라 짧고 간단하지만 가장 일반적인 방법으로 모듈을 만들면 모든 프로젝트에서 일관되게 처리될 수 있습니다. 함수는 애플리케이션에 따라 다르게 사용됩니다. 따라서 파이썬 라이브러리에 패치를 적용하거나 범용 라이브러리로 릴리스되어 다른 프로젝트에서 사용되면, 타임스탬프 형식 문자열이나 now가 의미하는 것을 일방적으로 적용해야 하기 때문에 좋지 않습니다.

저는 프로젝트 초기에 만들어진 웹 서버 게이트웨이 인터페이스Web Server Gateway Interface(WSGI) 프레임워크에서 오픈스택의 API 서비스를 타사 웹 개발 프레임워크로 이동하기 위해 노력해왔습니다. 파이썬에는 WSGI 애플리케이션을 만들기 위한 많은 옵션이 있습니다. 오픈스택의 API 서버에 완전히 적합하도록 WSGI 애플리케이션을 향상시켜야 할 수도 있지만, 재사용이 가능한 변경 사항을 업스트림에 제공하는 것이 '비공개' 프레임워크를 유지하는 것보다 좋습니다.

주요 파이썬 버전 사이에서 망설이는 개발자에게 어떤 조언을 해주시겠습니까?

파이썬 3을 지원하는 라이브러리의 수는 충분히 많아졌습니다.[10] 파이썬 3에 대한 새로운 라이브러리와 애플리케이션을 구축하는 것이 쉬워졌고, 파이썬 3.3에 추가된 호환성 기능이 파이썬 2.7도 지원하여 버전을 유지하는 것도 쉽습니다. 주요 리눅스 배포판은 기본적으로 파이썬 3이 설치된 릴리스를 배포하고 있습니다. 이식되지 않은 디펜던시가 없는 한 파이썬에서 새 프로젝트를 시작하는 사람은 누구나 파이썬 3을 진지하게 살펴봐야 합니다. 그러나 이 시점에서 파이썬 3에서 실행되지 않는 라이브러리는 거의 '유지 보수되지 않음'으로 분류될 수 있습니다.

설계, 우선 계획, 마이그레이션 등의 측면에서 애플리케이션에서 라이브러리로 코드를 분기하는 가장 좋은 방법은 무엇입니까?

애플리케이션은 특정 목적을 위해 라이브러리를 함께 보관하는 글루코드gluecode의 모음입니다. 라이브러리의 기능을 사용하여 애플리케이션을 설계하고 빌드하면, 코드가 논리적 단위로 적절하게 구성되어 테스트가 더 간단해집니다. 이 과정은 라이브러리를 통해 애플리케이션 기능에 접근할 수 있게 하고, 다른 애플리케이션을 만들 때 재사용할 수도 있게 합니다. 이 방법을 사용하지 않으면 애플리케이션의 기능이 사용자 인터페이스에 밀접하게 연결되어 수정하고 재사용하는 것이 더 어렵게 됩니다.

자신의 파이썬 라이브러리를 설계하려는 사람들에게 어떤 조언을 해주겠습니까?

항상 각 계층에 단일 책임 원칙single responsibility principle(SRP)과 같은 설계 기준을 적용하여 위에서 아래로 라이브러리와 API를 설계하는 것이 좋습니다. 라이브러리로 수행할 작업을 생각하여 호출자를 만들고, 이러한 기능을 지원하는 API를 만듭니다. 어떤 값이 인스턴스에 저장되고 어떤 값이 메서드에서 사용되는지, 각 메서드에 매번 전달해야 하는 값을 생각해보세요. 마지막으로 구현해야 하는 것과 기본 코드를 공용 API의 코드와 다르게 구성해야 하는지를 생각해보세요.

SQLAlchemy는 이러한 지침을 적용하는 훌륭한 예입니다. 선언적 객체 관계 매핑object relational mapping(ORM), 데이터 매핑 및 표현식 생성 레이어는 모두 분리되어 있습니다. 개발자는 라이브러리 설계에 의해 조건이 제한되지 않고 API를 입력하며, 필요에 따라서는 라이브러리를 사용하기 위한 적절한 추상화 수준을 결정할 수도 있습니다.

---

10 옮긴이_ 이미 파이썬 2.x의 공식 지원이 종료되었고, 대다수의 사람들이 파이썬 3을 사용하므로 이 질문과 답의 내용이 조금은 오래되었다고 느낄 수 있습니다. 과거의 이야기지만 이 대화는 더그 헬먼과의 인터뷰에 본래 실려 있던 내용으로, 독자의 참고를 위해 삭제하지 않았습니다.

파이썬 개발자가 코드를 읽으며 범하는 가장 일반적인 프로그래밍 오류는 무엇입니까?

파이썬이 다른 언어와 크게 다른 한 영역은 루프와 이터레이션^{iteration}입니다. 예를 들어 가장 일반적인 안티 패턴은 `for` 문을 사용하여 처음의 항목을 새 리스트에 추가한 다음 두 번째 반복(아마도 함수에 리스트를 인수로 전달한 후)에서 결과를 처리하여 리스트를 필터링하는 것입니다. 저는 항상 이러한 필터링 반복을 효율적이고 이해하기 쉬운 제너레이터 표현식으로 변환하기를 제안합니다. 또한 `itertools.chain()`을 사용하기보다는 리스트가 결합되어 내용을 함께 처리할 수 있도록 하는 것이 일반적입니다.

저는 긴 `if:then:else` 블록 대신 `dict()`를 조회 테이블로 사용하는 것처럼 코드 검토에서 자주 제안하는 것이 있습니다. 예를 들어 함수가 항상 같은 유형의 객체(예를 들어 '없음' 대신 '빈 리스트')를 반환하도록 하는 것, 튜플 또는 새로운 클래스가 있는 객체에 관련 값을 결합하여 함수에 필요한 인수를 줄이는 것, 사전에 의존하지 않고 공용 API에서 사용할 클래스를 정의하는 것입니다.

프레임워크를 사용할 때 가장 주의할 점은 무엇입니까?

프레임워크도 다른 종류의 도구와 같습니다. 프레임워크는 유용하지만 작업에 맞는 것을 선택하기 위해 매우 신중해야 합니다.

애플리케이션의 공통 부분을 프레임워크로 작업하면 애플리케이션의 고유한 부분을 개발하는 데 집중할 수 있습니다. 또한 프레임워크는 개발 모드에서 실행하거나 테스트 도구 모음을 작성하는 많은 부트스트래핑 코드를 제공합니다. 이는 애플리케이션을 신속하게 유용한 상태로 만드는 데 도움을 줍니다. 추가적으로 프레임워크를 사용하면 애플리케이션을 일관성 있게 구현하여, 이해하기 쉽고 재사용이 가능한 코드를 작성할 수 있습니다.

몇 가지 함정도 있습니다. 특정한 프레임워크는 일반적으로 애플리케이션에서 자체적으로 설계할 수 있는 부분을 포함하기도 합니다. 프레임워크를 잘못 선택하면 이러한 설계 제약 조건이 애플리케이션의 요구 사항에 맞지 않아 애플리케이션을 구현하기가 더 어려워질 수도 있습니다. 그래서 프레임워크가 권장하는 것과 다른 패턴이나 코드를 사용하려고 하면 문제가 될 수 있습니다.

## CHAPTER 3

문서화와 모범 API 사례

3장에서는 효율적으로 문서화하는 방법을 다룹니다. 특히 스핑크스를 사용해서 프로젝트를 문서화할 때 까다롭고 지루한 부분을 자동화하는 방법을 살펴봅니다. 문서는 개발자가 직접 만들어야 하지만 스핑크스는 개발자의 일을 단순화해줍니다. 파이썬 라이브러리를 사용해서 기능을 제공하는 것이 일반적이므로 API를 변경할 때 어떻게 관리하고 문서화하는지도 살펴봅시다. API는 기능을 바꿀 때마다 발전하기 때문에 처음부터 모든 것을 완벽하게 구축하는 것은 힘들지만, API가 가능한 한 사용자 친화적이 될 수 있도록 하는 몇 가지 방법을 살펴보겠습니다.

마지막에는 프레임워크 웹 서비스 메이드 이지Web Services Made Easy(WSME)의 개발자인 크리스토프 드 비엔Christophe de Vienne과의 인터뷰에서 크리스토프가 API를 개발하고 유지 관리하는 좋은 모범 사례를 소개합니다.

3.1 스핑크스로 문서화하기

문서화는 소프트웨어를 개발할 때 가장 중요한 부분입니다. 불행히도 많은 프로젝트가 적절한 문서를 제공하지 않습니다. 문서를 만드는 것은 복잡하고 부담스럽긴 하지만 꼭 그렇진 않습니다. 파이썬 개발자가 사용할 수 있는 도구들로 소스 코드를 문서화하면, 문서화는 소스 코드를 작성하는 일만큼 쉬울 수 있습니다.

문서를 찾기 어렵거나, 문서가 존재하지 않는 가장 큰 이유는 많은 사람이 소스 코드를 문서화하는 유일한 방법이 '손으로 직접 적기'라고 생각하기 때문입니다. 여러 명의 개발자가 참여한 프로젝트에서는 한 명 혹은 그 이상이 문서 유지 관리에 애를 써야합니다. 만약 개발자에게 어떤 작업이 더 좋은지 물어보면, 소프트웨어에 대해서 작성하는 문서화 작업보다 소프트웨어 자체를 만드는 것이 더 좋다고 말하는 사람이 많을 것입니다.

가끔 문서화 과정이 개발 과정과 완전히 분리되기도 합니다. 이는 실제로 소스 코드를 개발하지 않은 사람이 문서를 작성한다는 것을 의미합니다. 이런 경우에 문서는 최신 내용을 반영하지 못할 때가 많습니다. 문서를 누가 작성하든지 수동으로 작성한 문서는 개발 속도를 따라갈 수 없으니까요.

요점은 다음과 같습니다. 소스 코드와 문서의 분리가 심할수록 문서를 적절하게 유지 관리하기가 더 어려워집니다. 왜 개발과 문서화를 계속 분리하는 거죠? 소스 코드 내에 직접 문서화를 할 수 있을 뿐만 아니라 읽기 쉬운 HTML이나 PDF 파일로 문서를 변환하는 것도 간단한데 말입니다.

파이썬 문서의 가장 일반적인 형식은 reStructuredText(reST)입니다. 파이썬은 컴퓨터만큼이나 사람이 읽고 쓰기 쉬운 마크다운^{markdown} 같은 가벼운 마크업^{markup} 언어입니다. 스핑크스는 reST 형식으로 작업할 때 가장 일반적으로 사용하는 도구입니다. 스핑크스는 reST 형식 내용을 읽을 수 있고, 다양한 형식으로 문서를 내보낼 수도 있습니다.

필자는 프로젝트 문서에 항상 다음 내용을 포함하기를 권장합니다.

- 프로젝트로 해결하려는 문제(한두 문장)
- 프로젝트의 라이선스: 소프트웨어가 오픈소스면 소스 코드 파일마다 앞부분에 라이선스 정보를 포함해야 합니다. 인터넷에 소스 코드를 올리면서 사람들이 그 소스 코드로 할 수 있는 일을 명확하게 알게 해주는 게 좋습니다.
- 소스 코드의 실제 사용 예제
- 설치 방법
- 커뮤니티 지원, 메일링 리스트, IRC, 포럼 등에 대한 링크
- 버그 추적 시스템에 대한 링크
- 소스 코드에 대한 링크: 그래야 개발자가 소스 코드를 다운로드하고 바로 사용할 수 있습니다.

프로젝트가 무엇인지 설명하는 `README.rst` 파일도 있어야 합니다. README 파일은 깃허브

나 PyPI 프로젝트 페이지에서 볼 수 있어야 합니다. 이 두 사이트는 reST 형식을 처리할 수 있습니다.

> **NOTE_** 깃허브를 사용한다면 누군가 풀 리퀘스트[pull request]를 제출할 때 출력할 `CONTRIBUTING.rst` 파일을 추가할 수도 있습니다. 리퀘스트를 제출하기 전에 소스 코드가 PEP 8 규약을 준수하는지 단위 테스트를 수행해야 하는지 등 확인해야 할 점검사항을 제공해야 합니다. 'Read the Docs'(http://readthedocs.org)는 온라인에서 자동으로 문서를 생성하고 공개할 수 있는 웹사이트입니다. 웹사이트 가입과 프로젝트 설정이 간단합니다. 'Read the Docs'는 여러분의 스핑크스 설정 파일을 찾고 문서를 생성합니다. 이어서 사용자가 접근할 수 있게 합니다. 'Read the Docs'와 소스 코드 저장소는 훌륭한 동반자입니다.

3.1.1 스핑크스와 reST로 시작하기

스핑크스는 이곳(http://www.sphinx-doc.org)에서 내려받을 수 있습니다. 설치 방법이 잘 설명이 되어 있지만, 가장 쉽게 설치하는 방법은 명령어(`pip install sphinx`)로 설치하는 것입니다.

스핑크스가 설치되면 프로젝트의 최상위 디렉터리에서 `sphinx-quickstart`를 실행합니다. 이 명령어를 실행하면 스핑크스가 디렉터리 구조를 생성하며, `doc/source` 폴더에 반드시 필요한 스핑크스 설정을 가진 `conf.py`와 문서로 처음으로 사용할 `index.rst` 파일 2개를 생성합니다. `sphinx-quickstart` 명령어를 실행하면 이름 규약, 버전 규칙, 기타 유용한 도구 및 표준에 대한 옵션을 지정하는 단계를 거치게 됩니다.

`conf.py` 파일에는 프로젝트 이름, 개발자, HTML 출력을 위해 사용할 테마와 같은 문서화를 위한 설정 몇 가지가 있습니다. 필요시 직접 파일을 수정하면 됩니다.

디렉터리 구조를 만들고 설정을 완료하면 실행할 명령어인 `sphinx-build`에 인수로 소스 코드 디렉터리와 출력 문서를 저장할 디렉터리를 전달합니다. 그 후 [예제 3-1]과 같이 실행해서 HTML 형식의 문서를 생성할 수 있습니다. `sphinx-build` 명령어는 소스 코드 디렉터리에 있는 `conf.py` 파일을 읽고 이 디렉터리에 있는 `.rst` 파일들을 분석합니다. 출력 디렉터리에 HTML 형식으로 문서를 만듭니다.

```
C:\serious_python\chapter03> sphinx-build doc/source doc/build
Running Sphinx v3.3.1
making output directory... done
WARNING: html_static_path entry '_static' does not exist
building [mo]: targets for 0 po files that are out of date
building [html]: targets for 1 source files that are out of date
updating environment: [new config] 1 added, 0 changed, 0 removed
reading sources... [100%] index

looking for now-outdated files... none found
pickling environment... done
checking consistency... done
preparing documents... done
writing output... [100%] index

generating indices... genindex done
writing additional pages... search done
copying static files... done
copying extra files... done
dumping search index in English (code: en)... donedumping object inventory... done
build succeeded, 1 warning.

The HTML pages are in doc\build.
```

이제 자주 사용하는 브라우저로 doc/build/index.html 파일을 열고 읽을 수 있습니다.

> **NOTE_** 패키지를 만들 때 **setuptools**나 **pbr**(5장 참고)를 사용하면, 스핑크스는 그 기능을 확장해서 **setup.py build_sphinx** 명령어를 지원합니다. 이어서 **sphinx-build**를 실행합니다. 스핑크스와 **pbr**을 같이 사용하면 /doc 하위 디렉터리에 문서를 저장하는 것과 같은 더 편리한 기본 설정을 가지고 있습니다.

문서는 **index.rst** 파일로 시작하지만 이 파일이 전부가 아닙니다. reST는 **include** 지시자를 지원해서 한 reST 파일에서 다른 reST 파일들을 포함할 수 있습니다. 그래서 문서를 여러 파일로 쪼갤 수 있습니다. 문법과 구조에 너무 걱정하지 마시길 바랍니다. reST는 많은 형식을 제공합니다. 나중에 다양한 형식을 설명하는 레퍼런스를 살펴볼 시간이 있습니다. 전체 레퍼런스(http://docutils.sourceforge.net/docs/ref/rst/restructuredtext.html)는 제목, 목록, 표 등을 만드는 방법을 설명합니다.

3.1.2 스핑크스 모듈

스핑크스는 확장성이 아주 높습니다. 기본 기능은 수동 문서화만 지원하지만 자동 문서화를 포함해 여러 기능을 제공하는 유용한 모듈이 있습니다. 예를 들어 sphinx.ext.autodoc는 개발 중인 모듈에서 reST 형식 문자열을 추출하고 저장할 .rst 파일을 생성합니다. 이것은 sphinx-quickstart를 실행할 때 활성화를 원하는지 묻는 설정입니다. 이 설정을 선택하지 않더라도 conf.py 파일을 수정해서 다음 내용을 추가할 수 있습니다.

```
extensions = ['sphinx.ext.autodoc']
```

autodoc이 개발 중인 모듈을 자동으로 인식하는 것은 아닙니다. [예제 3-2]와 같이 .rst 파일에 추가해서 어떤 모듈을 문서화할지 명확히 지정해야 합니다.

예제 3-2 autodoc에 문서화할 모듈 지정하기

```
.. automodule:: foobar
    :members:        #①
    :undoc-members:        #②
    :show-inheritance:  #③
```

[예제 3-2]에는 세 가지 요청 사항이 있습니다. 모두 필수는 아닙니다. ①은 문서화할 모든 모듈을 지정하고 ②에는 문서화하지 않을 모듈을 지정합니다. ③은 받은 모듈입니다. 다음 내용을 주의합니다.

- 어떠한 지시자를 포함하지 않으면 스핑크스는 어떠한 것도 만들지 않습니다.
- :members:만 지정하면 모듈, 클래스, 메서드 구조를 모두 문서화해도 문서화하지 않는 노드는 넘어가게 됩니다. 예를 들어 특정 클래스의 메서드를 문서화하지만 클래스 자체를 문서화하지 않으면 :members:는 클래스

와 메서드를 모두 제외할 것입니다. 이런 상황을 피하기 위해 클래스에 독스트링을 작성하거나 `:undoc-mem-bers:`를 지정해야 합니다.

- 파이썬이 포함할 수 있는 곳에 모듈이 있어야 합니다. `sys.path`에 `.`, `..`, `../..`를 추가하는 것이 도움이 될 수 있습니다.

`autodoc` 확장으로 소스 코드에 있는 문서 대부분을 포함할 수 있습니다. 어떤 모듈과 어떤 메서드를 문서화할지 선택할 수 있습니다. '만능'으로 사용할 수 있는 방법은 아닙니다. 소스 코드와 함께 직접 문서를 유지함으로써 문서를 최신 상태로 쉽게 유지할 수 있습니다.

3.1.3 autosummary로 목차 제작 자동화하기

파이썬 라이브러리를 만들 때, 모듈 각각의 내용을 연결하는 목차를 가진 API 문서를 만들기 원할 것입니다.

`sphinx.ext.autosummary` 모듈은 이런 목적을 위해 만들었습니다. 우선 다음 내용을 `conf.py`에 추가해서 활성화합니다.

```
extensions = ['sphinx.ext.autosummary']
```

이어서 특정 모듈에 대한 목차를 자동으로 생성히기 위해 다음 내용처럼 `.rst` 파일에 추가합니다.

```
.. autosummary::

    mymodule
    mymodule.submodule
```

앞에서 설명한 `autodoc` 지시자를 포함하는 `generated/mymodule.rst`와 `generated/my-module.submodule.rst` 파일을 생성합니다. 이와 같은 형식을 사용해서 문서에 포함하기 원하는 모듈 API의 부분을 지정할 수 있습니다.

3.1.4 doctest로 자동화 점검하기

스핑크스가 가진 또 다른 유용한 기능은 문서를 생성할 때 자동으로 doctest를 실행할 수 있다는 점입니다. 표준 파이썬 doctest 모듈은 소스 코드의 문서 부분을 찾고 소스 코드가 정확히 그 내용을 반영하는지 확인합니다. >>>로 시작하는 각 문단은 확인할 소스 코드로 인식합니다. 예를 들어 파이썬의 표준 print 함수를 문서화한다면 다음과 같은 내용을 작성해서 doctest로 그 결과를 확인할 수 있습니다.

```
    To print something to the standard output, use the :py:func:`print` function:
>>> print("foobar")
foobar
```

문서에 이런 예제가 있으면 사용자가 API를 이해하기 쉽습니다. 그러나 이것은 나중에 하려고 미루기도 쉽고, API를 계속 개발함에 따라 예제를 최신화하는 것을 잊기도 쉽습니다. 다행히도 doctest는 이런 상황이 발생하지 않도록 도와줍니다. 문서에 단계별 튜토리얼이 포함되어 있으면 doctest는 모든 행을 실행해서 개발 전반에 걸쳐 최신 상태로 유지할 수 있도록 합니다.

또한 **문서 기반 개발**documentation-driven development(DDD)에 doctest를 사용할 수도 있습니다. 문서와 예제를 먼저 작성하고 문서에 맞게 소스 코드를 작성합니다. 이 특징을 이용하는 것은 다음과 같이 sphinx-build와 doctest 빌더를 같이 실행하는 것만큼 간단합니다.

```
C:\serious_python\chapter03> sphinx-build -b doctest doc/source doc/build
Running sphinx v1.2b1
loading pickled environment... done
building [doctest]: targets for 1 source files that are out of date
```

```
updating environment: 0 added, 0 changed, 0 removed
looking for now-outdated files... none found
running tests...

Document: index
---------------
1 items passed all tests:
1 tests in default
1 tests in 1 items.
1 passed and 0 failed.
Test passed.

Doctest summary
===============
1 test
0 failures in tests
0 failures in setup code
0 failures in cleanup code
build succeeded.
```

doctest 빌더를 사용할 때 스핑크스는 일반적인 .rst 파일을 읽고 이 파일에 포함된 예제를 실행합니다.

스핑크스는 다음과 같은 기능들을 외부 모듈 추가 등의 방법으로 제공하기도 합니다.

- 프로젝트간 연결
- HTML 테마
- 다이어그램과 공식
- Textinfo와 EPUB 형식으로 생성
- 외부 문서에 연결

이 기능들이 지금은 필요하지 않을 수도 있지만 앞으로 필요할 수 있으니 알아두면 좋습니다. 자세한 내용은 스핑크스 문서를 확인합니다.

3.1.5 스핑크스 확장 만들기

상용 제품으로 충분하지 않을 수도 있기 때문에 상황에 맞는 도구를 만들 필요가 있습니다.

HTTP REST API를 만든다고 하겠습니다. 스핑크스는 API의 파이썬 측면만 문서화합니다. 따라서 앞으로 발생할 문제를 포함해서 직접 REST API 문서를 작성해야 합니다. 3장 끝에서 인터뷰한 개발자 크리스토프 드 비엔은 '웹 서비스 메이드 이지'라는 해결책을 만들었습니다. 이 해결책은 REST API 문서를 자동으로 생성하기 위해 독스트링과 실제 파이썬 소스 코드를 분석하는 sphinxcontrib-pecanwsme라는 스핑크스 확장입니다.

> **NOTE_** 플라스크, 보틀Bottle, 토네이도와 같은 HTTP 프레임워크에는 `sphinxcontrib.httpdomain`를 사용할 수 있습니다.

문서를 생성하기 위해 소스 코드에서 정보를 추출해야 하기 때문에 여러분은 이 과정을 자동화해야 합니다. Read the Docs와 같은 자동 공개 도구를 활용하면, 직접 작성한 문서를 유지 보수하는 것보다 쉽습니다.

스핑크스 확장을 만드는 예제로 sphinxcontrib-pecanwsme 확장을 살펴봅니다. 첫 단계는 sphinxcontrib의 서브 모듈로 모듈을 만드는 것입니다. 이어서 이름을 부여합니다. 스핑크스는 setup(app)이라는 사전에 정의한 함수를 가진 모듈이 필요합니다. 이 모듈은 소스 코드를 스핑크스 이벤트와 지시자에 연결하기 위해 사용할 메서드를 포함합니다. http://www.sphinx-doc.org/en/master/extdev/appapi.html에서 스핑크스 확장 API에서 가능한 모든 메서드를 확인할 수 있습니다.

예를 들어 sphinxcontrib-pecanwsme 확장은 setup(app)을 사용해서 추가한 rest-controller라는 단일 지시어를 포함하고 있습니다. 이렇게 추가한 지시자는 [예제 3-3]에서와 같이 문서를 생성하기 위해 완전한 컨트롤러 클래스 이름이 필요합니다.

예제 3-3 rest-controller 지시자를 추가하는 sphinxcontrib.pecanwsme.rest.setup 소스 코드

```
def setup(app):
    app.add_directive('rest-controller', RESTControllerDirective)
```

[예제 3-3]에 있는 `add_directive` 메서드는 `rest-controller` 지시자를 등록하고 `REST ControllerDirective` 클래스에 대한 대표로써 동작합니다. `RESTControllerDirective` 클래스는 지시자가 내용을 어떻게 다루는지, 인수가 있는지 등을 알려주는 특정 속성을 나타냅니다. 클래스는 소스 코드에서 문서를 추출해서 분석된 데이터를 스핑크스에게 반환하는 `run()` 메서드를 구현합니다.

`https://bitbucket.org/birkenfeld/sphinx-contrib/src` 리포지터리는 자신만의 확장을 개발할 때 도와주는 가벼운 모듈을 많이 가지고 있습니다.

> **NOTE_** 비록 스핑크스가 파이썬으로 만들어졌고 기본적으로 파이썬을 대상으로 하지만, 확장을 사용하면 다른 언어를 지원할 수도 있습니다. 여러 프로그래밍 언어를 사용해서 프로젝트를 개발하더라도 전체적으로 프로젝트를 문서화하기 위해 스핑크스를 사용할 수 있습니다.

또 다른 예로 시계열 데이터를 대규모로 저장하고 인덱싱하는 데이터베이스인 Gnocchi라는 프로젝트에서 문서를 자동으로 만들기 위해 스핑크스 확장을 사용했습니다. Gnocchi는 REST API를 제공합니다. 보통 이런 API를 문서화하기 위해 프로젝트에서는 어떻게 API 요청을 하고 응답하는지 직접 예제를 만들 것입니다. 이 방법은 에러를 유발할 수 있고 현실과 맞지 않을 수도 있습니다.

Gnocchi API를 테스트하기 위해 가능한 단위 테스트 소스 코드를 사용해서 Gnocchi를 실행하는 스핑크스 확장을 만들었고, 실제 Gnocchi 서버에 대한 HTTP 요청과 응답을 포함하는 `.rst` 파일을 생성했습니다. 이렇게 해서 문서는 항상 최신으로 유지된다는 것을 확신할 수 있습니다. 서버 응답은 수동으로 만든 것이 아니며 직접 작성한 요청이 실패하면 문서 생성도 하지 않습니다. 이럴 땐 문서를 고쳐야 합니다.

이 책에 소스 코드를 포함하면 너무나 장황해집니다. 온라인으로 Gnocci 소스 코드를 확인할 수 있고, `gnocchi.gendoc` 모듈을 보면 어떻게 동작하는지 알 수 있습니다.

3.1.6 API 변경 사항 관리하기

소스 코드를 잘 문서화하면, 다른 개발자가 소스 코드를 가져가 다른 무엇인가를 만드는 데 사용하기 좋습니다. 또한 라이브러리를 만들고 API를 공개할 때, 확실한 문서를 제공하면 다른 개발자들에게 신뢰를 줄 수 있습니다.

이번에는 공개 API에 대한 모범 사례를 다루겠습니다. 이 API는 개발한 라이브러리와 애플리케이션 사용자에게 제공됩니다. 내부 API로 원하는 것은 무엇이든 할 수 있지만, 공개 API는 주의해야 합니다.

공개 API와 내부 API를 구별하기 위한 파이썬 규약은 내부 API는 언더바로 시작하는 것입니다. foo가 공개 API라면 _bar는 내부 API입니다. 다른 API가 공개인지 내부인지 확인하고 API에 이름을 부여하기 위해 이 규약을 사용합니다. 자바와 같은 다른 언어와 다르게 파이썬은 내부 API든 공개 API든 소스 코드에 접근하는 어떠한 제한도 없습니다. 명명 규약은 개발자들의 이해를 돕기 위한 것입니다.

3.1.7 API 버전 부여하기

API를 잘 만들었을 때, API 버전은 사용자에게 많은 정보를 전달할 수 있습니다. 파이썬은 API에 버전을 부여하는 특별한 체계나 규약이 없습니다. 유닉스 같은 운영체제에서 영감을 얻어볼 수 있습니다. 유닉스는 라이브러리에 정교한 버전 식별자를 부여하는 복잡한 관리 시스템을 가지고 있습니다.

일반적으로 버전 번호를 부여하는 것은 사용자에게 영향을 미칠 API의 변경을 반영합니다. 예를 들어 API에 큰 변화가 있을 때, 주요 버전 번호는 1에서 2로 변경될 것입니다. 신규 API에 몇 개 기능만 추가되면 버전 번호가 2.2에서 2.3으로 증가합니다. 몇 가지 버그를 수정하면 2.2.0에서 2.2.1로 올라갑니다. 버전 번호를 부여한 좋은 사례는 파이썬 requests 라이브러리입니다(https://pypi.python.org/pypi/requests). 이 라이브러리는 신규 API에 있는 변경 사항과 프로그램에 영향을 미치는 것에 따라 API 번호를 증가합니다.

버전 번호는 개발자에게 업데이트된 라이브러리 사이의 변화를 알 수 있게 해줍니다. 그러나 그것만으로는 모든 변화를 충분히 전달할 수 없습니다. 변경 사항을 설명하는 자세한 문서를 제공해야 합니다.

3.1.8 API 변경 사항 문서화하기

API를 변경할 때마다 가장 먼저 해야 하는 가장 중요한 일은 코드 사용자가 API 변경 사항에 대해 간단한 내용을 알 수 있도록 API를 문서화하는 것입니다. 문서에는 다음 사항을 포함해야 합니다.

- 새롭게 추가한 인터페이스의 새로운 요소
- 더는 사용하지 않는 오래된 인터페이스 요소
- 신규 인터페이스로 변경하는 절차

또한 오래된 인터페이스를 바로 삭제하지 않도록 해야 합니다. 오래된 인터페이스를 유지하는 것이 문제가 될 때까지 이전 인터페이스를 유지하길 권장합니다. 인터페이스를 더는 사용하지 않는다고 표시해버리면, 사용자는 그 인터페이스를 사용하지 말아야 한다고 생각하게 될 것입니다.

[예제 3-4]는 어떤 방향으로든 회전할 수 있는 car 객체를 표현하는 소스 코드에 대한 훌륭한 API 변경 문서 사례입니다. 어떤 이유가 있었는지, 개발자는 turn_left 메서드를 철회하고 방향을 인수로 전달받는 일반적인 turn 메서드를 제공하기로 결정했습니다.

예제 3-4 car 객체에 대한 API 변경 문서 예제

```python
class Car(object):

    def turn_left(self):
        """Turn the car left.

        .. deprecated:: 1.1
        Use :func:`turn` instead with the direction argument set to left
        """
        self.turn(direction='left')

    def turn(self, direction):
        """Turn the car in some direction.

        :param direction: The direction to turn to.
        :type direction: str
        """
```

```
# 이곳에 turn 함수의 실제 소스 코드를 작성합니다
pass
```

따옴표 세 개(""")는 독스트링의 시작과 끝을 알려줍니다. 이 독스트링은 사용자가 help(Car. turn_left)를 터미널에 입력하거나 스핑크스와 같은 외부 도구로 문서를 추출할 때 문서에 사용됩니다. .. deprecated 1.1로 car.turn_left 메서드 사용을 더는 권장하지 않는다고 알려줍니다. 이때 1.1은 소스 코드에 권장하지 않는 메서드가 있고, 이것은 첫 번째 릴리스라고도 알려줍니다.

권장하지 않는 메서드를 사용하는 사용자에게 스핑크스로 알려주면 사용자는 그 함수를 사용해서는 안 된다는 것을 알게 됩니다. 또한 스핑크스는 사용자에게 신규 소스 코드의 사용 설명과 신규 함수를 직접 사용할 수 있게 안내해줍니다.

[그림 3-1]은 권장하지 않는 함수를 설명하는 스핑크스 문서입니다

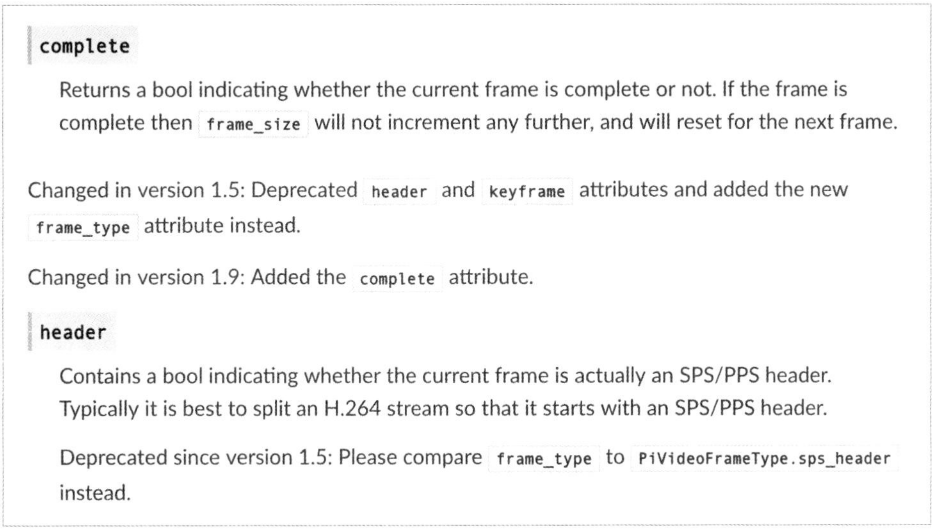

---

complete

Returns a bool indicating whether the current frame is complete or not. If the frame is complete then `frame_size` will not increment any further, and will reset for the next frame.

Changed in version 1.5: Deprecated `header` and `keyframe` attributes and added the new `frame_type` attribute instead.

Changed in version 1.9: Added the `complete` attribute.

header

Contains a bool indicating whether the current frame is actually an SPS/PPS header. Typically it is best to split an H.264 stream so that it starts with an SPS/PPS header.

Deprecated since version 1.5: Please compare `frame_type` to `PiVideoFrameType.sps_header` instead.

그림 3-1 권장하지 않는 함수 설명

이 방법의 단점은 개발자가 파이썬 패키지를 업그레이드할 때마다 변경 사항이나 문서를 읽어야 한다는 것입니다. 그러나 이에 대한 해결책이 있습니다. warnings 모듈로 권장하지 않는 함수를 표시하는 것입니다.

3.1.9 warnings 모듈을 사용해서 권장하지 않는 함수 표시하기

더는 사용하지 않는 모듈은 사용자가 그 모듈을 호출하지 않도록 충분히 문서화해놓아야 합니다. 하지만 파이썬은 warnings라는 편리한 모듈도 제공합니다. 이 모듈은 권장하지 않는 함수를 호출할 때 다양한 경고를 출력하도록 할 수 있습니다. DeprecationWarning과 PendingDeprecationWarning을 사용해서 개발자가 호출하는 함수가 현재 권장하지 않는 함수인지, 곧 권장하지 않게 될 함수인지 알 수 있습니다.

> **NOTE_** C 언어 개발자를 위해서는 **__attribute__((deprecated))** 라는 편리한 GNU 컴파일러 모음GNU Compiler Collection(GCC) 확장이 있습니다.

[예제 3-4]의 car 객체 예제를 다시 상기시켜 보면 [예제 3-5]와 같이 권장하지 않는 함수를 호출하려고 할 때 사용자에게 경고하기 위해 warnings 모듈을 사용할 수 있습니다.

예제 3-5 warnings 모듈을 사용해서 car 객체 API의 변경 사항 문서화하기

```
import warnings

class Car(object):
    def turn_left(self):
        """Turn the car left.

        .. deprecated:: 1.1    #①
        Use :func:`turn` instead with the direction argument set to "left".
        """
        warnings.warn("turn_left is deprecated; use turn instead",
DeprecationWarning)
        self.turn(direction='left')    #②

    def turn(self, direction):
        """Turn the car in some direction.

        :param direction: The direction to turn to.
        :type direction: str
        """
```

```
# 이곳에 실제 코드를 작성합니다
pass
```

①에서 turn_left 함수는 권장되지 않습니다. warning.warn 행을 추가함으로써 ②와 같이 오류 메시지를 변경할 수 있습니다. 이제 turn_left 함수를 호출하면 다음과 같은 경고가 출력됩니다.

```
>>> Car().turn_left()
__main__:8: DeprecationWarning: turn_left is deprecated; use turn instead
```

파이썬 2.7 이후부터는 기본적으로 warnings 모듈이 만드는 경고를 출력하지 않습니다. warnings가 걸러내기 때문입니다. 경고를 출력하려면 파이썬을 실행할 때 -W를 추가해야 합니다. -W는 stderr에 모든 경고를 출력합니다. -W에 대한 자세한 내용은 파이썬 문서를 참조하세요.[1]

테스트를 실행할 때 개발자는 -W error를 전달해서 파이썬을 실행할 수 있습니다. 쓸모없는 함수를 호출할 때마다 오류를 출력합니다. 라이브러리를 사용하는 개발자는 소스 코드 어느 부분을 고쳐야 하는지 정확하게 알 수 있습니다. [예제 3-6]은 -W error를 전달해서 파이썬을 사용할 때 경고를 치명적인 오류로 어떻게 바꿀 수 있는지 보여줍니다.

예제 3-6 파이썬을 실행할 때 -W를 전달해서, 권장하지 않는다는 에러 출력하기

```
>>> import warnings
>>> warnings.warn("This is deprecated", DeprecationWarning)
Traceback (most recent call last):
File "<stdin>", line 1, in <module>
DeprecationWarning: This is deprecated
```

경고는 실행 시 보통 누락되며, -W error를 전달해서 운영 시스템을 실행하는 것은 좋은 생각이 아닙니다. -W error를 전달해서 파이썬 애플리케이션을 확인 차 실행해보는 것은 경고를

---

1 옮긴이_ https://docs.python.org/3.8/using/cmdline.html?highlight=w#cmdoption-w

확인하고 사전에 고치는 데 좋은 방법입니다.

그러나 직접 모든 경고와 독스트링의 최신 내용을 작성하는 것은 귀찮은 일입니다. 그래서 debtcollector 라이브러리는 이런 작업을 자동화하기 위해 만들어졌습니다. debtcollector 라이브러리는 정확한 경고를 생성하고, 정확하게 독스트링을 최신화하기 위해 함수에 사용할 수 있는 몇 가지 데커레이터를 제공합니다. [예제 3-7]은 간단한 데커레이터로 함수가 다른 소스 코드로 옮겨졌다는 것을 알려주는 예제입니다.

예제 3-7 debtcollector로 API 변경 자동화[2]

```python
from debtcollector import moves

class Car(object):
    @moves.moved_method('turn', version='1.1')
    def turn_left(self):
        """Turn the car left."""

        return self.turn(direction='left')
    def turn(self, direction):
        """Turn the car in some direction.

        :param direction: The direction to turn to.
        :type direction: str
        """
        # 이곳에 실제 코드를 작성합니다
        pass
```

debtcollector의 moves() 메서드를 사용합니다. moved_method 데커레이터는 호출할 때마다 turn_left가 DeprecationWarning을 발생시킵니다.

---

2 옮긴이_ 실행을 위해 먼저 명령어 pip install debtcollector를 실행해야 합니다.

3.2 마치며

스핑크스는 파이썬 프로젝트의 문서화를 위한 사실상의 표준입니다. 다양한 문법을 지원하며 프로젝트에서 필요시 새로운 문법이나 기능을 추가하는 것이 쉽습니다. 스핑크스는 문서 찾아보기 생성이나 소스 코드에서 문서를 추출, 쉬운 문서 관리 유지 등의 일을 자동화할 수 있습니다.

개발하는 API의 변경 사항을 문서화하는 것은 중요합니다. 특히 기존 기능을 더는 권장하지 않을 때 사용자에게 알려주면, 사용자는 그 기능을 더는 사용할 수 없다는 것을 알게 됩니다. 스핑크스 deprecated 키워드와 warning 모듈을 사용해서 권장하지 않는 내용을 문서화할 수 있습니다. debtcollector 라이브러리로 문서화 유지 관리를 자동화할 수 있습니다.

3.3 인터뷰: 크리스토프 드 비엔과 API 개발에 대해

파이썬 개발자인 크리스토프는 웹 서비스 메이드 이지 프레임워크를 만들었습니다. 이 프레임워크로 개발자들은 파이썬다운 방법으로 웹 서비스를 정의할 수 있었습니다. 또한 다른 웹 프레임워크와 연동할 수 있는 다양한 API를 지원했습니다.

파이썬 API를 설계할 때 개발자가 자주 하는 실수는 무엇이 있나요?

저는 파이썬 API를 설계하며 실수하지 않기 위해 다음 규칙을 따르고 있습니다.

너무 복잡하게 만들지 않습니다

간단하게 만듭니다. 복잡한 API는 이해하기 어렵고 문서화하기 어렵습니다. 실제 라이브러리 기능이 간단할 필요는 없지만 되도록 간단하게 만드는 것이 좋습니다. 그래야 사용자들이 실수 없이 사용할 수 있습니다. 라이브러리가 복잡한 일을 해도 사용자가 쓰기에는 아주 간단하고 직관적일 수 있습니다. urllib API는 내부적인 기능도 복잡하고 사용하기도 어렵습니다.

문서에 있는 것만 구현합니다

문서에서 설명하지 않은 것을 API로 사용하면, 사용자는 소스 코드를 직접 분석하면서 이해하려고 할 것입니다. 내부적으로 작업한 것이 실행되는 것은 괜찮지만, 사용자에게는 문서에 있는 내용만 실행되어야 합니다. 그렇지 않으면 사용자는 혼란스러울 수도 있고, 언제 바뀔지도 모를 기능에 의존할 수밖에 없습니다.

사용 사례를 참고합니다

소스 코드 개발에 집중하다 보면 라이브러리를 실제로 어떻게 사용할지 고려하는 것을 잊어버리기 쉽습니다. 좋은 사례를 참고하면 API를 쉽게 설계할 수 있습니다.

단위 테스트를 만듭니다

테스트 기반 개발test-driven development (TDD)은 특히 파이썬으로 라이브러리를 개발할 때 아주 효율적인 방법입니다. 개발자가 애초부터 사용자의 입장에서 개발하도록 하기 때문입니다. 결국 개발자는 사용자가 사용할 수 있는 설계를 하게 됩니다. 라이브러리를 완전히 다시 개발하게 하는 것은 최후의 방법으로 선택해야 합니다.

파이썬의 어떤 측면이 라이브러리 API를 쉽게 설계하는 데 도움이 되나요?

파이썬에는 API의 어떤 부분을 공개하고 비공개할지 정의하는 방법이 없습니다. 이는 문제가 될 수도 있고, 장점이 될 수도 있습니다.

개발자가 API의 어떤 부분을 공개할지 어떤 부분을 비공개할시 충분히 고려하시 않기 때문에 문제가 됩니다. 하지만 약간의 규율, 문서, `zope.interface`와 같은 도구를 사용하면 문제가 되지 않습니다.

이전 버전과 호환성을 유지하면 API를 더 빠르고 쉽게 재설계할 수 있는 장점이 있습니다.

API에서 기능을 개선, 비권장, 제거할 때 무엇을 고려하나요?

API 개발과 관련해서 결정을 할 때 고려하는 몇 가지 기준이 있습니다.

사용자가 라이브러리를 사용할 때 얼마나 쉽게 사용할 수 있을까

여러분의 API를 사용하는 사용자가 있다는 것을 고려하면, API에 반영하는 변화들은 나름대로의 가치가 있어야 합니다. 공통으로 사용하는 API가 호환되지 않도록 변경되는 것을 방지해야 합니다. 파이썬의 장점은 API 변경을 반영하기 위해 소스 코드를 재설계하기가 비교적 쉽다는 것입니다.

API를 유지하는 게 얼마나 쉬울까

구현 간소화, 소스 코드 정리, API 사용 간편화, 더 완벽한 단위 테스트, 바로 이해하기 쉬운 API 만들기와 같은 것이 API 관리자로서 삶을 편하게 해줄 것입니다.

수정을 반영할 때 어떻게 API 일관성을 유지할 수 있을까

API의 모든 기능이 첫 번째 인수와 같은 의미의 유사한 패턴을 가지면 새롭게 추가하는 기능도 같은 패턴을 따르게 합니다. 너무 많은 기능을 한 번에 수행하면 결국 아무것도 하지 못하게 됩니다. 하고자 하는 것에 중점을 두고 API를 유지합니다.

사용자에게 어떤 도움을 줄 수 있을까

저는 사용자의 관점을 항상 고려하려 합니다.

파이썬에서 API 문서화를 할 때 어떤 조언을 하시겠습니까?

좋은 문서가 있어야 사용자가 쉽게 라이브러리를 선택할 수 있습니다. 문서화를 고려하지 않으면 초보자뿐만 아니라 많은 잠재적인 사용자들도 등을 돌리게 될 것입니다. 문제는 문서화가 어렵다는 것입니다. 그래서 문서화는 항상 무시된다는 경향이 있죠.

미리 문서화하고 지속적인 통합 개발에 문서화를 포함합니다

문서를 생성하고 공개하기 위해 'Read the Docs' 도구를 사용하면, 최소한 오픈소스 소프트웨어의 문서를 작성하고 공개하는 데 문제가 없을 것입니다.

API에 클래스와 함수를 문서화하기 위해 독스트링을 사용합니다

PEP 257(`https://www.python.org/dev/peps/pep-0257`)에 따르면, 개발자는 API가 하는 기능을 이해하기 위해 소스 코드를 볼 필요가 없습니다. 독스트링에서 HTML 문서를 생성하고 API 레퍼런스를 제한하지 않도록 합니다.

실질적인 예제를 제공합니다

초보자에게는 실제 적용 사례를 보여줄 수 있는 최소한 1개 이상의 '안내서'가 있어야 합니다. 안내서는 API 기본 사용부터 시작해서 사례들을 제공해야 합니다.

버전별로 API의 변경 사항을 자세히 문서화합니다

버전 관리 시스템version control system (VCS) 로그로는 충분하지 않습니다!

언제든지 문서를 볼 수 있고 읽기 쉽게 만듭니다

사용자가 힘들이지 않고 쉽게 찾을 수 있고, 필요한 정보를 얻을 수 있어야 합니다. PyPI에 문서를 공개하면 쉽게 할 수 있습니다. 사용자가 'Read the Docs'에서 문서를 찾을 수도 있기 때문에 이곳에 공개하는 것도 좋은 생각입니다.

마지막으로 효율적이고 매력적인 테마를 선택합니다

웹 서비스 메이드 이지에는 'Cloud' 스핑크스 테마를 선택했지만, 더 많은 테마를 선택할 수 있습니다. 멋진 문서를 만들기 위한 웹 전문가까지 될 필요는 없습니다.

## CHAPTER 4

시간 정보와 시간대 다루기

시간대^{timezone}는 사실 복잡합니다. 대부분의 사람들은 협정세계시인 UTC를 기준으로 앞뒤로 12시간 범위의 시간을 더하거나 빼기만 하면 된다고 생각합니다.

그러나 현실을 그렇지 않습니다. 시간대는 논리적이지 않고 예측하기도 어렵습니다. 15분 단위의 시간대도 있으며, 1년에 2번 시간대가 변하는 국가, 여름 동안에 서머타임이라는 별도의 시간대를 적용하는 국가 등도 있습니다. 이런 사례들은 시간대라는 것을 재미있게 만들기도 하지만 다루기 어렵게 만들기도 합니다. 따라서 시간대를 다루기 위해서는 심사숙고해야 합니다.

4장에서는 시간대를 다루는 것이 까다로운 이유와 앞으로 우리가 만들 프로그램에서 시간대를 잘 다루는 방법을 설명합니다. 시간 정보 객체를 생성하는 방법, 시간 정보 객체로 시간대를 다루는 방법과 다뤄야 하는 이유, 앞으로 발생할 수 있는 특수한 경우를 살펴볼 것입니다.

4.1 시간대가 없는 경우의 문제

시간대가 없는 시간 정보^{timestamp}는 애플리케이션이 실제로 참조하는 시점을 유추할 수 없기 때문에 의미 없는 정보입니다. 각 시간마다 시간대가 없으면 시간을 비교할 수 없습니다. 월요일이 화요일 앞인지 화요일 뒤에 있는지와 같이 어떤 기준이 없이 단순히 요일을 비교하는 것과 같습니다. 시간대가 없는 시간은 의미가 없다고 생각해야 합니다.

따라서 애플리케이션에서는 반드시 시간대가 있는 시간을 다루어야 합니다. 시간대가 제공되지 않거나 기본 시간대가 무엇인지 명확하지 않다면 오류를 발생시켜야 합니다. 일반적으로 협정시간대 UTC가 기본 시간대입니다.

시간을 **저장하기** 전에 시간대 변환에 주의해야 합니다. 중부 유럽 표준시^{Central European Time}(CET) 시간대에 있는 사용자가 수요일 오전 10시마다 어떤 작업을 한다고 가정해보겠습니다. CET는 협정 세계시^{Universal Time Coordinated}(UTC)보다 1시간 **빠릅니다**. 따라서 UTC로 시간대를 바꾸어서 저장하면 수요일 오전 9시로 저장됩니다.

서머타임을 적용하면 CET 시간대는 UTC보다 2시간 **빠르게** 됩니다. 작업을 UTC 시간대로 오전 9시로 계속 저장하게 하기 위해서 프로그램은 CET 기준으로 애플리케이션이 수요일 오전 11시에 어떤 작업이 시작된다고 계산합니다. 이처럼 시간 계산 때문에 애플리케이션이 복잡해진다는 것을 알 수 있습니다.

이제 시간대를 다룰 때 발생할 수 있는 상황에 대해서 이해를 했으니, 우리가 다루는 파이썬으로 처리해보겠습니다. 파이썬에는 마이크로초 단위로 정확하게 날짜와 시간을 저장할 수 있는 `datetime.datetime`이라는 시간 정보 객체가 있습니다. `datetime.datetime` 객체는 시간대 정보의 유무에 따라 시간대를 알 수 있습니다. 불행히도 `datetime` API는 [예제 4-1]의 실행 결과처럼 기본적으로 시간대를 알 수 없는 객체를 반환합니다. 시간 정보 객체를 생성하고 시간대를 사용할 수 있도록 수정하는 방법을 알아보겠습니다.

4.2 datetime 객체 생성하기

현재 날짜와 시간을 값으로 해서 `datetime` 객체를 생성하려면, `datetime.datetime.utcnow()` 함수를 사용합니다. 이 함수로 [예제 4-1] 실행 결과처럼 UTC 시간대의 날짜와 시간을 얻을 수 있습니다. 현재 사용하는 컴퓨터가 있는 지역의 시간대에 대한 날짜와 시간을 사용해서 같은 객체를 생성하려면 `datetime.datetime.now()` 메서드를 사용합니다. [예제 4-1]은 UTC 와 현재 이 소스 코드를 실행하는 지역의 시간대의 날짜와 시간을 출력합니다.

```
>>> import datetime
>>> datetime.datetime.utcnow()
    datetime.datetime(2019, 7, 24, 16, 58, 24, 468871)    #①
>>> datetime.datetime.utcnow().tzinfo is None
    True    #②
```

datetime 라이브러리를 불러오고 UTC 시간대를 사용해서 datetime 객체를 정의합니다. ① 에서 볼 수 있듯이 년, 월, 일, 시, 분, 초, 마이크로초를 가진 값으로 UTC 시간을 반환합니다. tzinfo 객체를 사용해서 이 객체가 시간대 정보를 가졌는지 확인할 수 있습니다. ②와 같은 결과를 통해 시간대 정보가 없음을 알 수 있습니다.

사용하는 컴퓨터가 있는 지역의 기본 시간대의 현재 날짜와 시간을 얻기 위해 datetime.datetime.now()를 사용해서 datetime 객체를 생성합니다.

```
>>> datetime.datetime.now()
    datetime.datetime(2019, 7, 25, 2, 2, 51, 214126)    #③
```

③의 결과에서처럼 tzinfo 항목이 없이 시간대 정보 없이 시간 정보를 반환합니다. 시간대 정보가 있다면 tzinfo=<UTC>와 같은 결과가 마지막에 출력됩니다.

datetime API는 항상 기본적으로 시간대가 없는 datetime 객체를 반환합니다. 출력 결과에서는 시간대가 무엇인지 알려줄 방법이 없기 때문에 이 객체는 별로 쓸모가 없습니다.

플라스크 프레임워크 제작자인 아르민 로나허Armin Ronacher는 파이썬으로 만든 애플리케이션에서 시간대가 없는 datetime 객체는 UTC가 항상 기본 시간대여야 한다고 제안합니다. 그러나 앞 실행 결과와 같이 datetime.datetime.now()가 반환하는 객체는 아르민 로나허가 제안한 것처럼 기본 시간대 정보가 없습니다. datetime 객체를 생성할 때마다 항상 시간대를 유념하기를 권합니다. 그래야 항상 datetime 객체들을 비교할 수 있으며 필요한 정보를 정확하게 반환하는지 확인할 수 있습니다. tzinfo 객체를 사용해서 시간대를 확인할 수 있는 시간 정보를 생성하는 방법을 알아보겠습니다.

4.3 dateutil로 시간대 정보가 있는 시간 정보 생성하기

대부분의 운영체제에서 사용할 수 있는 IANA^Internet Assigned Numbers Authority와 같이 특정 기관에서 관리하는 시간대 정보가 있는 데이터베이스가 많이 있습니다. 따라서 파이썬 개발자들은 자신만의 시간대 클래스를 생성하거나 또 다른 파이썬 프로젝트를 만들기보다, **tzinfo** 클래스를 만들기 위해 **dateutil** 프로젝트를 사용합니다. **dateutil** 프로젝트는 **tz**라는 파이썬 모듈을 제공합니다. 이 모듈은 큰 어려움 없이 시간대 정보를 바로 제공합니다. **tz** 모듈은 운영체제의 시간대 정보와 시간대 데이터베이스에 접근해서 파이썬에서 바로 사용할 수 있습니다.

pip install python-dateutil을 실행해서 **pip** 명령어로 **dateutil**을 설치합니다. **dateutil** API로 다음과 같이 시간대 이름을 제공해서 **tzinfo** 객체를 생성할 수 있습니다.

```
>>> from dateutil import tz
>>> tz.gettz("Asia/Seoul")
tzfile('ROK')
>>> tz.gettz("GMT+8")
tzstr('GMT+8')
```

dateutil.tz.gettz() 메서드는 tzinfo 인터페이스를 구현하는 객체를 반환합니다. 이 메서드는 'Europe/Paris'와 같은 시간대 지역 이름이나 GMT를 기준으로 한 시간대와 같은 다양한 문자열 형식을 인수로 처리할 수 있습니다. dateutil 시간대 객체는 [예제 4-3]과 같이 tzinfo 클래스를 바로 전달받을 수 있습니다.

예제 4-3 tzinfo 클래스를 전달해서 dateutil 객체 사용하기

```
>>> import datetime
>>> from dateutil import tz
>>> now = datetime.datetime.now()
>>> now
datetime.datetime(2019, 7, 25, 2, 20, 12, 772556)
>>> tz = tz.gettz("Asia/Seoul")
>>> now.replace(tzinfo=tz)
datetime.datetime(2019, 7, 25, 2, 20, 12, 772556, tzinfo=tzfile('ROK'))
```

필요한 시간대 이름을 알고 있으면 해당 시간대의 **tzinfo** 객체를 생성할 수 있습니다. **dateutil** 모듈은 운영체제에서 관리하는 시간대에 접근할 수 있습니다. 만약 시간대 정보를 제공할 수 없다면 시간대 정보 리스트를 반환합니다. 시간대 리스트가 필요하다면 **dateutil. zoneinfo** 모듈로 확인할 수 있습니다.

```
>>> from dateutil.zoneinfo import get_zonefile_instance
>>> zones = list(get_zonefile_instance().zones)
>>> sorted(zones)[:5]
['Africa/Abidjan', 'Africa/Accra', 'Africa/Addis_Ababa', 'Africa/Algiers',
'Africa/Asmara']
>>> len(zones)
595
```

실제 프로그램을 실행할 때, 어떤 시간대에서 실행되는지 알 수 없는 경우가 있습니다. 그때는 직접 확인해야 합니다. [예제 4-4]에서 볼 수 있듯이 dateutil.tz.gettz() 함수는 인수 없이 사용하면 실행하는 컴퓨터가 있는 지역의 시간대를 반환합니다.

```
>>> from dateutil import tz
>>> import datetime
>>> now = datetime.datetime.now()
>>> localzone = tz.gettz()
>>> localzone
tzlocal()
>>> localzone.tzname(datetime.datetime(2019, 7, 25))
'대한민국 표준시'
```

[예제 4-4]에서 localzone.tzname(datetime.datetime())에 날짜를 전달했습니다. dateutil로 대한민국 표준시가 출력되는 것을 확인할 수 있습니다. 현재 날짜를 전달하면 자신의 현재 시간대를 출력합니다.

이제 애플리케이션에서 직접 구현할 필요 없이 tzinfo 클래스의 dateutil 라이브러리 객체들을 사용할 수 있습니다. 시간대를 알 수 없는 datetime 객체를 시간대를 알 수 있는 datetime 객체로 바꾸는 것은 아주 쉽습니다.

시간대 클래스 구현하기

시간대 클래스를 구현할 수 있는 클래스가 파이썬에 있습니다. 바로 datetime.tzinfo 클래스이며 시간대를 표현할 클래스를 구현하는 기본이 되는 추상 클래스입니다. 시간대 클래스를 구현하려면 부모 클래스로 datetime.tzinfo를 사용하고, 다음 3가지 메서드를 구현해야 합니다.

- utcoffset(dt)
  이 메서드는 시간대로 UTC에서 동부 UTC의 차이를 분으로 반환합니다.
- dst(dt)
  이 메서드는 시간대로 서머 타임을 적용해서 동부 UTC를 분으로 반환합니다.
- tzname(dt)
  문자열로 시간대 이름을 반환합니다.

위 3가지 메서드는 tzinfo 객체에 포함되어, 알고 있는 어떠한 시간대 datetime을 다른 시간

---

1 유닉스 계열 환경에서 출력하면 다음과 같은 결과가 나옵니다. tzfile('/etc/localtime') '대한민국 표준시'는 KST로 출력됩니다.

대로 변환할 수 있습니다. 그러나 앞에서 언급한 것처럼 시간대 데이터베이스가 있기 때문에 시간대 클래스를 구현하는 것은 의미가 없습니다.

4.4 시간대 정보가 있는 datetime 객체 직렬화하기

datetime 객체가 다른 곳으로 전송되어야 할 때가 종종 있습니다. 이때, 파이썬에서 만든 datetime 객체가 파이썬으로 개발 중이 아닌 곳으로 전송되어야 할 수도 있습니다. 최근에 많이 사용하는 일반적인 방법은 HTTP REST API이며 요청을 한 사용자에게 datetime 객체를 반환해야 합니다. isoformat이라는 파이썬 메서드를 [예제 4-5]와 같이 파이썬을 사용하지 않는 요청 사용자에게 datetime 객체를 전송하기 위해 직렬화할 때 사용할 수 있습니다.

예제 4-5 시간대 정보가 있는 datetime 객체 직렬화하기

```
>>> import datetime
>>> from dateutil import tz
>>> def utcnow():    #①
        return datetime.datetime.now(tz=tz.tzutc())
>>> utcnow()
datetime.datetime(2019, 7, 24, 17, 40, 12, 297353, tzinfo=tzutc())    #②
>>> utcnow().isoformat()    #③
'2019-07-24T17:40:30.269246+00:00'
```

[예제 4-5]에서 utcnow라는 신규 함수를 정의하고, ①과 같이 시간대가 UTC인 객체를 명확하게 반환합니다. 알다시피 반환된 객체는 ②처럼 시간대 정보를 가지고 있습니다. ③에서는 ISO 형식으로 문자열을 정렬합니다. 이때 +00:00이라는 부분이 추가되어 시간대 정보를 포함하고 있다는 것도 확인합니다.

실행 결과의 형식을 맞추기 위해 isoformat() 메서드를 사용했다는 것을 알 수 있습니다. 필자는 datetime을 입력하고 출력할 때, 시간대 정보를 포함하며 읽기 좋은 형식을 갖춘 ISO

8601 방식으로 시간 정보를 반환하는 `datatime.datetime.isoformat()` 메서드 사용을 항상 권장합니다.

ISO 8601 형식을 가진 문자열은 파이썬 `datetime.datetime` 객체로 변환할 수 있습니다. `iso8601` 모듈은 한 가지 함수 `parse_date`만 가지고 있으며 문자열을 처리하고 시간 정보와 시간대 값을 확인하는 일을 담당합니다. `iso8601` 모듈은 기본 파이썬 모듈이 아니기 때문에 `pip install iso8601`을 실행해서 설치해야 합니다. [예제 4-6]에서 ISO 8601을 사용해서 시간 정보를 처리하는 방법을 볼 수 있습니다.

예제 4-6 ISO 8601 형식을 가진 시간 정보를 처리하기 위해 iso8601 모듈 사용하기

```
>>> import iso8601
>>> import datetime
>>> from dateutil import tz
>>> now = datetime.datetime.utcnow()
>>> now.isoformat()
'2019-07-24T17:47:53.902121'
>>> parsed = iso8601.parse_date(now.isoformat())    #①
>>> parsed
datetime.datetime(2019, 7, 24, 17, 47, 53, 902121, tzinfo=datetime.timezone.utc)
>>> parsed == now.replace(tzinfo=tz.tzutc())
True
```

[예제 4-6]를 보면 문자열에서 `datetime` 객체를 생성하기 위해 iso8601 모듈을 사용합니다. ①에서 ISO 8601 형식인 시간 정보 문자열을 `iso8601.parse_date`에 전달하면서 호출합니다. 호출을 하면 `datetime` 객체를 반환합니다. 문자열에는 시간대 정보가 없기 때문에 iso8601 모듈은 시간대가 UTC라고 가정합니다. 정확한 시간대 정보를 가지고 있다면, iso8601 모듈은 정확하게 그 시간대를 반환합니다.

시간대를 인식하는 `datetime` 객체와 시간 정보를 표현하기 위해 ISO 8601 형식을 사용하면 시간대와 관련된 대부분의 문제가 처리될 것입니다. 애플리케이션 간에 그리고 국가 간에 실수 없이 연동될 것입니다.

4.5 애매한 시간대 처리하기

일부 국가에서 사용하는 서머 타임을 적용할 때 하루에 두 번 같은 시간이 발생하게 되는 날처럼 시간 처리를 하기가 애매할 때도 있습니다. dateutil 라이브러리는 이러한 시간 정보를 구별하기 위해 is_ambiguous 메서드를 제공합니다. 이런 상황을 보여주기 위해 [예제 4-7]에서 프랑스 파리를 기준으로 애매한 시간 정보를 생성합니다.

예제 4-7 서머타임 적용시 발생하는 애매한 시간 정보

```
>>> import datetime
>>> from dateutil import tz
>>> localtz = tz.gettz("Europe/Paris")
>>> confusing = datetime.datetime(2017, 10, 29, 2, 30)
>>> localtz.is_ambiguous(confusing)
True
```

2017년 10월 30일 밤, 파리의 서머타임을 해제합니다. 이때 오전 2시에서 오전 3시로 바뀝니다. 그 날 2시 30분이라는 시간 정보를 사용할 때, 서머타임을 해제하기 전의 시간인지 그 후의 시간인지 확인할 수 있는 방법이 없습니다.

PEP 495(지역 시간 모호함에 관한 문서)[2]를 적용한 파이썬 3.6부터 datetime 객체에 추가한 fold 속성으로 시간 정보가 어디에 속하는지 확인하는 것이 가능해졌습니다. 이 속성은 [예제 4-8]에서 볼 수 있는 것처럼 시간 정보가 어디에 속해있는지 알려줍니다.

예제 4-8 애매한 시간 정보의 모호함 해결하기

```
>>> import dateutil.tz
>>> import datetime
>>> localtz = dateutil.tz.gettz("Europe/Paris")
>>> utc = dateutil.tz.tzutc()
>>> confusing = datetime.datetime(2017, 10, 29, 2, 30, tzinfo=localtz)
>>> confusing.replace(fold=0).astimezone(utc)
datetime.datetime(2017, 10, 29, 0, 30, tzinfo=tzutc())
```

---

2 https://www.python.org/dev/peps/pep-0495

```
>>> confusing.replace(fold=1).astimezone(utc)
datetime.datetime(2017, 10, 29, 1, 30, tzinfo=tzutc())
```

애매한 시간 정보가 발생하는 것은 아주 드물기 때문에 특별한 경우에 이런 방법을 사용하게
될 것입니다. UTC를 사용하면 시간 정보를 다루기가 간단해지며 시간대와 관련된 문제에서
벗어나게 됩니다. fold 속성도 있으며 dateutil이 시간 정보를 처리하는 데 도움이 된다는 것
을 알고 있으면 좋습니다.

4.6 마치며

4장에서는 시간대를 포함한 시간 정보가 얼마나 중요한지 살펴보았습니다. 파이썬 내장
datetime 모듈은 시간 정보를 다루기에 완벽하지 않지만, dateutil 모듈은 아주 훌륭한 대안
입니다. 이 모듈로 바로 사용할 수 있는 tzinfo 호환 객체를 얻을 수 있습니다. dateutil 모
듈의 서머타임 적용과 해제로 모호하고 미묘한 문제도 해결할 수도 있습니다.

ISO 8601 표준 형식은 파이썬이나 다른 프로그래밍 언어에서도 사용이 가능하기 때문에 시간
정보를 서로 주고받기에 훌륭한 선택입니다.

개발한 소프트웨어 배포하기

소프트웨어를 개발하면 배포하고 싶어질 때가 있습니다. 그냥 대충 소스 코드 파일들을 압축하고 인터넷에 업로드하고 싶겠지만, 파이썬은 사용자가 필요한 소프트웨어를 쉽게 설치해주는 도구를 제공합니다. 여러분은 이미 파이썬 애플리케이션과 라이브러리를 설치할 때 setup.py를 사용해왔겠지만, 실제로 setup.py의 내부가 어떻게 동작하는지 알아보거나 직접 만든 소프트웨어를 배포하기 위해 setup.py를 만드는 방법에 대해 알아본 적은 없을 것입니다.

5장에서는 setup.py가 발전해온 과정과 자신만의 setup.py를 만들어보는 방법을 알아봅니다. 패키지 설치 도구인, pip를 사용해서 소프트웨어를 다운로드하고 설치하는 방법도 알아봅니다. 마지막으로 여러 프로그램 중에서 함수를 찾기 쉽게 만들어주는 파이썬 **진입점**entry point을 사용하는 방법을 배웁니다. 위에서 이야기한 방법들을 알게 되면, 사용자가 쉽게 사용할 수 있는 소프트웨어를 만들 수 있게 될 것입니다.

5.1 간단하게 설명하는 setup.py의 역사

소프트웨어 개발자 그레그 워드Greg Ward가 처음 만든 distutils 라이브러리는 1998년 이후로 표준 파이썬 라이브러리였습니다. 그레그 워드는 소프트웨어 사용자를 위해 개발자가 설치 과정을 자동화하는 쉬운 방법을 만들고자 했습니다. 그래서 설치할 표준 파이썬 스크립트 setup.py 파일을 패키지에서 제공합니다. [예제 5-1]과 같이 알아서 설치할 수 있게

distutils를 사용할 수 있습니다.[1]

예제 5-1 distutils를 사용해서 setup.py 만들기

```
from distutils.core import setup

setup(
    name="rebuildd",
    description="Debian packages rebuild tool",
    author="Julien Danjou",
    author_email="acid@debian.org",
    url="http://julien.danjou.info/software/rebuildd.html",
    packages=['rebuildd']
    )
```

setup.py 파일은 프로젝트의 가장 상위 디렉터리 루트에 있어야 하며, 소프트웨어를 설치할 사용자는 setup.py에 인수를 추가하여 실행합니다. 기본 파이썬 모듈 이외에 C 모듈을 배포에 포함할 때에도 distutils가 알아서 처리할 수 있습니다.

2000년에 distutils의 개발은 중단되었습니다. 그 후 개발자들이 다른 도구를 개발했습니다. 주목할 만한 도구는 setuptools라는 패키지 라이브러리입니다. 이 라이브러리는 기능을 자주 개선하고, 자동으로 디펜던시를 처리하는 고급 기능을 제공합니다. 그 외 **Egg** 배포 형식, easy_install 명령어가 있습니다. distutils는 파이썬 개발 시 파이썬 표준 라이브러리에 포함된 패키지 소프트웨어였기 때문에 setuptools는 호환성을 제공했습니다. [예제 5-2]는 [예제 5-1]로 패키지를 설치한 방법과 동일한 결과를 얻지만 setuptools를 사용한 방법입니다.

예제 5-2 setuptools를 사용해서 setup.py 만들기

```
import setuptools

setuptools.setup(
    name="rebuildd",
```

---

1 옮긴이_ 파이썬 3.7에서는 더는 distutils를 권장하지 않습니다. 자세한 내용은 다음 문서를 참고하세요. https://docs.python.org/ko/3/library/distutils.html

```
    version="0.2",
    author="Julien Danjou",
    author_email="acid@debian.org",
    description="Debian packages rebuild tool",
    license="GPL",
    url="http://julien.danjou.info/software/rebuildd/",
    packages=['rebuildd'],
    classifiers=[
        "Development Status :: 2 - Pre-Alpha",
        "Intended Audience :: Developers",
        "Intended Audience :: Information Technology",
        "License :: OSI Approved :: GNU General Public License (GPL)",
        "Operating System :: OS Independent",
        "Programming Language :: Python"
    ],
)
```

결과적으로 setuptools의 개발이 점점 중단되고, distribute라는 새로운 라이브러리가 등장하게 됩니다. 이 라이브러리는 파이썬 3 지원 및 setuptools을 개선한 더 좋은 기능들을 제공합니다.

2013년 3월에 setuptools와 distribute을 개발한 팀들은 원래의 setuptools 프로젝트라는 이름으로 합치기로 결정했습니다. 그래서 distribute는 더는 사용하지 않게 되었습니다. 이제 파이썬에서 설치할 때의 일반적인 방법은 setuptools입니다.

setuptools와 관련된 일들이 벌어지는 가운데, distutils2라는 또 다른 프로젝트가 파이썬 표준 라이브러리인 distutils를 완벽히 대신하고자 개발되고 있었습니다. distutils 및 setuptools와 다르게, setup.cfg라는 일반 텍스트 파일에 패키지에 대한 정보를 저장합니다. 이 파일은 일반 텍스트 파일이기 때문에 개발자가 저장하기도 쉽고 다른 도구에서 불러오기도 쉽습니다. 그러나 distutils2는 distutils가 실패한 원인인 명령줄 방식을 사용했고, setuptools가 지원한 진입점 지원 및 윈도우에서의 실행을 지원하지 않았습니다. 이런저런 이유로 distutils2를 packaging이라고 이름을 바꾸고 파이썬 3.3 표준 라이브러리에 포함하려는 계획은 물거품이 되었으며, 2012년에 프로젝트를 포기했습니다.

packaging이라는 이름으로 distutils를 교체하려는 노력은 distlib로 이어졌습니다.

distlib를 공개하기 전, 파이썬 3.4 표준 라이브러리에 distlib 패키지가 포함된다는 소문이 있었습니다. 그러나 그런 일은 일어나지 않았습니다. packaging의 좋은 기능들을 포함하면서 구현한 distlib 개발은 패키지와 관련된 PEP의 기본 토대가 되었습니다. 다시 살펴봅시다.

- distutils
  파이썬 표준 라이브러리였으며 간단한 패키지 설치를 할 수 있었습니다.

- setuptools
  표준 고급 패키지 설치 방법이었지만, 처음에는 권장되지 않았습니다. 그러나 지금은 활발하게 개발되고 있으며 표준 방식입니다.

- distribute
  0.7 버전부터 setuptools에 통합되었습니다. packaging이라고 알려진 distutils2는 개발을 포기했습니다.

- distlib
  나중에 distutils를 대신할 수도 있습니다.

다른 패키지 라이브러리가 존재하지만 가장 많이 접하게 되는 것들은 대략 5개 정도가 될 것입니다. 인터넷에서 이런 라이브러리를 찾으려 할 때 주의할 점이 있습니다. 많은 문서가 위에서 설명한 복잡한 역사 때문에 오래 전 내용을 포함하고 있다는 점입니다. 공식 문서는 최신 내용입니다.

정리하자면 setuptools가 현재 사용하는 배포 라이브러리이지만, 나중에 바뀔지 모르니 distlib를 관심 있게 보아야 할 것입니다.

5.2 setup.cfg를 이용한 패키징

다른 프로젝트에서 파일을 복사하거나, 문서 내용을 그대로 사용하거나, 여러분이 직접 작성한 내용으로 패키지에 포함할 setup.py를 작성해본 적이 있을 것입니다. setup.py를 만드는 것은 간단한 일이 아닙니다. setup.py를 만들기 위해 적절한 도구를 선택하는 것은 단지 시작일 뿐입니다. 이번 장에서는 최근에 setup.cfg 파일 지원이라는 setuptools에서 개선된 기능을 살펴봅니다.

다음은 setup.cfg 파일을 사용하는 setup.py 파일입니다.

```
import setuptools

setuptools.setup()
```

겨우 2개의 행을 가진 소스 코드입니다. 설치에서 필요한 실제 정보들은 [예제 5-3]과 같은 내용으로 **setup.cfg**에 저장합니다.

예제 5-3 setup.cfg에 포함하는 패키지 정보

```
[metadata]
name = foobar
author = Dave Null
author-email = foobar@example.org
license = MIT
long_description = file: README.rst
url = http://pypi.python.org/pypi/foobar
requires-python = >=2.6
classifiers =
    Development Status :: 4 - Beta
    Environment :: Console
    Intended Audience :: Developers
    Intended Audience :: Information Technology
    License :: OSI Approved :: Apache Software License
    Operating System :: OS Independent
    Programming Language :: Python
```

[예제 5-3]같이 **setup.cfg**는 **distutils2**의 영향을 받아 읽고 쓰기 쉬운 형식을 사용합니다. **Sphinx**나 **Wheel**과 같은 많은 도구도 **setup.cfg** 파일에서 설정 내용을 불러옵니다. 이 파일만 있어도 설치를 시작할 수 있는 좋은 방법입니다.

[예제 5-3]을 보면 프로젝트의 자세한 설명은 **README.rst** 파일에 있다고 알려줍니다. 되도록 RST 형식을 가진 README 파일을 항상 포함하는 것이 좋은 습관입니다. 그래야 사용자는 프로젝트가 무엇인지 빠르게 이해할 수 있습니다. **setup.py**와 **setup.cfg** 파일만으로

도 패키지를 공개할 준비가 된 것이며, 다른 개발자나 애플리케이션에서 사용할 수 있습니다. setuptools 문서는 필요하다면 더 자세한 내용을 제공합니다. 문서에는 설치할 때 다른 과정이 더 필요하거나 다른 파일들이 필요한지 등에 대한 내용을 제공합니다.

또 다른 유용한 패키지 도구는 pbr^{Python Build Reasonableness}입니다. 패키지 설치 및 배치가 가능하도록 setuptools의 기능을 확장하기 위해 오픈스택에서 프로젝트가 시작되었습니다. pbr 패키지 도구는 setuptools와 같이 사용하며, setuptools에서 부족한 다음 기능을 구현합니다.

- 스핑크스 문서 생성 자동화
- git 로그를 기반으로 해서 AUTHORS 및 ChangeLog 파일 자동 생성
- git을 위한 파일 목록 자동 생성
- 체계적인 버전 부여 방법을 사용해서 git 태그를 기반으로 버전 관리

이 모든 것을 쉽게 할 수 있습니다. pbr 사용은 [예제 5-4]와 같이 사용하기 위해 활성화만 하면 됩니다.

예제 5-4 pbr을 사용하는 setup.py

```
import setuptools

setuptools.setup(setup_requires=['pbr'], pbr=True)
```

setup_requires 매개변수는 setuptools에게 pbr이 setuptools를 사용하기 전에 설치되어 있어야 한다고 알려줍니다. pbr=True 인수는 setuptools의 기능을 확장시켜주는 pbr을 사용한다는 것을 알려줍니다.

[예제 5-4]와 같이 설정을 하고, python setup.py 명령어를 실행하면 pbr 기능이 포함됩니다. python setup.py -version을 실행하면 존재하는 git 태그를 기반으로 해서 프로젝트의 버전을 반환합니다. python setup.py sdist를 실행하면 자동으로 생성한 ChangeLog와 AUTHORS 파일을 포함한 소스 코드 tarball 파일을 생성합니다.

5.3 Wheel 형식의 배포 표준

현재 파이썬에서 공식적인 표준 배포 형식은 없습니다. setuptools에서 사용하는 Egg 형식도 zip 형식으로 압축했지만 다른 확장명을 사용하듯이, 일반적으로 여러 배포 도구는 압축 형식을 사용하지만 패키지에 대한 정보 및 구조들은 서로 다릅니다. 마침내 PEP 376로 공식적인 설치 표준을 정의했지만, 이 또한 기존에 존재하는 형식들과 호환이 되지 않았으며 문제는 더욱 복잡해졌습니다.

이런 문제를 해결하기 위해 Wheel이라는 파이썬 배포 패키지에 대한 새로운 표준을 정의하는 PEP 427이 만들어졌습니다. 이 형식을 참조로 구현한 도구가 Wheel입니다.

Wheel은 pip 1.4 버전부터 지원했습니다. setuptools를 사용하며 Wheel 패키지가 설치되어 있다면, bdist_wheel이라는 setuptools 명령어로 자동으로 실행합니다. Wheel이 설치되어 있지 않으면 pip install wheel을 실행해서 설치할 수 있습니다. [예제 5–5]는 bdist_wheel을 호출했을 때 결과입니다. 지면을 줄이기 위해 실행 결과 중간은 생략했습니다.

예제 5-5 setup.py에서 bdist_wheel 호출하기

```
C:\serious_python\chapter05> python setup.py bdist_wheel
running bdist_wheel
running build
installing to build\bdist.win-amd64\wheel
running install
running install_egg_info
running egg_info
creating foobar.egg-info
writing foobar.egg-info\PKG-INFO
writing dependency_links to foobar.egg-info\dependency_links.txt
writing top-level names to foobar.egg-info\top_level.txt
writing manifest file 'foobar.egg-info\SOURCES.txt'
reading manifest file 'foobar.egg-info\SOURCES.txt'
writing manifest file 'foobar.egg-info\SOURCES.txt'
Copying foobar.egg-info to build\bdist.win-amd64\wheel\.\foobar-0.0.0-py3.8.egg-
info
running install_scripts
creating build\bdist.win-amd64\wheel\foobar-0.0.0.dist-info\WHEEL
```

```
creating 'dist\foobar-0.0.0-py3-none-any.whl' and adding 'build\bdist.win-amd64\
wheel' to it
adding 'foobar-0.0.0.dist-info/METADATA'
adding 'foobar-0.0.0.dist-info/WHEEL'
adding 'foobar-0.0.0.dist-info/top_level.txt'
adding 'foobar-0.0.0.dist-info/RECORD'
removing build\bdist.win-amd64\wheel
```

bdist_wheel 명령어를 실행하면 dist 디렉터리에 .whl 파일을 생성합니다. Egg 형식처럼
Wheel은 단지 확장자가 다른 zip 형식으로 압축한 파일입니다.

Wheel은 설치를 하지 않고도 사용할 수 있습니다. 모듈 이름 뒤에 슬래시(/)와 함께 소스 코드
이름을 넣어서 실행할 수 있습니다.[2]

```
C:\serious_python\chapter05> python wheel-0.33.6-py2.py3-none-any.whl/wheel -h
usage: wheel [-h]
{unpack,pack,convert,version,help}

positional arguments:
-- 생략 --
```

놀라지마세요! Wheel 형식 파일을 설치하지 않고도 실행하는 방법이 실제로 Wheel이 제공하
는 기능은 아닙니다. 파이썬은 자바에서 .jar 파일에 있는 자바 클래스를 실행할 수 있는 것처
럼 zip으로 압축한 파일에 있는 소스 코드를 실행할 수 있습니다.

```
python foobar.zip
```

위 명령어를 다르게 표현하면 다음과 같습니다.

```
PYTHONPATH=foobar.zip python -m __main__
```

---

2 옮긴이_ https://pypi.org/project/wheel/#files에서 wheel-0.33.6-py2.py3-none-any.whl을 다운로드해서 실행합니다.

설치하려는 프로그램의 __main__ 모듈이 __main__.py를 자동으로 불러옵니다. Wheel 사례와 같이 모듈 이름 뒤에 슬래시를 추가하고 모듈을 지정합니다.

```
python foobar.zip/mymod
```

즉, 다음과 같이 표현할 수 있습니다.

```
PYTHONPATH=foobar.zip python -m mymod.__main__
```

Wheel을 사용하는 장점은 배포 대상 운영체제 및 CPython, PyPy, Jython[3]과 같은 여러 파이썬 구현 중에서 어떤 것을 사용했는지를 알려주는 규약을 사용한다는 것입니다. C 언어로 만든 모듈을 배포할 때 특히 유용합니다.

기본적으로 Wheel 패키지는 이 패키지를 만들기 위해 사용한 파이썬 버전과 관련있습니다. python2 setup.py bdist_wheel과 같이 실행하는 경우, Wheel 파일 이름은 library-version-py2-none-any.whl과 비슷합니다.

소스 코드가 파이썬 2, 파이썬 3 모두에서 실행이 가능하다면 다음과 같이 --universal을 추가 및 실행해서 만들 수 있습니다.

```
python setup.py bdist_wheel --universal
```

위와 같이 실행하면 library-version-py2.py3-none-any.whl과 같이 파이썬 2와 파이썬 3 모두를 포함한 파일 이름을 갖게 됩니다. 이 방법이 있어서 파이썬 2를 위한 Wheel, 파이썬 3을 위한 Wheel을 따로 만들지 않아도 됩니다.

Wheel을 만들 때마다 --universal을 추가하지 않으려면 setup.cfg 파일에 다음 내용을 추가하면 됩니다.

---

3 옮긴이_ https://doc.pypy.org/en/latest/cpython_differences.html

```
[wheel]
universal=1
```

새로 생성한 Wheel에 C 언어로 만든 파이썬 확장과 같은 바이너리 프로그램이나 라이브러리를 포함하고 있다면, 이런 유형의 Wheel은 운영체제에 따라 실행이 되지 않을 수도 있습니다. 맥 OS나 윈도우와 같은 운영체제에서는 기본적으로 실행이 되겠지만, 리눅스 운영체제에서는 실행되지 않을 수 있습니다. 그래서 PEP 513(https://www.python.org/dev/peps/pep-0513)은 리눅스 운영체제에서 실행 문제를 해결하기 위해 manylinux1이라는 이름의 새로운 플랫폼과 이 플랫폼에서 실행을 보장할 수 있는 최소한의 라이브러리들을 정의합니다.

Wheel은 라이브러리 및 애플리케이션을 바로 설치할 수 있게 해주는 아주 훌륭한 배포 방법입니다. 이제 PyPI에 생성한 Wheel을 업로드하는 방법을 알아보겠습니다.

5.4 작업물 공유하기

setup.py 파일을 만들어두면, 배포할 수 있는 tarball 형식으로 소스 코드를 압축하기 쉽습니다. [예제 5-6]과 같이 sdist setuptools 명령어를 실행하면 됩니다.

예제 5-6 tarball 형식으로 소스 코드들을 압축하기 위해 setup.py sdist 실행하기

```
C:\serious_python\chapter05> python setup.py sdist
running sdist

[pbr] Generating AUTHORS
running egg_info
writing requirements to ceilometer.egg-info/requires.txt
writing ceilometer.egg-info/PKG-INFO
writing top-level names to ceilometer.egg-info/top_level.txt
writing dependency_links to ceilometer.egg-info/dependency_links.txt
writing entry points to ceilometer.egg-info/entry_points.txt
[pbr] Processing SOURCES.txt
[pbr] In git context, generating filelist from git
```

```
warning: no previously-included files matching '*.pyc' found anywhere in
distribution
writing manifest file 'ceilometer.egg-info/SOURCES.txt'
running check
copying setup.cfg -> ceilometer-2014.1.a6-g772e1a7
Writing ceilometer-2014.1.a6-g772e1a7/setup.cfg

-- 생략 --

Creating tar archive
removing 'ceilometer-2014.1.a6.g772e1a7' (and everything under it)
```

sdist 명령어는 소스 코드 디렉터리 구조에서 dist 디렉터리에 tarball 형식을 가진 파일을 생성합니다. 이 파일에는 소스 코드 디렉터리의 한 부분인 파이썬 모듈들이 존재합니다. Wheel 을 설명할 때, bdist_wheel 명령어로 Wheel 형식을 가진 파일을 만들 수 있었습니다. Wheel 파일은 설치를 위한 정확한 형식을 이미 가졌기 때문에 설치할 때 조금 더 빠릅니다.

개발한 애플리케이션이나 라이브러리를 사용자가 쉽게 설치할 방법 중 마지막 하나는 pip로 설치할 수 있도록 패키지를 어딘가에 저장하는 것입니다. 즉 프로젝트를 PyPI에 공개하는 것입니다. 처음으로 PyPI에 공개하는 경우, 실제 운영 서버보다는 안전한 샌드박스 서버에서 공개 과정을 실험해볼 수 있습니다. 이런 목적을 위한 PyPI 임시 서버를 사용할 수 있습니다. 실제 서버와 같은 기능을 가지고 있지만 오로지 실험을 목적으로 한 서버입니다.

테스트 서버에 프로젝트를 등록하면서 시작합니다. 프로젝트의 최상위 디렉터리에 .pypirc 파일을 생성하고 열어서 다음 내용을 추가합니다.

```
[distutils]
index-servers =
    testpypi

[testpypi]
username = <your username>
password = <your password>
repository = https://testpypi.python.org/pypi
```

파일을 저장하면 서버에 프로젝트를 등록할 수 있습니다.

```
C:\serious_python\chapter05> python setup.py register -r testpypi
running register
running egg_info
writing requirements to ceilometer.egg-info/requires.txt
writing ceilometer.egg-info/PKG-INFO
writing top-level names to ceilometer.egg-info/top_level.txt
writing dependency_links to ceilometer.egg-info/dependency_links.txt
writing entry points to ceilometer.egg-info/entry_points.txt
[pbr] Reusing existing SOURCES.txt
running check
Registering ceilometer to https://testpypi.python.org/pypi
Server response (200): OK
```

테스트 PyPI 서버에 접속한 후 등록합니다. -r 옵션을 반드시 사용합니다. 그렇지 않으면 실제 PyPI 운영 서버에 등록될 수 있습니다!

당연히 같은 이름을 가진 프로젝트를 등록하게 되면 등록이 되지 않습니다. 다른 이름으로 다시 한번 시도해봅니다. 프로그램이 잘 등록이 되었다면 **OK**라는 답변을 받게 됩니다. [예제 5-7]과 같이 소스 코드 배포를 위한 tarball 파일을 업로드할 수 있습니다.

예제 5-7 PyPI에 tarball 업로드하기

```
C:\serious_python\chapter05> python setup.py sdist upload -r testpypi
running sdist
[pbr] Writing ChangeLog
[pbr] Generating AUTHORS
running egg_info
writing requirements to ceilometer.egg-info/requires.txt
writing ceilometer.egg-info/PKG-INFO
writing top-level names to ceilometer.egg-info/top_level.txt
writing dependency_links to ceilometer.egg-info/dependency_links.txt
writing entry points to ceilometer.egg-info/entry_points.txt
[pbr] Processing SOURCES.txt
```

```
[pbr] In git context, generating filelist from git
warning: no previously-included files matching '*.pyc' found anywhere in
distribution
writing manifest file 'ceilometer.egg-info/SOURCES.txt'
running check
creating ceilometer-2014.1.a6.g772e1a7

-- 생략 --

copying setup.cfg -> ceilometer-2014.1.a6.g772e1a7
Writing ceilometer-2014.1.a6.g772e1a7/setup.cfg
Creating tar archive
removing 'ceilometer-2014.1.a6.g772e1a7' (and everything under it)
running upload
Submitting dist/ceilometer-2014.1.a6.g772e1a7.tar.gz to https://testpypi
.python.org/pypi
Server response (200): OK
```

다른 방법으로는 [예제 5-8]과 같이 Wheel 파일을 업로드할 수도 있습니다.

예제 5-8 PyPI에 Wheel 파일 업로드하기

```
C:\serious_python\chapter05> python setup.py bdist_wheel upload -r testpypi
running bdist_wheel
running build
running build_py
running egg_info
writing requirements to ceilometer.egg-info/requires.txt
writing ceilometer.egg-info/PKG-INFO
writing top-level names to ceilometer.egg-info/top_level.txt
writing dependency_links to ceilometer.egg-info/dependency_links.txt
writing entry points to ceilometer.egg-info/entry_points.txt
[pbr] Reusing existing SOURCES.txt
installing to build/bdist.linux-x86_64/wheel
running install
running install_lib
```

```
creating build/bdist.linux-x86_64/wheel

-- 생략 --

creating build/bdist.linux-x86_64/wheel/ceilometer-2014.1.a6.g772e1a7
.dist-info/WHEEL
running upload
Submitting /home/jd/Source/ceilometer/dist/ceilometer-2014.1.a6
.g772e1a7-py27-none-any.whl to https://testpypi.python.org/pypi
Server response (200): OK
```

그림 5-1 poi 패키지

tarball 파일이나 Wheel 파일 업로드가 끝나면, PyPI 임시 서버에서 업로드한 패키지를 찾을
수 있습니다.[4] 심지어 pip에 -i로 임시 서버를 지정해서 설치할 수도 있습니다.

```
C:\serious_python\chapter05> pip install -i https://testpypi.python.org/pypi
ceilometer
```

---

4 옮긴이_ 패키지의 경우에 따라 Wheel 파일 및 tarball 파일 모두 올려져 있는 경우도 있습니다. [그림 5-1] 참조

패키지 등록 및 업로드 그리고 설치가 잘되는 것을 확인했으면, 이제 PyPI 운영 서버에 프로젝트를 업로드할 수 있습니다. 기존에 사용한 .pypirc 파일에 운영 서버를 추가하고 사용자 정보를 입력합니다. 다음과 같습니다.

```
[distutils]
index-servers =
    pypi
    testpypi

[pypi]
username = <your username>
password = <your password>

[testpypi]
repository = https://testpypi.python.org/pypi
username = <your username>
password = <your password>
```

이번에는 -r testpypi를 -r pypi로 바꾸고 등록 및 업로드하면 PyPI 운영 서버에 잘 업로드될 것입니다.

NOTE_ PyPI는 같은 패키지라도 서로 다른 버전을 가질 수 있습니다. 그래서 필요하다면 특정 버전 및 이전 버전을 지정해서 설치할 수 있습니다. pip install 명령어에 원하는 버전을 알려주기만 하면 됩니다. 예를 들어 pip install foobar==1.0.2와 같이 실행하면 됩니다.

이 방법은 직관적이며 몇 개라도 업로드할 수 있습니다. 개발한 패키지를 원할 때마다 공개할 수 있습니다. 또한 사용자는 필요할 때마다 패키지를 설치 및 최신화할 수 있습니다.

5.5 진입점

우리는 모르는 사이에 이미 setuptools라는 진입점을 사용해오고 있었습니다. setuptools 를 사용하여 배포된 소프트웨어는 디펜던시를 요구하는 패키지 및 라이브러리들 혹은 진입점 정보 같은 중요한 내용을 포함합니다. 진입점은 다른 파이썬 프로그램이 패키지가 제공하는 기 능을 사용할 수 있는 방법입니다.

다음 예제는 console_scripts라는 진입점 그룹에 rebuildd라는 진입점을 추가하는 방법입 니다.

```python
from distutils.core import setup

setup(name="rebuildd",
    description="Debian packages rebuild tool",
    author="Julien Danjou",
    author_email="acid@debian.org",
    url="http://julien.danjou.info/software/rebuildd.html",
    entry_points={
        'console_scripts': [
            'rebuildd = rebuildd:main',
        ],
    },
    packages=['rebuildd'])
```

어떤 파이썬 패키지도 진입점이 될 수 있습니다. 진입점은 키/값 쌍인 요소들로 만들어진 파 이썬 리스트 그룹입니다. 이때 짝은 path.to.module:variable_name(모듈 경로:변수 이 름) 형태입니다. 앞 예제에서 키는 rebuildd이고 값은 rebuildd:main입니다.

진입점 리스트는 앞으로 설명할 setuptools 및 epi 같은 다양한 도구를 사용해서 처리할 수 있습니다. 이제 소프트웨어에 확장성을 추가하기 위해 진입점을 어떻게 사용하는지 설명합 니다.

5.5.1 진입점 시각화하기

패키지에서 가능한 진입점을 시각화하는 가장 쉬운 방법은 entry point inspector(epi)라는 패키지를 사용하는 것입니다. `pip install entry-point-inspector` 명령어를 실행해서 설치합니다. 설치 후 설치한 패키지들이 제공하는 진입점을 터미널에서 실시간으로 찾을 수 있는 epi 명령어를 사용할 수 있습니다. [예제 5-9]는 `epi group list` 명령어를 실행한 결과입니다.

예제 5-9 진입점 그룹 목록 시각화하기

```
C:\serious_python\chapter05> epi group list
+---------------------------+
¦ Name                      ¦
+---------------------------+
¦ cliff.demo                ¦
¦ cliff.demo.hooked         ¦
¦ cliff.formatter.completion ¦
¦ cliff.formatter.list      ¦
¦ cliff.formatter.show      ¦
¦ console_scripts           ¦
¦ distutils.commands        ¦
¦ distutils.setup_keywords  ¦
¦ egg_info.writers          ¦
¦ epi.commands              ¦
¦ flake8.extension          ¦
¦ pylama.linter             ¦
¦ setuptools.installation   ¦
¦ stevedore.example.formatter ¦
¦ stevedore.test.extension  ¦
+---------------------------+
```

[예제 5-9]에 있는 `epi group list` 명령어 실행 결과에서 각각의 진입점을 제공하는 서로 다른 패키지들이 설치되어 있다는 것을 알 수 있습니다. 표에서 각 항목은 진입점 그룹의 이름입니다. `console_scripts`가 있다는 것에 주목하길 바랍니다. 곧 설명할 것입니다. [예제 5-10]처럼 특정 진입점 그룹을 자세히 알아보기 위해 show 명령어를 추가해서 epi 명령어를 실행할 수 있습니다.

```
C:\serious_python\chapter05> epi group show console_scripts
+-----------+---------------+------------+-------------------+-------+
| Name      | Module        | Member     | Distribution      | Error |
+-----------+---------------+------------+-------------------+-------+
| wheel     | wheel.cli     | main       | wheel 0.33.6      |       |
-- 생략 --
```

console_scripts 그룹에 wheel이라는 진입점이 있으며, wheel.cli 모듈의 main을 참조한다는 것을 알 수 있습니다. 특히 wheel 0.33.6 패키지가 제공하는 이 진입점은 명령줄 스크립트 wheel을 실행할 때 어떤 파이썬 함수를 호출해야 하는지 알려줍니다. 즉 wheel.cli.main을 호출합니다.

epi 명령어는 단지 pkg_resources 파이썬 라이브러리를 쉽게 사용할 수 있도록 만든 것입니다. 이 명령어로 파이썬 라이브러리나 프로그램의 진입점을 찾을 수 있습니다. 진입점은 앞으로 살펴볼 콘솔 스크립트나 동적 코드 조회와 같은 다양한 목적에 쓰일 때 가치가 있습니다.

5.5.2 콘솔 스트립트 사용하기

파이썬 애플리케이션을 개발할 때 거의 대부분 실행 프로그램을 제공합니다. 이 실행 프로그램은 사용자가 실행하는 파이썬 스크립트이며 시스템 경로의 디렉터리에 있어야 합니다.

대부분의 프로젝트는 다음과 같은 실행 프로그램을 제공합니다.

```
import sys
import mysoftware

mysoftware.SomeClass(sys.argv).run()
```

이런 종류의 스크립트는 아주 좋은 경우입니다. 많은 프로젝트는 시스템 경로에 좀 더 긴 스크립트를 설치합니다. 그러나 이런 스크립트들은 다음과 같은 주요 문제를 일으킵니다.

- 파이썬 인터프리터가 설치된 곳이나 어떤 파이썬 버전을 사용하는지 사용자가 알 수 있는 방법이 없습니다.
- 이 스크립트는 소프트웨어나 단위 테스트로 불러올 수 없는 이진 코드를 노출시킵니다.
- 이 스크립트를 어디에 설치해야 할지 정의할 쉬운 방법이 없습니다.
- 리눅스 및 윈도우 등 운영체제에 상관없이 설치할 명확한 방법이 없습니다.

이 문제들을 해결하고자 setuptools는 console_scripts라는 기능을 제공합니다. 이 진입점은 setuptools가 시스템 경로에 특정 모듈의 특정 함수를 호출하는 작은 프로그램을 설치할 때 사용할 수 있습니다. setuptools로 console_scripts 진입점 그룹에 키/값 쌍을 설정해서 프로그램을 실행하는 함수 호출을 지정할 수 있습니다. 이때 키는 설치할 스크립트 이름이고 값은 my_module.main과 같이 함수를 호출하기 위한 파이썬 경로입니다.

서버와 클라이언트로 구성된 foobar라는 프로그램이 있다고 해봅시다. foobar.server, foobar.client을 각각 모듈로 구현했습니다.

foobar/client.py에 다음과 같이 코딩했습니다.

```python
def main():
    print("클라이언트 시작")
```

그리고 foobar/server.py에 다음과 같이 코딩했습니다.

```python
def main():
    print("서버 시작")
```

물론, 이 프로그램은 어떠한 기능도 하지 않습니다. 심지어 클라이언트와 서버끼리 통신도 하지 않습니다. 대신 예제를 위해 잘 실행되었다고 알려줄 메시지를 출력해야 합니다.

다음과 같이 프로젝트의 최상위 디렉터리에 진입점을 정의한 setup.py 파일을 만들어줍니다.

```python
from setuptools import setup

setup(
```

```
        name="foobar",
        version="1",
        description="Foo!",
        author="Julien Danjou",
        author_email="julien@danjou.info",
        packages=["foobar"],
        entry_points={
            "console_scripts": [
                "foobard = foobar.server:main",      #①
                "foobar = foobar.client:main",
            ],
        },
    )
```

module.submodule:function 형식으로 진입점을 정의합니다. ①에서와 같이 client와 server 각각의 진입점을 정의합니다.

python setup.py install를 실행하면, setuptools가 [예제 5-11]과 같은 스크립트를 생성합니다.

예제 5-11 setuptools가 생성한 콘솔 스크립트

```
# EASY-INSTALL-ENTRY-SCRIPT: 'foobar==1','console_scripts','foobar'
__requires__ = 'foobar==1'
import sys
from pkg_resources import load_entry_point

if __name__ == '__main__':
    sys.exit(
        load_entry_point('foobar==1', 'console_scripts', 'foobar')()
    )
```

위 스크립트는 foobar 패키지의 진입점을 찾고 console_scripts 그룹에서 foobar 키를 확인합니다. 이 키로 해당하는 함수를 찾고 실행합니다. load_entry_point의 반환값은 foobar.client.main 함수를 참조하는 것이며 인수 없이 호출해서 그 반환값은 종료 코드로

사용합니다.

위 스크립트에서 개발하고 있는 파이썬 프로그램에서 진입점을 찾고 가져오기 위해 `pkg_resources`를 사용한 것에 주목합니다.

> **NOTE_** setuptools와 pbr을 사용해서 생성한 스크립트는 setuptools만으로 생성한 스크립트보다 좀 더 간단하며 더 빠릅니다. 이 스크립트는 실행 시 동적으로 진입점 목록을 검색할 필요 없이 진입점에 있는 함수를 호출하기 때문입니다.

콘솔 스크립트를 사용하면, 파이썬 패키지에 있는 소스 코드는 그대로 둔 채로 다른 프로그램에서 코드를 불러올 수 있으면서도 운영체제마다 스크립트를 만들어야 하는 일을 줄일 수 있습니다.

5.5.3 플러그인과 드라이버 사용하기

진입점은 다른 패키지가 사용할 소스 코드를 찾고 동적으로 불러오는 것을 쉽게 만들어주지만, 진입점을 이런 목적으로만 사용하는 것은 아닙니다. 어떠한 애플리케이션도 진입점 및 그룹을 만들고 등록하고 필요할 때마다 사용할 수 있습니다.

이번에는 `pytimed` 그룹에 진입점을 등록해서 초마다 실행할 명령어를 파이썬 프로그램이 등록할 수 있는 cron 방식의 데몬 `pycrond`를 만들어볼 것입니다. 이 진입점의 속성은 `number_of_seconds`를 반환하는 객체 `callable`입니다.

진입점을 찾기 위해 `pkg_resources`를 사용해서 `pycrond`를 구현한 예제입니다. 프로그램 이름은 pytimed.py입니다.[5]

```
import pkg_resources
import time

def main():
    seconds_passed = 0
```

----

5 옮긴이_ 다음 예제는 리눅스 및 맥 OS 환경에서만 실행이 가능합니다.

```
    while True:
        for entry_point in pkg_resources.iter_entry_points('pytimed'):
            try:
                seconds, callable = entry_point.load()()
            except:
                # 실패하면 무시한다
                pass
            else:
                if seconds_passed % seconds == 0:
                    callable()
    time.sleep(1)
    seconds_passed += 1
```

위 프로그램은 pytimed 그룹에 있는 진입점을 각각 확인하기 위해 무한 반복으로 구현했습니다. 각 진입점은 load() 메서드를 사용해서 불러옵니다. 이어서 반환된 메서드를 호출합니다. 이때 호출이 가능하기 전까지 대기할 시간과 반환된 메서드가 있어야 합니다.

pytimed.py 프로그램은 아주 간단하고 단순하게 구현되었지만, 예제로 사용하기에 충분합니다. 이제 hello.py라는 파이썬 프로그램을 작성합니다. 이 프로그램은 주기적으로 호출할 함수입니다.

```
def print_hello():
    print("Hello, world!")


def say_hello():
    return 2, print_hello
```

함수를 정의했고, 이제는 setup.py에 적당한 진입점을 사용해서 등록해야 합니다.

```
from setuptools import setup

setup(
    name="hello",
    version="1",
```

```
    packages=["hello"],
    entry_points={
        "pytimed": [
            "hello = hello:say_hello",
        ],
    },)
```

이제 setup.py 스크립트는 hello가 키이며 hello.say_hello 함수 위치를 값으로하는 진입점을 pytimed 그룹에 등록합니다. pip install과 같이 setup.py를 사용해서 패키지를 설치하면 pytimed 스크립트는 새롭게 추가된 진입점을 찾을 수 있습니다.

시작할 때 pytimed는 pytimed 그룹을 검색하고 hello 키를 찾습니다. hello.say_hello 함수를 호출하고, 2개 값 호출 사이에 대기할 초단위 값과 호출할 함수 이름을 가져옵니다. 예제에서는 2초 단위로 print_hello를 호출합니다. [예제 5-12]와 같이 프로그램을 실행하면 2초 단위로 화면에 Hello, world! 가 출력되는 것을 확인할 수 있습니다.

예제 5-12 pytimed 실행하기

```
>>> import pytimed
>>> pytimed.main()
Hello, world!
Hello, world!
Hello, world!
```

앞에서 설명한 방법으로 해볼 수 있는 것들은 어마어마하게 많습니다. 드라이버 시스템을 만들수 있고, 시스템 실행을 후킹할 수 있으며, 쉽고 일반화된 방법으로 확장할 수도 있습니다. 개발하고 있는 모든 프로그램에서 이 방법을 직접 구현하는 것은 귀찮은 작업일 수도 있습니다. 그러나 운 좋게도 이런 지루한 작업을 대신해주는 파이썬 라이브러리가 있습니다.

stevedore 라이브러리는 앞 예제에서 설명한 같은 방법을 기반으로 한 동적 플러그인 지원을 제공합니다. 이번 예제는 지금도 간단하지만 더 간단히 만들 수 있는 스크립트 pytimed_stevedore.py입니다.

```python
from stevedore.extension import ExtensionManager
import time

def main():
    seconds_passed = 0
    extensions = ExtensionManager('pytimed', invoke_on_load=True)
    while True:
        for extension in extensions:
            try:
                seconds, callable = extension.obj
            except:
                # 실패하면 무시한다
                pass
            else:
                if seconds_passed % seconds == 0:
                    callable()
        time.sleep(1)
        seconds_passed += 1
```

stevedore 라이브러리의 **ExtensionManager** 클래스는 진입점 그룹의 모든 확장을 불러오는 간단한 방법을 제공합니다. 첫 번째 인수로 이름을 전달합니다. **invoke_on_load=True** 인수로 그룹에서 함수를 찾게 되면 호출하게 합니다. 확장의 **obj** 속성에서 직접 결과에 접근할 수 있도록 해줍니다.

stevedore 문서를 읽어보면 **ExtensionManager**는 이름이나 함수 결과에 따라 특정 확장을 불러오는 것과 같은 각각 다른 상황을 다룰 수 있는 다양한 서브클래스가 있다는 것을 알 수 있습니다. 이 클래스들은 직접 패턴을 구현하기 위해 프로그램에 적용할 수 있는 일반적인 모델을 사용합니다.

예를 들어 진입점 그룹에서 1개 확장만 불러와서 실행하고 싶을 때가 있습니다. 이것은 **stevedore.driver.DriverManager** 클래스로 할 수 있습니다. [예제 5-13]이 그 예제입니다.

예제 5-13 진입점에서 1개 확장만 실행하기 위해 stevedore 사용하기

```
from stevedore.driver import DriverManager
import time

def main(name):
    seconds_passed = 0
    seconds, callable = DriverManager('pytimed', name, invoke_on_load=True).driver
    while True:
        if seconds_passed % seconds == 0:
            callable()
        time.sleep(1)
        seconds_passed += 1

main("hello")
```

이번 예제에서 이름을 기준으로 오직 1개 확장만 선택하고 불러왔습니다. 1개 확장만 불러와서 사용하는 **드라이버 시스템**을 빠르게 만들 수 있게 해줍니다.

5.6 마치며

파이썬 패키지 생태계는 다사다난한 역사를 가지고 있습니다. 그러나 지금은 안정화되었습니다. setuptool 라이브러리는 PyPI에 다른 형식으로 패키지를 만들고 업로드할 수 있을 뿐만 아니라 진입점이라는 방법을 통해 다른 소프트웨어 및 라이브러리와 연동할 수 있는 패키지에 대한 완벽한 해결책을 제공합니다.

5.7 인터뷰: 닉 코글런과 패키지에 대해

닉 코글런Nick Coghlan은 레드햇에서 일하는 파이썬 핵심 개발자입니다. PEP 426(파이썬 소프트웨어 패키지 2.0에 대한 정보)와 같은 몇몇 PEP 제안을 만들었으며, 파이썬 창시자이자 자비로운 종신 독재자Benevolent Dictator for Life(BDFL)였던 귀도 반 로섬의 대변인으로도 활동했습니다.

distutils, setuptools, distutils2, distlib, bento, pbr 등 파이썬 패키지 방법들은 매우 많습니다. 이렇게 다양한 이유가 무엇이라고 생각하시나요?

간단히 설명하면 소프트웨어 공개, 배포, 통합은 다양한 사례에 맞게 조정되어 여러 가지 방법들이 존재합니다. 최근 이 주제로 논의하면서 이 문제는 시대에 따라 소프트웨어를 배포하는 패키지가 다양하기 때문에 생기는 것이라고 강조했습니다.

파이썬 패키지를 위한 새로운 정보 형식을 정의한 PEP 426은 아직도 제안되고 있지만, 승인되지 않았습니다. PEP 426이 현재 패키지 문제를 해결할 것이라고 생각하시나요?

PEP 426은 처음에 Wheel 형식 정의의 일부분으로 시작했습니다. 그러나 대니얼 홀스^{Daniel Holth}가 Wheel은 setuptools에서 정의한 기존 패키지 정보 형식을 활용할 수도 있다는 것을 알게 되었습니다. 그래서 PEP 426은 기존의 setuptools 패키지 정보와 distutils2의 발상과 RPM 및 npm과 같은 다른 패키지 시스템을 통합하려는 것입니다. 서로 다른 디펜던시를 정확히 구별하는 것과 같이 기존의 도구에서 발생했던 문제들을 해결할 수 있습니다.

PEP 425의 주요 장점은 패키지 정보를 PyPI에서 REST API로 가져올 수 있을 뿐만 아니라 배포 정책을 준수하는 패키지를 자동으로 생성하는 능력이 있다는 것입니다.

Wheel 형식은 최근에 나왔고 앞으로 사용이 기대되는 도구이지만, 아직까진 널리 사용되지 않고 있습니다. 왜 표준 라이브러리에 포함이 되지 않았나요?

표준 라이브러리에서 실제 패키지 표준을 제공하는 것은 맞지 않다고 입증되었습니다. 너무 느리게 개발되고 있으며, 최신 버전 표준 라이브러리에 추가되면 이전 버전의 파이썬에서 사용할 수 없습니다. 그래서 2014년 파이썬 언어 회의에서 distutils-sig로 패키지 관련 PEP에 대한 전체 승인 주기를 관리할 수 있도록 PEP 과정을 수정했습니다. 또한 python-dev는 pip처럼 직접 CPython을 변경하는 제안에만 관여할 것입니다.

Wheel 패키지는 어떻게 될 것이라고 예상하시나요?

리눅스에서 Wheel을 사용할 수 있도록 여전히 개선하고 있습니다. 그러나 pip는 Egg 형식에 대한 대안으로 빠른 가상 환경 생성에 빌드 시 로컬 캐싱이 가능한 Wheel을 선택하고 있습니다. 그리고 PyPI에 윈도우와 맥 OS 용 Wheel 파일을 업로드할 수 있습니다.

## CHAPTER 6

단위 테스트

많은 사람이 단위 테스트를 작성하는 일이 힘들고 시간이 많이 소요된다고 생각합니다. 일부 개발자들과 프로젝트는 아예 테스트 정책을 가지고 있지 않습니다. 6장에서는 단위 테스트의 장점을 알아봅니다. 테스트하지 않을 코드를 작성하는 것은 근본적으로 쓸모가 없습니다. 결정적으로 코드가 작동하는지 증명할 방법이 없기 때문입니다. 테스트를 왜 해야 하는지 설명이 더 필요하다면 테스트 기반 개발의 이점에 대해 찾아서 읽어보길 바랍니다.

6장에서는 테스트를 더 간단하게 자동화할 수 있는 포괄적인 테스트 모음을 구성하는 데 사용하는 파이썬 도구를 알아봅니다. 그리고 소프트웨어를 견고한 바위처럼 만들 수 있는 방법을 설명합니다. 재사용이 가능한 테스트 객체 생성, 병렬 테스트 실행, 테스트되지 않은 코드 공개, 가상 환경을 사용하여 테스트가 깔끔하게 실행되는지 확인하는 방법과 몇 가지 모범 사례를 소개하고 테스트 방법 및 아이디어를 다룹니다.

6.1 테스트 기본 사항

파이썬에서는 단위 테스트를 작성하고 실행하는 것이 복잡하지는 않습니다. 테스트 프로세스는 소프트웨어 전체에 방해가 되거나 중단되지 않으며, 단위 테스트는 사용자 및 기타 개발자가 소프트웨어를 유지 관리하는 데 크게 도움이 됩니다. 여기서는 테스트를 더욱 쉽게 수행할 수 있는 몇 가지 테스트 기본 사항을 설명합니다.

6.1.1 몇 가지 간단한 테스트하기

먼저 애플리케이션 또는 라이브러리의 테스트 하위 모듈 내에 테스트를 저장해야 합니다. 이렇게 하면 소스 패키지 없이 소프트웨어를 설치한 후에도 누구나 테스트를 실행하거나 재사용할 수 있도록 모듈의 일부로 테스트를 발송할 수 있습니다. 테스트를 주 모듈의 하위 모듈로 만들면 최상위 테스트 모듈에 실수로 설치하는 것을 방지할 수 있습니다.

모듈 트리의 계층구조를 모방하는 테스트 트리의 계층구조를 사용하면, 테스트를 더 쉽게 관리할 수 있습니다. 즉 mylib/foobar.py의 코드를 다루는 테스트는 mylib/tests/test_foobar.py 내에 저장되어야 합니다. 일관된 명명은 특정 파일과 관련된 테스트를 찾을 때 작업을 더 간단하게 만듭니다. [예제 6-1]은 작성할 수 있는 가장 간단한 단위 테스트입니다.

예제 6-1 정말 간단한 테스트 test_true.py

```
def test_true():
    assert True
```

이 테스트는 개발자가 기대하는 대로 프로그램이 동작한다는 걸 보여줍니다. 이 테스트를 실행하려면 test_true.py 파일을 로드하고 내부에 정의된 test_true() 함수를 실행해야 합니다. 그러나 각 테스트 파일 및 함수에 대해 개별 테스트를 작성하고 실행하는 것은 어려울 수 있습니다. 간단한 사용이 있는 소규모 프로젝트의 경우, pytest 패키지는 pip를 통해 설치되면 pytest 명령을 제공합니다. pytest 명령어는 이름이 test_로 시작하는 모든 파일을 로드하고, test_로 시작되는 모든 기능을 실행합니다.

우선 pip install pytest 설치가 필요합니다. 소스 트리에 test_true.py 파일이 있고 pytest를 실행하면 다음과 같이 출력합니다.

```
C:\serious_python\chapter06> pytest -v test_true.py
========================= test session starts =========================
platform win32 -- Python 3.8.6, pytest-6.1.2, py-1.9.0, pluggy-0.13.1 --
c:\users\fermat39\appdata\local\programs\python\python38\python.exe
cachedir: .pytest_cache
rootdir: C:\serious_python\chapter06
collected 1 item
```

```
test_true.py::test_load_test_dummy PASSED                          [100%]


============================= 1 passed in 0.01s ==============================
```

-v 옵션은 pytest에 자세한 내용을 출력하도록 지정하고, 각 테스트 실행의 이름을 별도의 줄로 프린트하도록 지시합니다. 테스트에 실패하면 출력이 변경되어 전체 추적과 함께 오류를 나타냅니다.

이번에는 [예제 6-2]에 표시된 것처럼 실패한 테스트를 추가해보겠습니다.

예제 6-2 test_true.py에서 실패한 테스트

```
def test_false():
    assert False
```

테스트 파일을 다시 실행하면 다음과 같은 결과가 발생합니다.

```
C:\serious_python\chapter06> pytest -v test_true.py
========================== test session starts ==========================
platform win32 -- Python 3.8.6, pytest-6.1.2, py-1.9.0, pluggy-0.13.1 --
c:\users\fermat39\appdata\local\programs\python\python38\python.exe
cachedir: .pytest_cache
rootdir: C:\serious_python\chapter06
collected 1 item


test_true.py::test_true FAILED                                     [100%]


============================== FAILURES ===============================
_____ test_true _____

    def test_true():
        # assert True
>       assert False
E       assert False
```

```
test_true.py:4: AssertionError
========================= short test summary info =====================
FAILED test_true.py::test_true - assert False
========================= 1 failed in 0.08s =========================
```

AssertionError 예외가 발생하자마자 테스트가 실패합니다. assert 테스트는 인수가 거짓 (False, None, 0 등)으로 평가될 때 AssertionError가 발생합니다. 다른 예외가 발생하면 테스트도 오류가 발생합니다.

정말 간단합니다! 단순하지만 많은 소규모 프로젝트에서 이런 방식을 사용하며, 이 방식은 매우 잘 작동합니다. 이러한 프로젝트는 pytest 이외의 도구나 라이브러리가 필요하지 않으므로 간단한 assert 테스트에 의존할 수 있습니다.

더 정교한 테스트를 작성하면 pytest는 실패한 테스트의 문제점을 이해하는 데 도움이 됩니다. 다음 테스트를 살펴보겠습니다.

```
def test_key():
    a = ['a', 'b']
    b = ['b']
    assert a == b
```

pytest를 실행하면 다음과 같이 출력됩니다.

```
C:\serious_python\chapter06> pytest test_key.py
========================= test session starts =========================
platform win32 -- Python 3.8.6, pytest-6.1.2, py-1.9.0, pluggy-0.13.1
rootdir: C:\serious_python\chapter06
collected 1 item

test_key.py F                                                  [100%]

============================== FAILURES ===============================
_____ test_key _____
```

```
    def test_key():
        a = ['a', 'b']
        b = ['b']
>       assert a == b
E       AssertionError: assert ['a', 'b'] == ['b']
E         At index 0 diff: 'a' != 'b'
E         Left contains one more item: 'b'
E         Use -v to get the full diff

test_key.py:4: AssertionError
========================= short test summary info =========================
FAILED test_key.py::test_key - AssertionError: assert ['a', 'b'] ==
=========================== 1 failed in 0.10s ===========================
```

이것은 a와 b가 다르며 이 테스트가 통과하지 못한다는 것을 알려줍니다. 또한 테스트와 코드를 쉽게 수정할 수 있도록 a와 b가 어떻게 다른지 정확히 알려줍니다.

6.1.2 테스트 건너뛰기

어떤 테스트를 실행할 수 없는 경우에는 해당 테스트를 건너뛸 수도 있습니다. 예를 들어 특정 라이브러리의 유무에 따라 조건부 테스트를 실행할 수 있습니다. 이를 위해 pytest.skip() 함수를 사용하여 테스트를 건너뛴 것으로 표시하고 다음 함수로 이동할 수 있습니다. pytest.mark.skip 데커레이터는 테스트 함수를 무조건 건너뛰므로 테스트를 항상 건너뛰어야 할 때 사용합니다. [예제 6-3]은 이러한 방법을 사용하여 테스트를 건너뛰는 방법을 보여줍니다.

예제 6-3 테스트 건너뛰기

```
import pytest

try:
    import mylib
except ImportError:
    mylib = None
```

```
@pytest.mark.skip("Do not run this")
def test_fail():
    assert False


@pytest.mark.skipif(mylib is None, reason="mylib is not available")
def test_mylib():
    assert mylib.foobar() == 42


def test_skip_at_runtime():
    if True:
        pytest.skip("Finally I don't want to run it")
```

실행하면 이 테스트 파일은 다음과 같이 출력합니다.

```
C:\serious_python\chapter06> pytest -v test_skip.py
========================= test session starts =========================
platform win32 -- Python 3.8.6, pytest-6.1.2, py-1.9.0, pluggy-0.13.1 --
c:\users\fermat39\appdata\local\programs\python\python38\python.exe
cachedir: .pytest_cache
rootdir: C:\serious python\chapter06
collected 3 items

examples/test_skip.py::test_fail SKIPPED                    [ 33%]
examples/test_skip.py::test_mylib SKIPPED                   [ 66%]
examples/test_skip.py::test_skip_at_runtime SKIPPED         [100%]


========================= 3 skipped in 0.04s =========================
```

[예제 6-3]에서 실행되는 테스트의 출력은 이 경우 모든 테스트가 건너뛰었음을 나타냅니다. 이 정보를 사용하면 실행할 것으로 예상되는 테스트를 실수로 건너뛰지 않았는지 확인할 수 있습니다.

6.1.3 특정 테스트 실행하기

pytest를 사용할 때, 테스트의 특정 부분집합만 실행하려는 경우가 많습니다. pytest 명령줄에 인수로 해당 디렉터리 또는 파일을 전달하여 실행할 테스트를 선택할 수 있습니다. 예를 들어 pytest test_one.py를 호출하면 test_one.py 테스트만 실행됩니다. 또한 pytest는 디렉터리를 인수로 받아들이고 이 경우 디렉터리를 재귀적으로 스캔하여 test_*.py 패턴과 일치하는 파일을 실행합니다.

[예제 6-4]와 같이 이름과 일치하는 테스트만 실행하기 위해 명령줄에 -k 인수가 있는 필터를 추가할 수도 있습니다.

예제 6-4 이름으로 실행되는 필터링 테스트

```
C:\serious_python\chapter06> pytest -v test_skip.py -k test_fail
========================= test session starts =========================
platform win32 -- Python 3.8.6, pytest-6.1.2, py-1.9.0, pluggy-0.13.1 --
c:\users\fermat39\appdata\local\programs\python\python38\python.exe
cachedir: .pytest_cache
rootdir: C:\serious_python\chapter06
collected 3 items / 2 deselected / 1 selected

examples/test_skip.py::test_fail SKIPPED                      [100%]

================== 1 skipped, 2 deselected in 0.02s ==================
```

이름으로 실행될 테스트를 필터링하는 것이 항상 가장 좋은 방법은 아닙니다. 일반적으로 개발자는 기능이나 유형별로 테스트를 그룹화합니다. pytest는 필터로 사용할 수 있는 키워드로 테스트를 표시할 수 있는 동적 마킹 시스템을 제공합니다. 이러한 방식으로 테스트를 표시하려면 -m 옵션을 사용합니다. 다음은 몇 가지 테스트를 설정한 예시입니다.

```
import pytest

@pytest.mark.dicttest
def test_something():
```

```
    a = ['a', 'b']
    assert a == a

def test_something_else():
    assert False
```

pytest와 -m 인수를 사용하면 이러한 테스트 중 하나만 실행할 수 있습니다.

```
C:\serious_python\chapter06> pytest -v test_mark.py -m dicttest
========================= test session starts =========================
platform win32 -- Python 3.8.6, pytest-6.1.2, py-1.9.0, pluggy-0.13.1 --
c:\users\fermat39\appdata\local\programs\python\python38\python.exe
cachedir: .pytest_cache
rootdir: C:\serious_python, configfile: pytest.ini
collected 2 items / 1 deselected / 1 selected

test_mark.py::test_something PASSED                           [100%]

=================== 1 passed, 1 deselected in 0.02s ===================
```

-m 옵션은 더 복잡한 쿼리를 허용하므로 표시되지 않은 모든 테스트를 실행할 수노 있습니다.

```
C:\serious_python\chapter06> pytest -v test_mark.py -m "not dicttest"
========================= test session starts =========================
platform win32 -- Python 3.8.6, pytest-6.1.2, py-1.9.0, pluggy-0.13.1 --
c:\users\fermat39\appdata\local\programs\python\python38\python.exe
cachedir: .pytest_cache
rootdir: C:\serious_python, configfile: pytest.ini
collected 2 items / 1 deselected / 1 selected

test_mark.py::test_something_else FAILED                      [100%]

============================== FAILURES ==============================
_____ test_something_else _____
```

```
    def test_something_else():
>         assert False
E         assert False

test_mark.py:9: AssertionError
======================= short test summary info =======================
FAILED test_mark.py::test_something_else - assert False
=================== 1 failed, 1 deselected in 0.08s ===================
```

여기서 pytest는 dicttest로 표시되지 않은 모든 테스트를 실행했는데, 이 경우 test_
something_else 테스트가 실패했습니다. test_something이 표시된 나머지 테스트가 실행
되지 않아 선택 취소됨으로 출력됩니다.

pytest는 not, and, or 키워드로 구성된 복합 수식complex expression을 수행하여 더 고급 필터링
을 할 수 있습니다.

6.1.4 병렬로 테스트 실행하기

테스트 도구 모음을 실행하는 데 시간이 오래 걸릴 수 있습니다. 대규모 소프트웨어 프로젝트
에서 전체 단위 테스트 제품군이 실행되는 데 수십 분이 걸리는 경우는 드물지 않습니다. 기본
적으로 pytest는 정의되지 않은 순서로 연속해서 모든 테스트를 실행합니다. 대부분의 컴퓨터
에는 여러 CPU가 있으므로 테스트 목록을 분할하고 여러 CPU에서 실행하면 일반적으로 속
도를 높일 수 있습니다.

이 방법을 사용하려면 pytest는 pip로 설치할 수 있는 플러그인 pytest-xdist를 제공해야
합니다. 이 플러그인은 pytest 명령줄을 --numprocesses 인수(-n으로 단축됨)로 확장하며,
이 인수는 사용할 CPU의 개수를 인수로 허용합니다. pytest -n 4를 실행하면 4개의 병렬 프
로세스를 사용하여 테스트 도구 모음을 실행하고 CPU 간의 부하를 분산시킵니다.

CPU의 개수는 한 컴퓨터에서 다른 컴퓨터로 변경될 수 있으므로 플러그인은 자동 키워드 값
으로 허용합니다. 이 경우 컴퓨터를 조사하여 사용 가능한 CPU 개수를 검색하고, 그 수만큼
프로세스를 시작합니다.

6.1.5 fixture로 테스트에 사용하는 객체 작성하기

단위 테스트에서는 테스트를 실행하기 전과 후에 공통 명령어 집합을 실행해야 하는 경우가 많으며 이러한 명령은 특정 컴포넌트를 사용합니다. 예를 들어 애플리케이션의 구성 상태를 나타내는 객체가 필요할 수 있으며 각 테스트 전에 해당 객체를 초기화한 다음 테스트가 완료되면 기본값으로 재설정해야 할 수도 있습니다. 마찬가지로 테스트에 임시 파일이 필요하다면, 테스트가 시작되기 전에 파일을 만들고 테스트가 완료되면 삭제해야 합니다. 이 fixture라는 컴포넌트는 테스트 전에 설치되고 테스트가 완료된 후 정리됩니다.

pytest를 사용하면 fixture가 간단한 함수로 정의됩니다. fixture 함수는 해당 fixture를 사용하는 테스트에서 해당 객체를 사용할 수 있도록 원하는 객체를 반환해야 합니다.

다음은 간단한 fixture입니다.

```
import pytest

@pytest.fixture
def database():
    return <some database connection>

def test_insert(database):
    database.insert(123)
```

데이터베이스 fixture는 인수 목록에 데이터베이스가 있는 모든 테스트에서 자동으로 사용됩니다. test_insert() 함수는 database() 함수의 결과를 첫 번째 인수로 받고 원하는 대로 해당 결과를 사용합니다.

이러한 방식으로 fixture를 사용하면 데이터베이스 초기화 코드를 여러 번 반복할 필요가 없습니다.

코드 테스트의 또 다른 특징은 테스트가 fixture를 사용한 후 해제되는 것입니다. 예를 들어 데이터베이스 연결을 닫아야 할 수 있습니다. fixture를 제너레이터로 구현하면 [예제 6-5]에 표시된 것처럼 해제 기능을 추가할 수 있습니다.

```
import pytest

@pytest.fixture
def database():
    db = <some database connection>
    yield db
    db.close()

def test_insert(database):
    database.insert(123)
```

yield 키워드를 사용하고 데이터베이스를 제너레이터로 만들었기 때문에 테스트가 완료되면 yield 문 이후의 코드가 실행됩니다. 해당 코드는 테스트가 끝날 때 데이터베이스 연결을 닫습니다.

그러나 각 테스트에 대한 데이터베이스 연결을 닫으면 테스트가 동일한 연결을 다시 할 수 있기 때문에 불필요한 런타임 비용이 발생할 수 있습니다. 이 경우 범위 인수를 fixture 데커레이터에 전달하여 fixture의 범위를 지정할 수 있습니다.

```
import pytest

@pytest.fixture(scope="module")
def database():
    db = <some database connection>
    yield db
    db.close()

def test_insert(database):
    database.insert(123)
```

scope="module" 매개변수를 지정하여 전체 모듈에 대해 한 번 fixture를 초기화하면 데이터베이스 연결을 요청하는 모든 테스트 함수에 동일한 데이터베이스 연결이 전달됩니다.

마지막으로 fixture를 각 테스트 함수에 대한 인수로 지정하는 대신 autouse 키워드와 함께 자동으로 사용되는 fixture로 표시하여 테스트 전후에 몇 가지 공통 코드를 실행할 수 있습니다. autouse=True 키워드 인수를 pytest.fixture() 함수에 지정하면 다음 예제와 같이 모듈 또는 클래스에서 테스트를 실행하기 전에 fixture가 호출되는지 확인합니다.

```python
import os
import pytest

@pytest.fixture(autouse=True)
def change_user_env():
    curuser = os.environ.get("USER")
    os.environ["USER"] = "foobar"
    yield
    os.environ["USER"] = curuser

def test_user():
    assert os.getenv("USER") == "foobar"
```

이러한 자동 사용 기능은 편리하지만 fixture를 남용하지 않도록 조심해야 합니다. 그렇지 않으면 해당 범위에 포함된 모든 테스트 전에 fixture가 실행되므로 테스트 실행 속도가 크게 느려질 수 있습니다.

6.1.6 테스트 시나리오 실행하기

단위 테스트할 때 오류를 발생하는 여러 객체를 처리하는 테스트를 실행하거나, 다른 드라이버에 대해 전체 테스트 도구 모음을 실행할 수 있습니다.

시계열 데이터베이스인 Gnocchi를 개발할 때 후자 접근 방식에 크게 의존했습니다. Gnocchi는 **저장소 API**storage API라고 하는 추상 클래스를 제공합니다. 모든 파이썬 클래스는 이 추상적 기반을 구현하고 드라이버가 되기 위해 자신을 등록할 수 있습니다. 이 소프트웨어는 필요할 때, 구성된 스토리지 드라이버를 로드하고 구현된 저장소 API를 사용하여 데이터를 저장하거나 검색합니다. 이 경우 모든 드라이버가 호출자의 기대에 준수하도록 하기 위해 각 드라이버에 실행되는 단위 테스트 클래스가 필요합니다.

이것을 쉽게 하는 방법은 매개변수화된 fixture를 사용하여, 정의된 각 매개변수에 대해 여러 번 사용하는 모든 테스트를 실행하는 것입니다. [예제 6-6]은 매개변수가 구성된 fixture를 사용하여 mysql에 대해 한 번, postgresql에 대해 한 번, 다른 매개변수로 단일 테스트를 두 번 실행하는 예제를 보여줍니다.

예제 6-6 매개변수화된 fixture를 사용하여 테스트 실행하기

```python
import pytest
import myapp


@pytest.fixture(params=["mysql", "postgresql"])
def database(request):
    d = myapp.driver(request.param)
    d.start()
    yield d
    d.stop()


def test_insert(database):
    database.insert("somedata")
```

[예제 6-6]에서 드라이버 fixture는 애플리케이션에서 지원하는 데이터베이스 드라이버의 이름을 각각 두 개의 서로 다른 값으로 매개변수화합니다. test_insert가 실행될 때 실제로 두 번 실행됩니다. MySQL 데이터베이스 연결 한 번, PostgreSQL 데이터베이스 연결 한 번 이 됩니다.

이렇게 하면 많은 코드 줄을 추가하지 않고도 다른 시나리오에서 동일한 테스트를 쉽게 다시 사용할 수 있습니다.

6.1.7 모의 객체를 이용한 제어된 테스트하기

모의 객체[mock object]는 실제 애플리케이션 객체의 동작을 모방하는 시뮬레이션된 객체이며, 특별히 제한된 방식으로 모방합니다. 모의 객체는 코드를 테스트하려는 조건을 정확하게 설명하는

환경을 만드는 데 특히 유용합니다. focus 객체의 동작을 독립시키고 코드를 테스트하기 위한 환경을 만들기 위해 모든 객체를 모의 객체로 바꿀 수 있습니다.

한 가지 사용 사례는 HTTP 서버를 생성하여 가능한 모든 값을 반환하기 위해 모든 시나리오를 통해 테스트하는 것은 불가능하거나 매우 복잡하기 때문에, HTTP 클라이언트를 작성하는 것입니다. HTTP 클라이언트는 모든 오류 시나리오에 대해 테스트하기가 특히 어렵습니다.

파이썬에서 모의 객체를 만들기 위한 표준 라이브러리는 mock입니다. 파이썬 3.3부터 모의 객체가 파이썬 표준 라이브러리에 unittest.mock로 병합되었습니다. 따라서 다음과 같은 소스 코드를 사용하여 파이썬 3.3과 이전 버전의 호환성을 유지할 수 있습니다.

```
try:
    from unittest import mock
except ImportError:
    import mock
```

mock 라이브러리는 사용하기가 매우 간단합니다. mock 객체에 속성으로 접근합니다. mock 객체는 런타임에 동적으로 만들어집니다. 모든 값을 이러한 속성으로 설정할 수 있습니다. [예제 6-7]은 fake 속성으로 fake 객체를 만드는 데 사용하는 mock 객체를 표시합니다.

예제 6-7 mock.Mock 속성을 사용해서 접근하기

```
>>> from unittest import mock
>>> m = mock.Mock()
>>> m.some_attribute = "hello world"
>>> m.some_attribute
'hello world'
```

또한 [예제 6-8]에서와 같이 무엇이든 인수로 받아들이고 항상 42를 반환하는 가짜 메서드를 만드는 malleable 객체에 메서드를 동적으로 만들 수도 있습니다.

예제 6-8 mock.Mock 객체에 메서드 생성하기

```
>>> from unittest import mock
>>> m = mock.Mock()
>>> m.some_method.return_value = 42
>>> m.some_method()
42
>>> m.some_method("with", "arguments")
42
```

mock.Mock 객체에는 단 몇 줄로 42를 반환하는 some_method() 메서드가 있습니다. 모든 종류의 인수를 받지만, 인수가 무엇인지에 대한 확인을 하지는 않습니다.

동적으로 생성된 메서드는 (의도적인) 부수 효과^{side effect}를 가질 수도 있습니다. 값을 반환하는 상용구 메서드가 아니라 유용한 코드를 실행하도록 정의할 수 있습니다.

[예제 6-9]에서 "hello world!" 문자열을 출력하는 부수 효과가 있는 가짜 메서드를 만듭니다.

예제 6-9 부수 효과가 있는 mock.Mock 객체에 메서드 생성하기

```
>>> from unittest import mock
>>> m = mock.Mock()
>>> def print_hello():
...     print("hello world!")
...     return 43
...
>>> m.some_method.side_effect = print_hello    #①
>>> m.some_method()
hello world!
43
>>> m.some_method.call_count    #②
1
```

①과 같이 some_method 속성에 전체 함수를 할당합니다. 이 방법을 사용하면 모의 객체 테스트에 필요한 코드를 연결할 수 있으므로 테스트에서 더 복잡한 시나리오를 구현할 수 있습니다. 그런 다음 이 모의 객체를 기대하는 함수에 전달하기만 하면 됩니다.

②의 call_count 속성은 메서드가 호출된 횟수를 확인하는 간단한 방법입니다.

mock 라이브러리는 작업/어서션 패턴을 사용합니다. 즉 테스트가 실행되면 모의 작업이 올바르게 실행되었는지 확인해야 합니다. [예제 6-10]은 이러한 검사를 수행하기 위해 모의 객체에 assert() 메서드를 적용합니다.

예제 6-10 메서드 호출 확인하기

```
>>> from unittest import mock
>>> m = mock.Mock()
>>> m.some_method('foo', 'bar')    #①
<Mock name='mock.some_method()' id='1861426114184'>
>>> m.some_method.assert_called_once_with('foo', 'bar')    #②
>>> m.some_method.assert_called_once_with('foo', mock.ANY)    #③
>>> m.some_method.assert_called_once_with('foo', 'baz')
Traceback (most recent call last):
  File "<stdin>", line 1, in <module>
  File "C:\Users\fermat39\AppData\Local\Programs\Python\Python38\lib\unittest\
mock.py", line 925, in assert_called_once_with
    return self.assert_called_with(*args, **kwargs)
  File "C:\Users\fermat39\AppData\Local\Programs\Python\Python38\lib\unittest\
mock.py", line 913, in assert_called_with
    raise AssertionError(_error_message()) from cause
AssertionError: expected call not found.
Expected: some_method('foo', 'baz')
Actual: some_method('foo', 'bar')
```

①과 같이 인수를 호출하여 테스트하기 위한 인수 foo와 bar 메서드를 만듭니다. 모의 객체에 대한 호출을 확인하는 방법은 assert_called_once_with() 같은 assert_called() 메서드를 사용하는 것입니다(②).

이러한 메서드에는 모의 메서드를 호출할 때 호출자가 사용할 것으로 예상되는 값을 전달해야 합니다. 전달된 값이 사용 중인 값이 아니면 모의 객체는 AssertionError를 발생합니다. 전달할 인수를 모른다면 ③과 같이 mock.ANY 값으로 사용할 수 있습니다. 즉 모의 메서드에 전달된 인수는 모두 매칭될 것입니다.

mock 라이브러리는 외부 모듈의 일부 기능, 메서드 또는 객체를 바꿀 때도 사용할 수 있습니다. [예제 6-11]에서 os.unlink() 함수를 우리가 제공하는 가짜 함수로 바꿀 것입니다.

예제 **6-11** mock.patch 사용하기

```
>>> from unittest import mock
>>> import os
>>> def fake_os_unlink(path):
...     raise IOError("Testing!")
...
>>> with mock.patch('os.unlink', fake_os_unlink):
...     os.unlink('foobar')
...
Traceback (most recent call last):
  File "<stdin>", line 2, in <module>
  File "<stdin>", line 2, in fake_os_unlink
OSError: Testing!
```

콘텍스트 관리자로 사용할 경우 mock.patch()는 대상 함수를 콘텍스트 내에서 실행되는 코드가 해당 패치 메서드를 사용할 수 있도록 제공하는 함수로 대체합니다. mock.patch() 메서드를 사용하면 외부 코드 조각의 일부를 변경할 수 있으므로 [예제 6-12]와 같이 애플리케이션의 모든 조건을 테스트할 수 있는 방식으로 실행할 수 있습니다.

예제 **6-12** mock.patch()를 사용하여 일련의 동작을 테스트하기

```
from unittest import mock

import pytest
import requests

class WhereIsPythonError(Exception):
    pass

def is_python_still_a_programming_language():    #①
    try:
```

```
            r = requests.get("http://python.org")
    except IOError:
        pass
    else:
        if r.status_code == 200:
            return 'Python is a programming language' in r.content
    raise WhereIsPythonError("Something bad happened")


def get_fake_get(status_code, content):
    m = mock.Mock()
    m.status_code = status_code
    m.content = content

    def fake_get(url):
        return m

    return fake_get


def raise_get(url):
    raise IOError("Unable to fetch url %s" % url)


@mock.patch('requests.get', get_fake_get(200, 'Python is a programming language
for sure'))    #②
def test_python_is():
    assert is_python_still_a_programming_language() is True


@mock.patch('requests.get', get_fake_get(200, 'Python is no more a programming
language'))
def test_python_is_not():
    assert is_python_still_a_programming_language() is False


@mock.patch('requests.get', get_fake_get(404, 'Whatever'))
def test_bad_status_code():
    with pytest.raises(WhereIsPythonError):
        is_python_still_a_programming_language()
```

```
@mock.patch('requests.get', raise_get)
def test_ioerror():
    with pytest.raises(WhereIsPythonError):
        is_python_still_a_programming_language()
```

[예제 6-12]에서는 웹 페이지(http://python.org)의 'Python is a programming language(파이썬은 프로그래밍 언어다)'라는 문자열의 모든 인스턴스를 검색하는 테스트 도구 모음을 구현합니다(①). 페이지 자체를 수정하지 않고는 부정적인 시나리오(이 문장이 웹 페이지에 없는 경우)를 테스트할 수 있는 방법은 없습니다. 이 경우 mock을 사용하여 요청의 동작을 변경하고 해당 문자열을 포함하지 않는 가짜 페이지로 가짜 응답을 반환합니다. 이를 통해 http://python.org이 문자열을 포함하지 않는 부정적인 시나리오를 테스트하여 프로그램이 해당 사례를 올바르게 처리하도록 할 수 있습니다.

이 예제에서는 mock.patch()의 데커레이터 버전을 사용합니다(②). 데커레이터를 사용하면 모의 동작이 변경되지 않지만, 전체 테스트 함수의 콘텍스트 내에서 모의를 사용해야 하는 경우 더 간단합니다.

모의 객체를 사용하여 404 오류, I/O 오류 또는 네트워크 대기 시간 문제를 반환하는 웹 서버와 같은 모든 문제를 시뮬레이션할 수 있습니다. 코드가 올바른 값을 반환하게 하거나, 모든 경우에 올바른 값의 예외를 발생시켜 코드가 항상 예상대로 작동하는지 확인할 수 있습니다.

6.1.8 coverage로 테스트되지 않은 코드 찾기

단위 테스트를 보완하는 검사 도구는 테스트 중에 코드가 누락되었는지 여부를 식별합니다. 코드 분석 도구와 추적 후크를 사용하여 코드가 실행된 줄을 확인합니다. 이를 단위 테스트 실행 중에 사용하면 소스 코드의 어느 부분이 교차되었는지, 어떤 부분이 교차하지 않았는지 보여줄 수 있습니다. 테스트를 작성하는 것은 유용할 뿐만 아니라 테스트 과정에서 놓친 코드의 일부도 찾을 수도 있어서 매우 유용합니다.

pip를 통해 시스템에 coverage 파이썬 모듈을 설치하여 셸에서 커버리지 프로그램 명령에 액세스할 수 있습니다.

독립 실행형 모드에서 **coverage**를 사용하는 것은 간단합니다. 실행되지 않는 프로그램의 일부를 표시할 수 있습니다. 이러한 불필요한 코드^{dead code}는 프로그램의 정상적인 실행 과정을 수정하지 않고 제거할 수 있는 코드입니다. 6장에서 지금까지 설명한 모든 테스트 도구는 **coverage**에 통합되어 있습니다.

pytest를 사용하는 경우, `pip install pytest-cov`를 통해 **pytest-cov** 플러그인을 설치하고 몇 가지 옵션 스위치를 추가하여 상세한 코드 커버리지를 [예제 6-13]과 같이 출력합니다.[1]

예제 6-13 pytest와 coverage 사용하기

```
C:\serious_python\chapter06> pytest --cov=gnocchiclient %localappdata%\Programs\
Python\Python38\Lib\site-packages\gnocchiclient\tests\unit
======================= test session starts =======================
platform win32 -- Python 3.8.6, pytest-6.1.2, py-1.9.0, pluggy-0.13.1
rootdir: c:\
plugins: cov-2.10.1
collected 6 items

..\..\Users\fermat39\AppData\Local\Programs\Python\Python38\Lib\site-packages\
gnocchiclient\tests\unit\test_auth.py . [ 16%]
                                                          [ 16%]
..\..\Users\fermat39\AppData\Local\Programs\Python\Python38\Lib\site-packages\
gnocchiclient\tests\unit\test_exceptions.py . [ 33%]
....                                                       [100%]

======================= warnings summary =======================
..\..\users\fermat39\appdata\local\programs\python\python38\lib\site-packages\
pyreadline\py3k_compat.py:8
  c:\users\fermat39\appdata\local\programs\python\python38\lib\site-packages\
pyreadline\py3k_compat.py:8: DeprecationWarning: Using or importing the ABCs from
```

---

1 옮긴이_ 저자가 집필 당시 로컬에서 개발 중인 gnocchiclient 모듈에 대해 테스트를 수행하는 예제입니다. 번역서에서는 gnocchiclient 모듈을 pip로 설치했다고 가정하고 경로를 지정했습니다.

```
'collections' instead of from 'collections.abc' is deprecated since Python 3.3,
and in 3.9 it will stop working
    return isinstance(x, collections.Callable)


-- Docs: https://docs.pytest.org/en/stable/warnings.html


----------- coverage: platform win32, python 3.8.6-final-0 -----------
Name

                                                              Stmts

Miss  Cover
----------------------------------------------------------------------------
C:\Users\fermat39\AppData\Local\Programs\Python\Python38\Lib\site-packages\
gnocchiclient\__init__.py                                       0
    0    100%
C:\Users\fermat39\AppData\Local\Programs\Python\Python38\Lib\site-packages\
gnocchiclient\auth.py                                          53
   23    57%
C:\Users\fermat39\AppData\Local\Programs\Python\Python38\Lib\site-packages\
gnocchiclient\benchmark.py                                    175
  175     0%
C:\Users\fermat39\AppData\Local\Programs\Python\Python38\Lib\site-packages\
gnocchiclient\client.py                                        26
26     0%


--생략--

C:\Users\fermat39\AppData\Local\Programs\Python\Python38\Lib\site-packages\
gnocchiclient\v1\status_cli.py                                  9
    9     0%
C:\Users\fermat39\AppData\Local\Programs\Python\Python38\Lib\site-packages\
gnocchiclient\version.py                                        2
    2     0%
----------------------------------------------------------------------------
TOTAL
                                                             2039

 1858    9%


=================== 6 passed, 1 warning in 1.27s ====================
```

--cov 옵션을 사용하면 테스트 실행이 끝날 때 커버리지 보고서를 사용할 수 있습니다. 커버리지 보고서를 제대로 필터링하려면 플러그인에 대한 인수로 패키지 이름을 전달해야 합니다. 출력에는 실행되지 않은 코드 줄이 포함되어 있으므로 테스트가 없습니다. 이제 좋아하는 텍스트 편집기를 생성하고 해당 코드에 대한 테스트 작성만 하면 됩니다.

Coverage for **ceilometer.publisher** : 75%

12 statements | 9 run | 3 missing | 0 excluded

```
1   # -*- encoding: utf-8 -*-
2   #
3   # Copyright © 2013 Intel Corp.
4   # Copyright © 2013 eNovance
5   #
6   # Author: Yunhong Jiang <yunhong.jiang@intel.com>
7   #         Julien Danjou <julien@danjou.info>
8   #
9   # Licensed under the Apache License, Version 2.0 (the "License"); you may
10  # not use this file except in compliance with the License. You may obtain
11  # a copy of the License at
12  #
13  #      http://www.apache.org/licenses/LICENSE-2.0
14  #
15  # Unless required by applicable law or agreed to in writing, software
16  # distributed under the License is distributed on an "AS IS" BASIS, WITHOUT
17  # WARRANTIES OR CONDITIONS OF ANY KIND, either express or implied. See the
18  # License for the specific language governing permissions and limitations
19  # under the License.
20
21  import abc
22  from stevedore import driver
23  from ceilometer.openstack.common import network_utils


24  def get_publisher(url, namespace='ceilometer.publisher'):
25      """Get publisher driver and load it.
26
27      :param URL: URL for the publisher
28      :param namespace: Namespace to use to look for drivers.
29      """
30      parse_result = network_utils.urlsplit(url)
31      loaded_driver = driver.DriverManager(namespace, parse_result.scheme)
32      return loaded_driver.driver(parse_result)
33

34  class PublisherBase(object):
35      """Base class for plugins that publish the sampler."""
36
37      __metaclass__ = abc.ABCMeta
38
39      def __init__(self, parsed_url):
40          pass
41
42      @abc.abstractmethod
43      def publish_samples(self, context, samples):
44          "Publish samples into final conduit."
45
```

그림 6-1 ceilometer.publisher의 커버리지

명확한 HTML 보고서를 생성할 수 있도록 coverage를 사용하면 더 좋습니다. --cov-report=html 플래그를 추가하면 명령을 실행한 htmlcov 디렉터리가 HTML 페이지로 채워집니다. 각 페이지에는 소스 코드의 어느 부분이 실행되었는지 또는 실행되지 않았는지 표시됩니다.

--cover-fail -under=COVER_MIN_PERCENTAGE 옵션을 사용하면 다음과 같은 기능을 사용할 수 있습니다. 테스트 도구 모음을 실행할 때 코드의 최소 비율이 실행되지 않으면 테스트 도구 모음이 실패하게 됩니다. 높은 커버리지 비율을 내는 것은 좋은 목표이고 도구가 테스트 범위의 상태에 대한 통찰력을 얻는 데 유용하지만 임의의 백분율 값을 정의하는 것이 깊은 통찰력을 주지는 않습니다. [그림 6-1]은 상단에 백분율이 있는 커버리지 보고서의 예를 보여줍니다.

예를 들어 100%의 코드 검사 점수는 훌륭한 목표이지만, 코드가 완전히 테스트되어 안심할 수 있다는 것을 의미하지는 않습니다. 전체 코드 경로가 실행되었음을 증명할 뿐입니다. 모든 조건이 테스트 되었다는 증거는 없습니다.

검사 정보를 사용하여 테스트 도구 모음을 통합하고 현재 실행 중인 코드에 대한 테스트를 추가해야 합니다. 이렇게 하면 나중에 프로젝트 유지 관리가 쉽고 코드의 전반적인 품질이 향상됩니다.

6.2 가상 환경

앞에서 테스트의 디펜던시가 없는 것을 포착하지 못할 수 있는 위험에 대해 언급했습니다. 상당한 크기의 애플리케이션은 필요한 기능을 얻기 위해 외부 라이브러리에 의존하지만 외부 라이브러리가 운영체제에 다양한 문제를 일으킬 수 있습니다. 다음은 몇 가지 예입니다.

- 시스템에 패키지에 필요한 라이브러리가 없습니다.
- 시스템에 패키지에 필요한 라이브러리의 올바른 버전이 없습니다.
- 두 개의 다른 애플리케이션에 대해 동일한 라이브러리의 두 가지 버전이 필요합니다.

이러한 문제는 애플리케이션을 처음 배포할 때나 그 이후에 실행하면서 발생할 수 있습니다. 시스템 관리자를 통해 설치된 파이썬 라이브러리를 업그레이드하면 애플리케이션에서 사용하는 라이브러리의 API 변경과 같은 간단한 이유로 경고 없이 애플리케이션이 중단될 수 있습니다.

해결 방법은 각 애플리케이션이 모든 애플리케이션의 디펜던시를 포함하는 라이브러리 디렉터리를 사용하는 것입니다. 그런 다음 이 디렉터리를 사용하여 시스템에 설치된 모듈이 아닌 필요한 파이썬 모듈을 불러옵니다. 이러한 디렉터리를 **가상 환경**이라고 합니다.

6.2.1 가상 환경 설정하기

virtualenv는 가상 환경을 자동으로 처리합니다. 파이썬 3.2부터는 `pip install virtualenv`를 사용하여 virtualenv를 설치할 수 있습니다. 파이썬 3.3 이상을 사용한다면 venv 이름으로 파이썬에서 바로 사용할 수도 있습니다.

모듈을 사용하려면 다음과 같이 대상 디렉터리와 함께 기본 프로그램으로 로드합니다.[2]

```
C:\serious_python\chapter06> python -m venv myvenv
C:\serious_python\chapter06> dir /w myvenv
 C 드라이브의 볼륨에는 이름이 없습니다.
 볼륨 일련 번호: 0E31-710D

 C:\serious_python\chapter06\myvenv 디렉터리

[.]          [..]          [Include]    [Lib]          pyvenv.cfg   [Scripts]
             1개 파일                    120 바이트
             5개 디렉터리   149,292,535,808 바이트 남음
```

일단 실행되면 venv는 lib/pythonX.Y 디렉터리를 만들고 가상 환경에 **pip**을 설치하는 데 사용하므로 추가 파이썬 패키지를 설치하는 데 유용합니다.

그런 다음 activate 명령 source를 실행하여 가상 환경을 활성화할 수 있습니다.

유닉스 시스템에서는 다음과 같이 사용하세요.

```
$ source myvenv/bin/activate
```

....
2 유닉스 계열에서는 python3 -m venv myvenv와 ls foobar로 실행합니다.

윈도우에서는 다음 코드를 사용합니다.

```
C:\serious_python\chapter06> myvenv\Scripts\activate
```

이렇게 하면 셸 프롬프트가 가상 환경의 이름으로 접두사에 나타납니다. 파이썬을 실행하면 가상 환경에 복사된 파이썬 버전을 호출합니다. `sys.path` 변수로 가상 환경 디렉터리를 첫 번째 컴포넌트로 사용하여 작동하는지 확인할 수 있습니다.

비활성화 명령을 호출하여 언제든지 가상 환경을 중지하고 그대로 둘 수 있습니다.

```
(myvenv) C:\serious_python\chapter06> deactivate
```

아주 간단합니다! 또한 가상 환경에 설치된 파이썬을 한 번만 사용한다면 활성화를 실행하도록 강요받지 않습니다. 파이썬 바이너리를 호출하는 것도 작동합니다.[3]

```
C:\serious_python\chapter06> myvenv\Scripts\python.exe
```

이제 활성화된 가상 환경에 있는 동안 메인 시스템에 설치되고 사용할 수 있는 모듈에 액세스할 수 없습니다. 가상 환경에서는 우리가 필요로 하는 패키지를 설치해야 합니다. 이렇게 하려면 표준 `pip` 명령을 사용하여 각 패키지를 설치하는 데, 패키지가 시스템을 아무것도 변경하지 않도록 올바른 위치에 설치합니다.[4]

```
C:\serious_python\chapter06> myvenv\Scripts\activate
(myvenv) C:\serious_python\chapter06> pip install six
Collecting six
  Using cached six-1.15.0-py2.py3-none-any.whl (10 kB)
Installing collected packages: six
Successfully installed six-1.15.0
```

---

3 옮긴이_ 유닉스 계열에서는 myvenv/bin/python로 호출합니다.

4 옮긴이_ 유닉스 계열에서는 source myvenv/bin/activate와 pip install six로 설치합니다.

이렇게 하면 필요로하는 모든 라이브러리를 설치한 다음 시스템을 손상하지 않고 가상 환경에서 애플리케이션을 실행할 수 있습니다. [예제 6-14]와 같이 디펜던시 목록을 기반으로 가상 환경 설치를 자동화하기 위한 스크립트를 작성하는 방법을 쉽게 확인할 수 있습니다.

예제 6-14 자동 가상 환경 생성하기

```
C:\serious_python\chapter06> virtualenv myappvenv
created virtual environment CPython3.8.6.final.0-64 in 3341ms
  creator CPython3Windows(dest=C:\serious_python\chapter06\myappvenv, clear=False,
no_vcs_ignore=False, global=False)
  seeder FromAppData(download=False, pip=bundle, setuptools=bundle, wheel=bundle,
via=copy, app_data_dir=C:\Users\fermat39\AppData\Local\pypa\virtualenv)
    added seed packages: pip==20.2.4, setuptools==50.3.2, wheel==0.35.1
  activators BashActivator ,BatchActivator, FishActivator ,PowerShellActivator
,PythonActivator ,XonshActivator

C:\serious_python\chapter06> myappvenv\Scripts\activate

(myappvenv) C:\serious_python\chapter06> pip install -r requirements.txt

(myappvenv) C:\serious_python\chapter06> deactivate
```

virtualenv는 virtualenv에 --system-site-packages 플래그를 전달하여 가상 환경을 만들 때 이를 활성화하여 시스템 설치 패키지에 접근하는 것을 유용하게 할 수 있습니다.

myvenv 내부에서 이 환경에 대한 구성 파일인 pyvenv.cfg를 찾을 수 있습니다. 기본적으로 구성 옵션이 많지 않습니다. 앞에서 설명한 virtualenv의 --system-site-packages와 동일한 목적의 include-system-site-package을 인식해야 합니다.

가상 환경은 단위 테스트 도구 모음의 자동화된 실행에 매우 유용합니다. 사용이 너무 광범위해서 특정 도구가 이를 해결하기 위해 만들어졌습니다.

6.2.2 tox와 virtualenv 사용하기

가상 환경의 핵심 용도는 단위 테스트를 실행하기 위한 깨끗한 환경을 제공하는 것입니다. 예를 들어 디펜던시 목록을 준수하지 않았음에도 테스트가 작동한다면 무엇인가 잘못되어 있을 수 있습니다.

모든 디펜던시를 처리하는 한 가지 방법은 가상 환경을 배포하고 setuptools를 설치한 다음, 애플리케이션의 라이브러리 런타임과 단위 테스트에 필요한 모든 디펜던시를 설치하는 스크립트를 작성하는 것입니다. 다행히 이 작업은 인기가 많아 이 업무를 전담하는 애플리케이션 tox가 이미 만들어졌습니다.

tox 관리 도구는 파이썬에서 테스트가 실행되는 방식을 자동화하고 표준화하는 것을 목표로 합니다. 이를 위해 깨끗한 가상 환경에서 전체 테스트 도구 모음을 실행하는 데 필요한 모든 것을 제공하고, 애플리케이션을 설치하여 설치가 제대로 작동하는지 확인합니다.

tox를 사용하기 전, 프로젝트의 루트 디렉터리에 setup.py 파일과 함께 tox.ini라는 구성 파일을 제공해야 합니다. pip install tox 명령어로 설치합니다.[5]

```
C:\serious_python\chapter06> TYPE NUL >> tox.ini
```

그런 다음 tox를 성공적으로 실행할 수 있습니다.

```
C:\serious_python\chapter06\tox> tox
GLOB sdist-make: C:\serious_python\chapter06\tox\setup.py
python inst-nodeps: C:\serious_python\chapter06\tox\.tox\.tmp\package\1\foo-
1.0.zip
python installed: atomicwrites==1.4.0,attrs==20.3.0,colorama==0.4.4,foo
@ file:///C:/serious_python/chapter06/tox/.tox/.tmp/package/1/foo-1.0.zip,iniconfi
g==1.1.1,packaging==20.7,pluggy==0.13.1,py==1.9.0,pyparsing==2.4.7,pytest==6.1.2,t
oml==0.10.2
python run-test-pre: PYTHONHASHSEED='694'
```

---

5 옮긴이_ 유닉스 계열에서는 touch tox.ini로 설치합니다.

```
_____ summary _____
  python: commands succeeded
  congratulations :)
```

이 경우 tox는 기본 파이썬 버전을 사용하여 .tox/python에서 가상 환경을 만듭니다. setup.py를 사용하여 패키지를 만든 다음 이 가상 환경 내에 설치합니다. 구성 파일에 지정하지 않아서 명령이 실행되지 않습니다. 이것만으로는 특별히 유용하지 않습니다.

테스트 환경 내에서 실행할 명령을 추가하여 기본 동작을 변경할 수 있습니다. tox.ini를 편집하여 다음을 포함합니다.

```
[testenv]
commands=pytest
```

이제 tox는 명령 pytest를 실행합니다. 그러나 가상 환경에 pytest가 설치되어 있지 않으므로 이 명령이 실패할 수 있습니다. 설치하려면 pytest를 디펜던시로 추가해야 합니다.

```
[testenv]
deps=pytest
commands=pytest
```

실행하면 tox는 환경을 다시 만든 후 새 디펜던시를 설치하고 모든 단위 테스트를 실행하는 명령 pytest를 실행합니다. 더 많은 디펜던시를 추가하려면 여기에서 수행된 것처럼 deps 구성 옵션에 포함하거나 -rfile 구문을 사용하여 파일에서 읽을 수 있습니다.

6.2.3 환경 다시 만들기

예를 들어 새 개발자가 소스 코드 리포지터리를 복제하고 처음으로 tox를 실행할 때 원하는 대로 작동하도록 환경을 다시 만들어야 하는 경우가 있습니다. 이를 위해 tox는 레이아웃의 매개변수를 기반으로 가상 환경을 처음부터 다시 빌드하는 --recreate 옵션을 허용합니다.

tox.ini의 [testenv] 부분에서 tox로 관리되는 모든 가상 환경에 대한 매개변수를 정의합니다. 그리고 tox는 여러 파이썬 가상 환경을 관리할 수 있습니다 -e 플래그를 tox에 전달하여 기본 버전이 아닌 파이썬 버전에서 테스트를 실행할 수 있습니다.

```
C:\serious_python\chapter06\tox> tox -e py38
GLOB sdist-make: C:\serious_python\chapter06\tox\setup.py
py38 inst-nodeps: C:\serious_python\chapter06\tox\.tox\.tmp\package\1\foo-1.0.zip
py38 installed: foo @ file:///C:/serious_python/chapter06/tox/.tox/.tmp/package/1/
foo-1.0.zip
py38 run-test-pre: PYTHONHASHSEED='535'
py38 run-test: commands[0] ¦ python --version
Python 3.8.6
_____ summary _____
  py38: commands succeeded
  congratulations :)
```

기본적으로 tox는 기존 파이썬 버전과 일치하는 환경을 시뮬레이션합니다. 파이썬 버전은 py24, py25, py26, py27, py30, py31, py32, py33, py34, py35, py36, py37, jython, pypy가 있습니다. 또한 사용자 고유의 환경을 정의할 수 있습니다. [testenv:_envname_]라는 섹션을 추가하기만 하면 됩니다. 환경에서 특정 한 개만 명령을 실행하려는 경우 tox.ini 파일에 다음과 같이 나열하여 쉽게 실행할 수 있습니다.

```
[testenv]
deps=pytest
commands=pytest

[testenv:py37-coverage]
deps={[testenv]deps}
    pytest-cov
commands=pytest --cov=myproject
```

pytest --cov=myproject를 사용하여 py36-coverage 섹션 아래에 있는 py36-coverage 환경에 대한 명령을 재정의할 수 있습니다. 이를 위해 pytest-cov 확장을 설치해야 합니다. 변수 조정이 tox로 지원되므로 tox.ini 파일의 다른 필드를 참조하여 변수로 사용할 수 있습니다. 구문은 {[env_name]variable_name}입니다. 이를 통해 같은 일을 반복하지 않도록 할 수 있습니다.

6.2.4 다른 파이썬 버전 사용하기

tox.ini에서 다음과 같이 파이썬이 지원되지 않는 버전으로 새로운 환경을 만들 수 있습니다.

```
[testenv]
deps=pytest
commands=pytest

[testenv:py21]
basepython=python2.1
```

위 내용을 실행하면 파이썬 2.1을 사용하여 테스트 제품군을 실행합니다. 하지만 파이썬 2.1과 같이 오래된 버전이 시스템에 설치되어 있지 않을 것이기 때문에 여러분에게 유용하지는 않을 겁니다.

여러 파이썬 버전을 지원하려면, 기본적으로 지원하려는 파이썬 버전에 대한 모든 테스트를 tox로 실행하도록 하는 것이 유용할 것입니다. 인수 없이 tox를 실행할 때 사용할 환경 목록을 지정하여 이 작업을 수행할 수 있습니다.

```
[tox]
envlist=py35,py36,pypy

[testenv]
deps=pytest
commands=pytest
```

인수를 추가하지 않고 tox를 시작하면 나열된 네 개의 환경이 모두 만들어지고 디펜던시와 애플리케이션으로 채워진 다음 명령 pytest로 실행됩니다.

6.2.5 다른 테스트 통합하기

1장에서 설명한 것처럼 tox를 사용하여 flake8과 같은 테스트를 통합할 수도 있습니다. 다음의 tox.ini 파일은 flake8을 설치하고 실행하는, PEP 8 환경을 제공합니다.

```
[tox]
envlist=py35,py36,pypy,pycodestyle

[testenv]
deps=pytest
commands=pytest

[testenv:pep8]
deps=flake8
commands=flake8
```

이 경우 pycodestyle 환경은 기본 버전의 파이썬을 사용하여 실행되며, 버전 변경을 원한다면 basepython 옵션으로 할 수 있습니다.

tox를 실행하면 모든 환경이 구축되고 순차적으로 실행되는 것을 확인할 수 있습니다. 이 과정으로 프로세스가 길어지지만, 가상 환경이 독립되어 있어 tox 명령을 병렬로 실행하는 데 방해가 되는 것이 없습니다. 이 병렬 실행을 도와주는 것이 detox 패키지 입니다. envlist에서 모든 기본 환경을 병렬로 실행하는 detox 명령을 제공합니다. pip install로 설치해야 합니다.

6.3 테스트 정책

프로젝트에 테스트 코드를 포함하는 것도 좋은 생각이지만 해당 코드를 실행하는 방법도 매우 중요합니다. 너무 많은 프로젝트에서 어떤 이유인지 모르게 실행되지 않는 테스트 코드들이 있습니다. 이 주제는 파이썬에만 국한되지는 않지만 여기에서 강조하기에 충분히 중요합니다. 테스트되지 않은 코드에 대해서는 무관용 정책이 있어야 합니다. 이를 다루기 위한 적절한 단위 테스트 집합이 없으면 코드를 병합해서는 안 됩니다.

최소한의 목표는 푸시하는 각 커밋이 모든 테스트를 통과해야 한다는 것입니다. 이 프로세스를 자동화하는 것이 더 좋습니다. 예를 들어 오픈스택은 **Gerrit**(웹 기반 코드 검토 서비스) 및 **Zuul**(지속적인 통합 및 배포 서비스)을 기반으로 하는 특정 워크플로를 사용합니다. 푸시된 각 커밋은 Gerrit에서 제공하는 코드 검토 시스템을 거치며 Zuul은 일련의 테스트 작업을 실행합니다. Zuul은 각 프로젝트에 대해 단위 테스트 및 다양한 상위 수준의 기능 테스트를 실행합니다. 몇 명의 개발자가 실행하는 이 코드 검토는 커밋된 모든 코드가 연결된 단위 테스트를 가지고 있는지 확인합니다.

인기 있는 깃허브 호스팅 서비스를 사용하는 경우, 각 푸시, 병합, 제출된 풀 요청에 대해 테스트를 실행할 수 있는 도구로 **Travis CI**가 있습니다.

이 테스트가 푸시 후에 수행되는 것은 아쉽지만, 이것은 여전히 회귀를 추적하는 좋은 방법입니다. Travis는 중요한 모든 파이썬 버전을 즉시 지원하며 사용자 정의도 할 수 있습니다. 웹 인터페이스(https://www.travis-ci.org)를 통해 프로젝트에서 Travis를 활성화한 후 `.travis.yml` 파일을 추가하여 테스트 실행 방법을 결정합니다. [예제 6-15]는 `.travis.yml` 파일의 예를 보여줍니다.

예제 6-15 .travis.yml 예제 파일

```
language: python
python:
  - "2.7"
  - "3.6"
# command to install dependencies
install: "pip install -r requirements.txt --use-mirrors"
```

```
# command to run tests
script: pytest
```

코드 리포지터리에 이 파일이 있고 Travis가 활성화되면 연결된 단위 테스트로 코드를 테스트하는 작업 집합을 생성합니다. 디펜던시 및 테스트를 추가하기만 하면 이 방법을 쉽게 사용자 지정할 수 있습니다. Travis는 유료 서비스이지만 오픈소스 프로젝트은 완전히 무료입니다!

tox-travis 패키지(https://pypi.python.org/pypi/tox-travis)도 사용 중인 Travis 환경에 따라 올바른 tox 대상을 실행하여 tox와 travis 을 통합할 수 있기 때문에 살펴볼 가치가 있습니다. [예제 6-16]은 tox를 실행하기 전에 tox-travis를 설치하는 .travis.yml 파일의 예제입니다.

예제 6-16 tox-travis가 있는 .travis.yml 예제 파일

```
sudo: false
language: python
python:
  - "2.7"
  - "3.4"
install: pip install tox-travis
script: tox
```

tox-travis를 사용하면 Travis의 스크립트로 tox를 호출할 수 있으며 .travis.yml 파일에서 지정한 환경과 함께 tox를 호출합니다.

필요한 가상 환경을 구축하고, 디펜던시를 설치하고, tox.ini에서 지정한 명령을 실행합니다. 이를 통해 로컬 개발 컴퓨터와 Travis 연속 통합 플랫폼에서 동일한 워크플로를 쉽게 사용할 수 있습니다.

요즘은 코드가 호스팅되는 곳이라면 어디든 소프트웨어의 일부 자동 테스트를 적용하고 프로젝트가 진행 중인지 확인하는 것이 가능하며, 버그가 생긴다고 지연되지도 않습니다.

6.4 인터뷰: 로버트 콜린스와 테스트에 대해

로버트 콜린스Robert Collins는 bazaar 배포 버전 제어 시스템을 만들었습니다. 현재 HP 클라우드 서비스의 저명한 기술자로, 오픈스택에서도 일하고 있습니다. 또한 이 책에 설명된 많은 파이썬 도구의 개발자이기도 합니다. fixture, testscenarios, testrepository, python-subunit 등을 개발했는데 사람들은 이것들을 개발한 사람이 로버트 콜린스인지 모르고 사용하기도 합니다!

어떤 종류의 테스트 정책을 사용하라고 조언하시겠습니까? 코드를 테스트하지 않는 것이 받아들여질까요?

엔지니어링 측면에서 테스팅에는 장단점이 있습니다. 잘못된 점이 있더라도 상용 환경에서 실제로 발견되지 않을 수도 있으니까요. 발견되지 않은 실패의 크기와 그것을 해결하는 비용에 대해서 고려해야 하고, 거기에 투자하는 노동력도 생각해야겠죠. 1,600여 명의 기여자가 있는 오픈스택을 이용하시길 바랍니다. 각자의 의견을 가진 다양한 사람과 미묘한 정책으로 작업하는 것은 어렵습니다. 일반적으로 프로젝트는 코드가 의도한 대로 작동하는지, 의도된 것이 필요한지 확인하기 위해 몇 가지 자동화된 테스트가 필요합니다. 종종 다른 코드 베이스에 있을 수 있는 기능 테스트가 필요하기도 합니다. 단위 테스트는 속도와 **코너 케이스**coner case[6]를 이해하는 데 탁월합니다. 테스트가 있는 한, 테스트 스타일 사이의 균형을 조정하는 것이 괜찮다고 생각합니다.

테스트 비용이 매우 높고 수익률이 매우 낮다면 테스트를 하지 않겠다는 결정을 내리는 것이 괜찮다고 생각하겠지만, 그런 상황은 상대적으로 드뭅니다. 대부분은 합리적으로 저렴하게 테스트할 수 있으며, 오류는 일찍 발견할수록 좋습니다.

테스트를 관리하고 코드의 품질을 향상하기 위해 파이썬 코드를 작성할 때 가장 좋은 전략은 무엇입니까?

문제를 분리하고 한 곳에서 여러 가지 작업을 수행하지 마세요. 이렇게 하면 자연스럽게 재사용

---

6 옮긴이_ 코너 케이스는 잘 작동하는 코드가 특정 환경에서 갑자기 실행되지 않는 등 여러 환경 변수와 외부 조건으로 발생하는 문제를 말합니다. 코너 케이스는 재현하기가 어려워 테스트하기도 어렵습니다.

을 가능하게 하고, **테스트 더블**test double[7]을 진행하기가 더 쉬워집니다. 가능하면 순전히 기능적인 접근 방식을 취하세요. 예를 들어 단일 메서드에서 무엇인가를 계산하거나 일부 상태를 변경해도 되지만, 한꺼번에 두 가지를 수행하지 마세요. 이렇게 하면 데이터베이스에 쓰거나 HTTP 서버와 대화하는 등 상태 변경을 처리하지 않고도 모든 계산 동작을 테스트할 수 있습니다. 이 혜택은 다른 방식으로도 작동되는데, 테스트의 계산 논리를 대체하여 코너 케이스 동작을 유도하고 모의 및 테스트 더블을 사용하여 예상하는 상태 전파가 원하는 대로 발생하는지 확인할 수 있습니다. 가장 힘든 테스트는 복잡한 교차 계층 동작 디펜던시를 가진 깊고 계층화된 스택입니다. 계층 간의 계약이 간단하고 예측 가능하며 테스트에 가장 유용하게 사용할 수 있도록 코드를 발전시키고자 합니다.

소스 코드에서 단위 테스트를 구성하는 가장 좋은 방법은 무엇입니까?

$ROOT/$PACKAGE/tests와 같은 명확한 계층구조를 갖습니다. 전체 소스 트리(예를 들어 $ROOT/$PACKAGE/$SUBPACKAGE/tests)에 대해 하나의 계층구조만 수행하는 것을 선호합니다.

테스트에서 종종 소스 트리의 나머지 구조를 미러링합니다. $ROOT/$PACKAGE/foo.py는 $ROOT/$PACKAGE/tests/test_foo.py에서 테스트됩니다. 나머지 트리는 최상위 수준의 __init__에서 test_suite/load_tests 함수를 제외하고는 테스트 트리에서 가져오지 않아야 합니다. 이를 통해 규모가 작은 설치에 대한 테스트를 쉽게 분리할 수 있습니다.

파이썬에서 단위 테스트 라이브러리와 프레임워크의 미래는 무엇이라고 보십니까?

중요한 과제는 다음과 같습니다.

CPU가 4개 있는 휴대폰과 같이 새로운 컴퓨터에서 병렬 기능의 지속적인 확장이 필요합니다

기존 단위 테스트 내부 API는 병렬 워크로드에 최적화되지 않습니다. StreamResult 자바 클래스에 대한 연구는 이 문제를 해결하기 위한 것입니다.

---

7 옮긴이_ 영어에서 대역 배우(혹은 흔히 스턴트맨, stunt double)을 부르는 말에서 비롯된 용어로, 스텁(stub), 목(mock), 페이크(fake), 더미(dummy) 등의 (실제 객체가 아닌 다른) 객체를 활용하여 테스트하는 방법을 말한다.

더 복잡한 스케줄링 지원이 필요합니다

클래스와 모듈 범위 설정이 목표로 하는 문제에 대한 그나마 나은 솔루션입니다.

현재 가지고 있는 방대한 프레임워크를 통합할 수 있는 방법을 찾아야 합니다

통합 테스트를 위해 서로 다른 테스터가 있는 여러 프로젝트에서 통합된 뷰가 있다면 좋을 것입니다.

## CHAPTER 7

메서드와 데커레이터

파이썬 데커레이터decorator를 사용하면 함수를 편리하게 수정할 수 있습니다. 데커레이터는 classmethod(), staticmethod()와 함께 파이썬 2.2에서 처음 도입되었고, 유연성과 신뢰도를 높이는 방향으로 개선되었습니다. 파이썬은 이제 이 두 데커레이터뿐만 아니라 편리하게 바로 쓸 수 있는 사용자 정의 데커레이터 생성을 지원합니다. 하지만 대부분의 개발자가 이를 잘 모릅니다.

이 장에서는 데커레이터가 무엇이며 어떻게 사용하는지, 그리고 자신만의 데커레이터를 만드는 방법을 다룹니다. 그런 다음 데커레이터를 사용하여 정적 메서드, 클래스 메서드, 추상 메서드를 만들고 추상 메서드 내에 구현 가능한 코드를 배치할 수 있는 super() 함수를 자세히 살펴봅니다.

7.1 데커레이터 사용 방법과 데커레이터의 사용 시기

데커레이터는 다른 함수를 인수로 받아 새롭게 수정된 함수로 대체하는 함수입니다. 데커레이터의 기본 사용 사례는 여러 함수 이전과 이후 또는 그 주변에서 호출해야 하는 공통 코드를 리팩터링하는 것입니다. 이맥스 리스프Lisp 코드를 작성한 적이 있다면 함수를 중심으로 호출된 코드를 정의할 수 있는 defadvice 데커레이터를 사용해봤을 수 있습니다. 커먼 리스프 객체 시스템Common Lisp Object System(CLOS)에서 메서드 조합을 사용 해본 적이 있나요? 파이썬 데커레이터는 이와 동일한 개념을 따릅니다. 간단한 데커레이터 정의를 살펴보고, 데커레이터를 사용하는 몇 가지 일반적인 상황을 살펴봅시다.

7.1.1 데커레이터 만들기

이미 데커레이터를 사용하여 자신의 래퍼 함수를 만들어본 사람이 많을 겁니다. 가장 지루한 데커레이터와 간단한 예는 원래 함수를 반환하는 것 외에는 아무것도 하지 않는 identity() 함수입니다. 정의는 다음과 같습니다.

```
def identity(f):
    return f
```

그리고 다음과 같이 데커레이터를 사용합니다.

```
@identity
def foo():
    return 'bar'
```

@ 기호 뒤에 데커레이터의 이름을 입력한 다음 사용할 함수를 입력합니다. 이는 다음과 같이 작성하는 것과 동일합니다.

```
def foo():
    return 'bar'
foo = identity(foo)
```

이 데커레이터는 쓸모는 없지만 작동합니다. [예제 7-1]에서 더 유용한 다른 예제를 살펴보겠습니다.

```
_functions = {}
def register(f):
    global _functions
    _functions[f.__name__] = f
    return f
@register
def foo():
    return 'bar'
```

[예제 7-1]에서 레지스터 데커레이터는 데커레이터 함수 이름을 파이썬 딕셔너리에 저장합니다. 그런 다음 _functions 파이썬 딕셔너리와 함수 이름을 사용하여 함수를 검색하고 액세스할 수 있습니다. _functions['foo']는 foo() 함수를 가리킵니다.

다음 섹션에서는 자신의 데커레이터를 작성하는 방법을 설명합니다. 그런 다음 파이썬에서 제공하는 내장 데커레이터가 어떻게 작동하는지 설명하고 언제 어떻게 사용하는지 설명합니다.

7.1.2 데커레이터 사용하기

앞서 언급했듯이 데커레이터는 함수를 중심으로 반복되는 코드를 리팩터링할 때 자주 사용됩니다. 인수로 수신되는 사용자 이름이 관리자인지 아닌지 확인하고, 사용자가 관리자가 아니면 예외를 발생시켜야 하는 다음 함수 집합을 고려해봅시다.

```
class Store(object):
    def get_food(self, username, food):
        if username != 'admin':
            raise Exception("This user is not allowed to get food")
        return self.storage.get(food)

    def put_food(self, username, food):
        if username != 'admin':
            raise Exception("This user is not allowed to put food")
        self.storage.put(food)
```

여기서 몇 가지 반복되는 코드가 있음을 알 수 있습니다. 이 코드를 더 효율적으로 만드는 첫 번째 단계는 관리자 상태를 확인하는 코드를 리팩터링하는 것입니다.

```python
def check_is_admin(username):    #①
    if username != 'admin':
        raise Exception("This user is not allowed to get or put food")

class Store(object):
    def get_food(self, username, food):
        check_is_admin(username)
        return self.storage.get(food)

    def put_food(self, username, food):
        check_is_admin(username)
        self.storage.put(food)
```

검사 코드를 자체 함수로 이동했습니다(①). 이제 코드는 조금 깔끔해졌지만 [예제 7-2]에 표시된 것처럼 데커레이터를 사용하면 더 간단하게 만들 수 있습니다.

예제 7-2 만들어진 코드에 데커레이터 추가

```python
def check_is_admin(f):
    def wrapper(*args, **kwargs):    #①
        if kwargs.get('username') != 'admin':
            raise Exception("This user is not allowed to get or put food")
        return f(*args, **kwargs)
    return wrapper

class Store(object):
    @check_is_admin
    def get_food(self, username, food):
        return self.storage.get(food)

    @check_is_admin
    def put_food(self, username, food):
        self.storage.put(food)
```

①과 같이 check_is_admin 데커레이터를 정의하고, 액세스 권한을 확인해야 할 때마다 호출합니다. 데커레이터는 kwargs 변수를 사용하여 함수에 전달된 인수를 검사하고 username 인수를 검색합니다. 그리고 실제 함수를 호출하기 전에 사용자 이름 검사를 수행합니다. 이와 같이 데커레이터를 사용하면 일반적인 기능을 더욱 쉽게 관리할 수 있습니다. 파이썬 경험이 많은 사람에게 이 방법은 익숙할 수 있습니다. 하지만 데커레이터를 구현하는 이 순진한 접근 방식에는 몇 가지 주요 단점이 있다는 것을 깨닫지 못할 수도 있습니다.

7.1.3 여러 데커레이터 사용하기

[예제 7-3]에 표시된 것처럼 단일 함수 또는 메서드 위에 여러 데커레이터를 사용할 수도 있습니다.

예제 7-3 단일 함수를 사용하여 하나 이상의 데커레이터 사용하기

```
def check_user_is_not(username):
    def user_check_decorator(f):
        def wrapper(*args, **kwargs):
            if kwargs.get('username') == username:
                raise Exception("This user is not allowed to get food")
            return f(*args, **kwargs)
        return wrapper
    return user_check_decorator

class Store(object):
    @check_user_is_not("admin")
    @check_user_is_not("user123")
    def get_food(self, username, food):
        return self.storage.get(food)
```

check_user_is_not()는 데커레이터 user_check_decorator()에 대한 팩터리 함수입니다. username 변수에 종속된 함수 데커레이터를 만들고 해당 변수를 반환합니다. 함수 user_check_decorator()는 get_food()에 대한 함수 데커레이터 역할을 합니다.

함수 get_food()는 check_user_is_not()를 사용하여 두 번 데커레이트됩니다. 문제는 먼

저 확인해야 할 사용자 이름(admin 또는 user123)이 무엇이냐는 것입니다. 대답은 다음 코드에 있으며, 데커레이터를 사용하지 않고 [예제 7-3]을 동등한 코드로 번역했습니다.

```
class Store(object):
    def get_food(self, username, food):
        return self.storage.get(food)

Store.get_food = check_user_is_not("user123")(Store.get_food)
Store.get_food = check_user_is_not("admin")(Store.get_food)
```

데커레이터 목록은 위에서 아래로 적용되므로 def 키워드에 가장 가까운 데커레이터가 먼저 적용되고 마지막으로 실행됩니다. 위의 예에서 프로그램은 먼저 admin를 확인한 다음 user123을 확인합니다.

7.1.4 클래스 데커레이터 사용하기

실전에서는 덜 사용되지만 클래스 데커레이터를 구현할 수도 있습니다. 클래스 데커레이터는 함수 데커레이터와 동일한 방식으로 작동하지만 함수가 아닌 클래스에서 작동합니다. 다음은 두 클래스에 대한 속성을 설정하는 클래스 데커레이터의 예입니다.

```
import uuid

def set_class_name_and_id(klass):
    klass.name = str(klass)
    klass.random_id = uuid.uuid4()
    return klass

@set_class_name_and_id
class SomeClass(object):
    pass
```

클래스가 로드되고 정의되면 name과 random_id속성을 설정합니다.

```
>>> SomeClass.name
"<class '__main__.SomeClass'>"
>>> SomeClass.random_id
UUID('82add124-2f61-4d23-be27-a50862fb79c3')
```

함수 데커레이터와 마찬가지로 클래스를 조작하는 공통 코드를 팩터링하는 데 유용할 수 있습니다.

클래스 데커레이터의 또 다른 용도는 함수 또는 클래스를 클래스로 래핑하는 것입니다. 예를 들어 클래스 데커레이터는 상태를 저장하는 함수를 래핑하는 데 자주 사용됩니다. 다음 예제에서는 print() 함수를 래핑하여 세션에서 호출된 횟수를 확인합니다.

```python
class CountCalls(object):
    def __init__(self, f):
        self.f = f
        self.called = 0

    def __call__(self, *args, **kwargs):
        self.called += 1
        return self.f(*args, **kwargs)

@CountCalls
def print_hello():
    print("hello")
```

다음 기능을 사용하여 함수 print_hello()가 호출된 횟수를 확인할 수 있습니다.

```
>>> print_hello.called
0
>>> print_hello()
hello
>>> print_hello.called
1
```

update_wrapper 데커레이터로 원래 속성 검색

앞서 언급했듯이 데커레이터는 원래 함수를 즉석에서 제작하여 새로운 함수로 대체합니다. 그러나 새로운 함수에는 독스트링과 그 이름 속성 같은 원래 함수의 많은 속성이 없습니다. [예제 7-4]는 함수 foobar()가 is_admin 데커레이터가 되면 문서 문자열과 이름 속성을 잃는 방법을 보여줍니다.

예제 7-4 문서 문자열 및 이름 속성을 잃은 데커레이션된 함수

```
>>> def is_admin(f):
...     def wrapper(*args, **kwargs):
...         if kwargs.get('username') != 'admin':
...             raise Exception("This user is not allowed to get food")
...         return f(*args, **kwargs)
...     return wrapper
...
>>> def foobar(username="someone"):
...     """구현할 메서드 내용"""
...     pass
...
>>> foobar.__doc__
'구현할 메서드 내용'
>>> foobar.__name__
'foobar'
>>> @is_admin
... def foobar(username="someone"):
...     """구현할 메서드 내용"""
...     pass
...
>>> foobar.__doc__
>>> foobar.__name__
'wrapper'
```

함수에 대한 올바른 독스트링과 이름 속성이 없으면, 소스 코드를 문서화할 때와 같이 다양한 상황에서 문제가 발생할 수 있습니다.

다행히 파이썬 표준 라이브러리의 functools 모듈은 래퍼 자체에 손실된 원래 함수의 속성을 복사하는 update_wrapper() 함수로 이 문제를 해결합니다. update_wrapper()의 소스 코드는 [예제 7-5]에 표시됩니다.

예제 7-5 update_wrapper() 소스 코드

```
WRAPPER_ASSIGNMENTS = ('__module__', '__name__', '__qualname__', '__doc__', '__
annotations__')
WRAPPER_UPDATES = ('__dict__',)
def update_wrapper(wrapper, wrapped, assigned = WRAPPER_ASSIGNMENTS, updated =
WRAPPER_UPDATES):
    for attr in assigned:
        try:
            value = getattr(wrapped, attr)
        except AttributeError:
            pass
        else:
            setattr(wrapper, attr, value)
    for attr in updated:
        getattr(wrapper, attr).update(getattr(wrapped, attr, {}))

    # 이슈 #17482: __dict__를 업데이트할 때 래핑된 함수에서
    # 실수로 복사하지 않도록 __wrapped__를 설정한다
    wrapper.__wrapped__ = wrapped
    # 래퍼를 돌려주고 partial() 함수를 통해 데커레이터로 사용할 수 있다.
    return wrapper
```

[예제 7-5]에서 update_wrapper() 소스 코드는 데커레이터로 함수를 래핑할 때 저장할 가치가 있는 속성을 강조합니다. 기본적으로 __name__ 속성, __doc__ 속성, 기타 속성이 복사됩니다. 또한 데커레이팅된 함수에 복사되는 함수의 속성을 개인 설정할 수도 있습니다. update_wrapper()를 사용하여 [예제 7-4]에서 예제를 다시 작성하면 훨씬 더 좋습니다.

```
>>> def foobar(username="someone"):
...     """구현할 메서드 내용"""
...     pass
```

```
...
>>> foobar = functools.update_wrapper(is_admin, foobar)
>>> foobar.__name__
'foobar'
>>> foobar.__doc__
'구현할 메서드 내용'
```

이제 foobar() 함수는 is_admin으로 데커레이팅할 때도 올바른 이름과 문서 문자열을 사용합니다.

wraps: 데커레이터용 데커레이터

데커레이터를 만들 때 수동으로 update_wrapper()를 사용하는 것이 지루할 수 있습니다. functools는 wraps라는 데커레이터를 위한 데커레이터를 제공합니다. [예제 7-6]에서는 wraps 데커레이터 사용법을 볼 수 있습니다.

예제 7-6 functools에서 wraps로 데커레이터 업데이트하기

```
import functools

def check_is_admin(f):
    @functools.wraps(f)
    def wrapper(*args, **kwargs):
        if kwargs.get('username') != 'admin':
            raise Exception("This user is not allowed to get food")
        return f(*args, **kwargs)
    return wrapper

class Store(object):
    @check_is_admin
    def get_food(self, username, food):
        """저장소에서 음식을 가져온다"""
        return self.storage.get(food)
```

functools.wrap을 사용하면, wrapper() 함수를 반환하는 데커레이터 함수 check_is_

admin()은 인수로 전달된 함수 f에서 독스트링, 함수 이름, 기타 정보를 복사합니다. 따라서 데커레이터 함수(이 예시의 get_food())는 여전히 변경되지 않은 특징을 볼 수 있습니다.

검사를 통해 관련 정보 추출

지금까지의 예제에서는 데커레이터 함수에 항상 키워드 인수로 전달된 username이 있다고 가정했지만, 그렇지 않을 수도 있습니다. 대신 사용자 이름을 추출하여 확인해야 할 정보가 많을 수 있습니다. 이를 염두에 두고 데커레이터 함수의 인수를 살펴보고 필요한 것을 끌어낼 수 있는 더 스마트한 데커레이터 버전을 빌드할 것입니다.

이를 위해 파이썬에는 [예제 7-7]에 표시된 것처럼 함수의 특징을 검색하고 작동할 수 있는 검사 모듈이 있습니다.

예제 7-7 검사 모듈의 도구를 사용하여 정보 추출하기

```
import functools
import inspect

def check_is_admin(f):
    @functools.wraps(f)
    def wrapper(*args, **kwargs):
        func_args = inspect.getcallargs(f, *args, **kwargs)
        if func_args.get('username') != 'admin':
            raise Exception("This user is not allowed to get food")
        return f(*args, **kwargs)
    return wrapper

@check_is_admin
def get_food(username, type='chocolate'):
    return type + " nom nom nom!"
```

여기서 무거운 작업을 수행하는 함수는 인수의 이름과 값을, 키/값 쌍으로 포함하여 파이썬 딕셔너리를 반환하는 inspect.getcallargs()입니다. [예제 7-7]에서는 이 함수가 {'username': 'admin', type': 'chocolate'}을 반환합니다. 즉 데커레이터는 username 매개변수가 위치 또는 키워드 인수인지 여부를 확인할 필요가 없습니다. 데커레이터가 해야 할 일은 파이썬 딕셔

너리에서 username을 찾는 것입니다.

functools.wraps 및 inspect 모듈을 사용하여 필요한 사용자 지정 데커레이터를 작성할 수 있어야 합니다. 그러나 검사 모듈을 남용하지 마세요. 함수가 인수로 받아들일 수 있는지 추측할 수 있지만, 이 기능은 함수 서명이 변경될 때 쉽게 깨질 수 있습니다. 데커레이터는 개발자가 소중히 여기는 '반복하지 말라'를 구현하는 훌륭한 방법입니다.

7.2 파이썬에서 메서드가 작동하는 방법

메서드는 사용하고 이해하기가 매우 간단합니다. 여러분은 필요 이상으로 메서드를 깊이 파고들지는 않고 아마 올바르게 사용해왔을 겁니다. 그러나 특정 데커레이터가 하는 일을 이해하려면 메서드가 실제로 어떻게 작동하는지를 알아야 합니다.

메서드는 클래스 속성으로 저장되는 함수입니다. 이러한 속성에 직접 액세스하려고 할 때 어떤 일이 발생하는지 살펴봅시다.

```
>>> class Pizza(object):
...     def __init__(self, size):
...         self.size = size
...     def get_size(self):
...         return self.size
...
>>> Pizza.get_size
<function Pizza.get_size at 0x000001A5EBE338B8>
```

우리는 get_size()가 함수라고 알고 있습니다. 그런데 왜 그럴까요? 그 이유는 이 단계에서 get_size()가 특정 객체에 연결되지 않기 때문입니다. 따라서 정상적인 함수로 처리됩니다. 파이썬은 다음과 같이 이 함수를 직접 호출하려고 하면 오류를 발생시킵니다.

```
>>> Pizza.get_size()
Traceback (most recent call last):
```

```
  File "<stdin>", line 1, in <module>
TypeError: get_size() missing 1 required positional argument: 'self'
```

파이썬은 필요한 자기 인수를 제공하지 않았다고 오류를 발생시킵니다. 실제로 객체에 구속되지 않기 때문에 자체 인수를 자동으로 설정할 수 없습니다. 그러나 원한다면 클래스의 임의 인스턴스를 메서드에 전달하여 get_size() 함수를 사용할 수 있을 뿐만 아니라 메서드가 찾을 것으로 예상되는 속성이 있는 한 모든 객체를 전달하여 사용할 수도 있습니다. 예를 들면 다음과 같습니다.

```
>>> Pizza.get_size(Pizza(42))
42
```

이 호출은 잘 작동합니다. 그러나 매우 편리하지는 않습니다. 메서드를 호출할 때마다 클래스를 참조해야 합니다.

따라서 파이썬은 클래스의 메서드를 인스턴스에 바인딩하여 많은 정보를 줍니다. 즉 Pizza 인스턴스에서 get_size()에 액세스할 수 있으며, 더 나은 방법은 파이썬이 다음과 같이 자동으로 객체 자체를 메서드의 자체 매개변수로 전달하는 것입니다.

```
>>> Pizza(42).get_size
<bound method Pizza.get_size of <__main__.Pizza object at 0x000001A5EBE35448>>
>>> Pizza(42).get_size()
42
```

예상대로 get_size()에 어떤 인수를 제공할 필요가 없습니다. 그것은 바운드 메서드이기 때문에 자체 인수는 자동으로 Pizza 인스턴스로 설정됩니다. 더 명확한 예는 다음과 같습니다.

```
>>> m = Pizza(42).get_size
>>> m()
42
```

바인딩된 메서드에 대한 참조가 있는 한 **Pizza** 객체에 대한 참조를 유지할 필요가 없습니다. 추가로 메서드에 대한 참조가 있지만 바인딩된 객체를 찾으려면 메서드의 자체 속성을 확인할 수 있습니다.

```
>>> m = Pizza(42).get_size
>>> m.__self__
<__main__.Pizza object at 0x000001A5EBE35688>
>>> m == m.__self__.get_size
True
```

분명히 객체에 대한 참조를 하며, 원한다면 찾을 수도 있습니다.

7.3 정적 메서드

정적 메서드static method는 클래스의 인스턴스가 아니라 클래스에 속하므로 실제로 클래스 인스턴스에서 작동하거나 영향을 주지 않습니다. 대신 정적 메서드는 가지고 있는 매개변수에서 작동합니다. 정적 메서드는 일반적으로 클래스 또는 해당 객체의 상태에 의존하지 않기 때문에 유틸리티 함수를 만드는 데 사용됩니다.

예를 들어 [예제 7-8]에서 정적 `mix_ingredients()` 메서드는 **Pizza** 클래스에 속하지만, 클래스와 상관 없이 `mix_ingredients()` 메서드를 사용할 수 있습니다.

예제 7-8 클래스의 일부로 정적 메서드 만들기

```
class Pizza(object):
    @staticmethod
    def mix_ingredients(x, y):
        return x + y

    def cook(self):
        return self.mix_ingredients(self.cheese, self.vegetables)
```

원한다면 mix_ingredients()를 비정적 메서드로 쓸 수 있지만 실제로 사용되지 않는 자체 인수를 사용합니다.

@staticmethod 데커레이터를 사용하면 몇 가지 기능을 제공합니다.

첫 번째는 속도입니다. 파이썬은 우리가 만드는 각 Pizza 객체에 대한 바인딩된 메서드를 인스턴스화할 필요가 없습니다. 바인딩된 메서드도 객체이며, 바인딩된 메서드를 만드는 것은 적더라도 CPU와 메모리 비용이 발생합니다. 정적 메서드를 사용하면 다음과 같이 이를 피할 수 있습니다.

```
>>> Pizza().cook is Pizza().cook
False
>>> Pizza().mix_ingredients is Pizza.mix_ingredients
True
>>> Pizza().mix_ingredients is Pizza().mix_ingredients
True
```

둘째, 정적 메서드는 코드 가독성을 향상시킵니다. @staticmethod를 보면 메서드가 객체의 상태에 의존하지 않는다는 것을 알 수 있습니다.

셋째, 정적 메서드는 하위 클래스에서 재정의할 수 있습니다. 정적 메서드 대신 모듈의 최상위 수준에 정의된 mix_ingredients() 함수를 사용하면, pizza에서 상속된 클래스가 cook() 메서드 자체를 재정의하지 않고 피자의 재료를 혼합하는 방식을 변경할 수 없습니다. 정적 메서드를 사용하면 하위 클래스가 자체 목적을 위해 메서드를 재정의할 수 있습니다.

불행히도 파이썬은 메서드가 정적인지 아닌지 항상 자체적으로 감지할 수 있는 것은 아닙니다. 한 가지 가능한 방법은 이러한 패턴을 감지하고 flake8을 사용하여 경고를 발생하는 검사를 추가하는 것입니다. 9.2절의 'AST 검사로 flake8 확장하기'에서 이 작업을 수행하는 방법을 살펴보겠습니다.

7.4 클래스 메서드

클래스 메서드class method는 인스턴스가 아닌 클래스에 바인딩됩니다. 즉 이러한 메서드는 객체의 상태에 액세스할 수 없고 클래스의 상태 및 메서드만 액세스할 수 있습니다. [예제 7-9]는 클래스 메서드를 작성하는 방법을 보여줍니다.

예제 7-9 클래스 메서드를 클래스에 바인딩하기

```
>>> class Pizza(object):
...     radius = 42
...     @classmethod
...     def get_radius(cls):
...         return cls.radius
...
>>> Pizza.get_radius
<bound method Pizza.get_radius of <class '__main__.Pizza'>>
>>> Pizza().get_radius
<bound method Pizza.get_radius of <class '__main__.Pizza'>>
>>> Pizza.get_radius is Pizza().get_radius
False
>>> Pizza.get_radius()
42
```

보다시피 get_radius() 클래스 메서드에 액세스하는 다양한 방법이 있지만, 어떻게 접속하든 메서드는 항상 연결된 클래스에 바인딩됩니다. 또한 첫 번째 인수는 클래스 자체여야 합니다. 기억하세요, 클래스도 객체입니다!

클래스 메서드는 주로 __init__보다 다른 서명signature을 사용하여 객체를 인스턴스화하는 팩터리 메서드를 만드는 데 유용합니다.

```
class Pizza(object):
    def __init__(self, ingredients):
        self.ingredients = ingredients

    @classmethod
```

```
    def from_fridge(cls, fridge):
        return cls(fridge.get_cheese() + fridge.get_vegetables())
```

@classmethod 대신에 @staticmethod 사용하면 Pizza에서 상속받은 클래스가 자체 목적으로 팩터리를 사용할 수 없게 되어 Pizza 클래스 이름을 하드코딩^{hardcode}해야 할 것입니다. 그러나 이 경우에는 Fridge 객체를 전달할 수 있는 from_fridge() 팩터리 메서드를 제공합니다. 우리가 pizza.from_fridge(myfridge)와 같은 것으로 이 메서드를 호출하면, myfridge에서 사용할 수 있는 재료와 함께 아주 새로운 Pizza를 반환합니다.

객체의 상태에 대한 것이 아니라 객체의 클래스에만 관심이 있는 메서드를 작성할 때마다 클래스 메서드로 선언해야 합니다.

7.5 추상 메서드

추상 메서드^{abstract method}는 구현 자체를 제공하지 않을 수 있는 추상 기본 클래스에서 정의됩니다. 클래스에 추상 메서드가 있다면 인스턴스화할 수 없습니다. 따라서 추상 클래스(하나 이상의 추상 메서드가 있는 클래스로 정의)를 다른 클래스에서 부모 클래스로 사용해야 합니다. 이 하위 클래스는 추상 메서드를 구현하여 부모 클래스를 인스턴스화할 수 있도록 합니다.

추상 기본 클래스를 사용하여 기본 클래스에서 파생된 다른 연결된 클래스 간의 관계를 명확히 할 수 있지만, 추상 기본 클래스 자체를 인스턴스화하는 것은 불가능합니다. 추상 기본 클래스를 사용하여 기본 클래스에서 파생된 클래스는 기본 클래스에서 특정 메서드를 구현하도록 보장하거나 예외를 발생시킵니다. 다음 예제에서는 파이썬에서 추상 메서드를 작성하는 가장 간단한 방법을 보여줍니다.

```
class Pizza(object):
    @staticmethod
    def get_radius():
        raise NotImplementedError
```

이 정의를 사용하면 Pizza에서 상속되는 모든 클래스는 get_radius() 메서드를 구현하고 재정의해야 합니다. 그렇지 않고 메서드를 호출하면 예외가 발생합니다. 이 기능은 Pizza의 각 하위 클래스가 자체적인 컴퓨팅 방법을 구현하고 get_radius()를 반환하는 데 유용합니다.

추상 메서드를 구현하는 이 방법에는 단점이 있습니다. Pizza에서 상속하지만 get_radius()를 구현하는 것을 잊어버린 클래스를 작성하면, 런타임에 해당 메서드를 사용하려는 경우에만 오류가 발생합니다. 다음은 예제입니다.

```
>>> Pizza()
<__main__.Pizza object at 0x000001A5EBE35C08>
>>> Pizza().get_radius()
Traceback (most recent call last):
  File "<stdin>", line 1, in <module>
  File "<stdin>", line 4, in get_radius
NotImplementedError
```

Pizza는 직접 인스턴트화할 수 있기 때문에 이런 일을 방지할 방법은 없습니다. 메서드를 구현하고 재정의하는 것을 잊거나 추상 메서드로 객체를 인스턴스화하는 것에 대한 조기 경고를 받는 한 가지 방법은 파이썬의 기본 제공 추상 기본 클래스^{abstract base classe}(abc) 모듈을 사용하는 것입니다.

```
import abc

class BasePizza(object, metaclass=abc.ABCMeta):

    @abc.abstractmethod
    def get_radius(self):
        """구현할 메서드 내용"""
```

abc 모듈은 추상으로 정의되는 메서드 위에 사용할 데커레이터 집합과 이를 가능하게 하는 메타클래스를 제공합니다. 위에 표시된 것처럼 abc와 특수 메타클래스를 사용할 때, BasePizza 또는 get_radius()를 재정의하지 않는 클래스를 인스턴스화하면 TypeError가 발생합니다.

```
>>> BasePizza()
Traceback (most recent call last):
  File "<stdin>", line 1, in <module>
TypeError: Can't instantiate abstract class BasePizza with abstract methods get_
radius
```

추상 BasePizza 클래스를 인스턴스화하려고 하면, 즉시 할 수 없다는 피드백을 받습니다.

추상 메서드를 사용한다고 해서 사용자가 메서드를 구현하는 것이 보장되지는 않지만 이 데커레이터는 오류를 더 일찍 잡는 데 도움이 됩니다. 이 기능은 다른 개발자가 구현해야 하는 인터페이스를 제공할 때 특히 유용합니다. 이는 좋은 문서화 팁입니다.

7.6 정적, 클래스, 추상 메서드 혼합하기

이러한 데커레이터는 자체적으로도 유용하지만 함께 사용해야 할 때가 올 수 있습니다.

예를 들어 팩터리 메서드를 클래스 메서드로 정의하면서 하위 클래스에서 구현을 강제로 수행할 수 있습니다. 이 경우 추상 메서드와 클래스 메서드로 정의된 클래스 메서드가 있어야 합니다. 이 장에서는 도움이 되는 몇 가지 팁을 제공합니다.

첫째, 추상 메서드의 프로토타입은 정해져 있지 않습니다. 메서드를 구현할 때 필요한 인수 목록을 얼마든지 확장할 수 있습니다. [예제 7-10]은 하위 클래스가 부모의 추상 메서드의 서명을 확장하는 코드의 예입니다.

예제 7-10 하위 클래스를 사용하여 상위 추상 메서드의 서명을 확장하기

```
import abc

class BasePizza(object, metaclass=abc.ABCMeta):

    @abc.abstractmethod
    def get_ingredients(self):
        """재료를 출력한다"""
```

```
def Egg():
    return 'egg'

class Calzone(BasePizza):
    ingredients = ['cheese', 'dough']

    def get_ingredients(self, with_egg=False):
        egg = Egg() if with_egg else None
        return self.ingredients + [egg]
```

BasePizza 클래스에서 상속할 Calzone 하위 클래스를 정의합니다. BasePizza에서 정의하는
인터페이스를 지원하는 한, Calzone 하위 클래스의 메서드를 원하는 방식으로 정의할 수 있
습니다. 여기에는 메서드를 클래스 또는 정적 메서드로 구현하는 것이 포함됩니다. 다음 코드
는 기본 클래스의 추상 get_ingredients() 메서드와 DietPizza 하위 클래스의 정적 get_
ingredients() 메서드를 정의합니다.

```
import abc

class BasePizza(object, metaclass=abc.ABCMeta):

    @abc.abstractmethod
    def get_ingredients(self):
        """재료를 출력한다"""

class DietPizza(BasePizza):
    @staticmethod
    def get_ingredients():
        return None
```

정적 get_ingredients() 메서드가 객체의 상태에 따라 결과를 반환하지 않더라도 추상
BasePizza 클래스의 인터페이스를 지원하므로 여전히 유효합니다. 또한 @abstractmethod
위에 @staticmethod 및 @classmethod 데커레이터를 사용하여 메서드가 정적이고 추상적임
을 나타내기 위해 [예제 7-11]에 표시된 것처럼 사용할 수 있습니다.

```python
import abc

class BasePizza(object, metaclass=abc.ABCMeta):

    ingredients = ['cheese']

    @classmethod
    @abc.abstractmethod
    def get_ingredients(cls):
        """재료를 출력한다"""
        return cls.ingredients
```

추상 메서드 `get_ingredients()`는 하위 클래스에서 구현해야 하지만 클래스 메서드이기도 하며, 이는 수신할 첫 번째 인수가 객체가 아닌 클래스가 된다는 것을 의미합니다.

이와 같이 `BasePizza`에서 `get_ingredients()`를 클래스 메서드로 정의하면 하위 클래스가 `get_ingredients()`를 클래스 메서드로 정의하도록 강요하지 않습니다. 정적 메서드로 정의한 경우에도 동일하게 적용됩니다. 앞서 보았듯이 원하는 방식으로 하위 클래스에서 구현할 때 추상 메서드의 서명을 변경할 수 있습니다.

추상 메서드 구현하기

[예제 7-12]에서 추상 메서드를 구현했습니다. [예제 7-12]에서 한 것처럼 추상 메서드에 코드를 넣고 super()를 사용하여 호출할 수 있습니다.

예제 7-12 추상 메서드 구현하기

```python
import abc

class BasePizza(object, metaclass=abc.ABCMeta):

    default_ingredients = ['cheese']

    @classmethod
```

```
    @abc.abstractmethod
    def get_ingredients(cls):
        """재료를 출력한다"""
        return cls.default_ingredients

class DietPizza(BasePizza):
    def get_ingredients(self):
        return [Egg()] + super(DietPizza, self).get_ingredients()
```

이 예제에서는 BasePizza에서 상속하는 모든 Pizza(여기서는 DietPizza)는 get_ingredients() 메서드를 재정의해야 하지만 모든 Pizza는 재료 목록을 얻기 위한 기본 클래스의 기본 메커니즘에 super()를 사용하여 액세스할 수 있습니다. 이 메커니즘은 구현할 인터페이스를 제공하고, 모든 상속 클래스에 유용할 수 있는 기본 코드를 제공할 때 특히 유용합니다.

super에 대한 진실

파이썬은 항상 개발자가 단일 상속single inheritance과 다중 상속multiple inheritance을 모두 사용하여 클래스를 확장할 수 있게 했지만, 오늘날 많은 개발자가 이러한 메커니즘과 관련된 super() 메서드의 작동 방법을 잘 이해하지 못합니다. 코드를 완전히 이해하려면 먼저 장단점을 이해해야 합니다.

다중 상속은 많은 곳에서 사용되는데, 특히 mixin 패턴을 포함하는 코드에서 사용됩니다. mixin은 두 개 이상의 다른 클래스에서 상속되어 기능을 결합하는 클래스입니다.

> **NOTE_** 단일 및 다중 상속, 구성, 덕 타이핑duck typing의 장단점을 다루는 것은 이 책의 범위를 벗어나므로 여기에서 자세히 다루지는 않습니다. 이러한 개념에 익숙하지 않다면 따로 찾아서 학습해보기를 바랍니다.

잘 알고 있겠지만 클래스는 파이썬의 객체입니다. 클래스를 만드는 데 사용되는 구문은 class classname(expression of inheritance)로 여러분은 이 특수 구문을 잘 이해하고 있어야 합니다.

괄호 안에 있는 코드는 클래스의 부모로 사용할 클래스 객체 리스트를 반환하는 파이썬 표현식입니다. 일반적으로 직접 지정하지만 부모 객체 리스트를 지정하기 위해 다음과 같은 작업을 작성할 수도 있습니다.

```
>>> def parent():
...     return object
...
>>> class A(parent()):
...     pass
...
>>> A.mro()
[<class '__main__.A'>, <class 'object'>]
```

이 코드는 예상대로 작동합니다. class A 객체를 부모 클래스로 선언합니다. 클래스 메서드 mro()는 속성을 해결하는 데 사용되는 메서드 확인 순서를 반환하며 클래스 간의 상속 트리를 통해 호출할 다음 메서드를 검색하는 방법을 정의합니다. 현재 **메서드 해석 순서**$^{\text{method resolution}}$ ^{order}(MRO)[1] 시스템은 파이썬 2.3에서 처음 구현되었으며 내부 작동 방식은 파이썬 2.3 릴리스 노트에 설명되어 있습니다. 이 시스템은 호출할 메서드를 찾기 위해 클래스 간에 상속 트리를 검색하는 방법을 정의합니다.

부모 클래스에서 메서드를 호출하는 표준 방법은 super() 함수를 사용하는 것이지만 super() 함수는 실제로 생성자이며 호출할 때마다 super 객체를 인스턴스화합니다. 첫 번째 인수는 클래스이고 두 번째 선택적 인수는 하위 클래스 또는 첫 번째 인수의 인스턴스입니다.

생성자가 반환하는 객체는 첫 번째 인수의 부모 클래스에 대한 프록시로 작동합니다. MRO 리스트의 클래스를 반복적으로 검색해서 찾은 첫 번째 일치 속성을 반환하는 고유한 __getattribute__ 메서드가 있습니다. super() 객체의 속성을 검색하면 __getattribute__ 메서드가 호출되고, 결과는 [예제 7-13]처럼 나옵니다.

예제 7-13 super 객체를 인스턴스화하는 생성자 super() 함수

```
>>> class A(object):
...     bar = 42
...     def foo(self):
```

---

[1] 옮긴이_ 자세한 내용은 https://www.python.org/download/releases/2.3/mro를 참고하세요.

```
...         pass
...
>>> class B(object):
...     bar = 0
...
>>> class C(A, B):
...     xyz = 'abc'
...
>>> C.mro()
[<class '__main__.C'>, <class '__main__.A'>, <class '__main__.B'>, <class
'object'>]
>>> super(C, C()).bar
42
>>> super(C, C()).foo
Traceback (most recent call last):
  File "<stdin>", line 1, in <module>
NameError: name 'c' is not defined
>>> super(B).__self__
>>> super(B, B()).__self__
<__main__.B object at 0x000001A5EBE35D08>
```

C 인스턴스의 super 객체의 속성을 요청할 때 super() 객체의 __getattribute__ 메서드는
MRO 리스트를 통과하고 super 속성이 있는 첫 번째 클래스의 속성을 반환합니다.

[예제 7–13]에서 두 개의 인수로 super()를 호출했는데, 이는 바인딩된 super 객체를 사용했
다는 것을 의미합니다. 하나의 인수만으로 super()를 호출하면 언바운드 super 객체를 반환
합니다.

```
>>> super(C)
<super: <class 'C'>, NULL>
```

두 번째 인수로 인스턴스가 제공되지 않아서 super 객체는 인스턴스에 바인딩할 수 없습니다.
따라서 이 언바운드 객체를 사용하여 클래스 속성에 액세스할 수 없습니다. 액세스를 시도하면
다음과 같은 오류가 발생합니다.

```
>>> super(C).foo
Traceback (most recent call last):
  File "<stdin>", line 1, in <module>
AttributeError: 'super' object has no attribute 'foo'
>>> super(C).bar
Traceback (most recent call last):
  File "<stdin>", line 1, in <module>
AttributeError: 'super' object has no attribute 'bar'
>>> super(C).xyz
Traceback (most recent call last):
  File "<stdin>", line 1, in <module>
AttributeError: 'super' object has no attribute 'xyz'
```

언뜻 보기에는 이러한 언바운드 종류의 super 객체가 쓸모없는 것처럼 보일 수 있지만, 실제로 super 클래스가 설명자 프로토콜descriptor protocol __get__을 구현하는 방식은 언바운드 super 객체를 클래스 속성으로 유용하게 만듭니다.

```
>>> class D(C):
...     sup = super(C)
...
>>> D().sup
<super: <class 'C'>, <D object>>
>>> D().sup.foo
<bound method A.foo of <__main__.D object at 0x000001A5EBE302C8>>
>>> D().sup.bar
42
```

언바운드 super 객체의 __get__ 메서드는 인스턴스 super(C)를 사용하여 호출됩니다. __get__(D()) 및 속성 이름 'foo'를 인수로 사용하여 foo를 찾고 해결할 수 있습니다.

> **NOTE_** 설명자 프로토콜에 대해 들어본 적이 없더라도 @property 데커레이터를 통해 이를 이미 사용했을 가능성이 높습니다. 설명자 프로토콜은 속성으로 저장된 객체가 자체 이외의 것을 반환할 수 있도록 하는 파이썬의 메커니즘입니다. 이 프로토콜은 이 책에서 다루지 않지만 파이썬 데이터 모델 문서에서 자세히 확인

상속 체인을 따라 다른 메서드 서명을 처리할 때와 같이 super()를 사용하는 것이 까다로운 상황이 많이 있습니다. 불행히도, 모든 경우를 위한 묘책은 없습니다. 가장 좋은 예방 조치는 모든 메서드가 *args, **kwargs를 사용하여 인수를 수락하도록 하는 것과 같은 트릭을 사용하는 것입니다.

파이썬 3 이후, super()는 업그레이드되었습니다. 이제 어떤 인수 없이도 메서드 내에서 호출할 수 있습니다. 인수가 super()에 전달되지 않으면 인수에 대한 스택 프레임을 자동으로 검색합니다.

```
class B(A):
    def foo(self):
        super().foo()
```

하위 클래스에서 부모 속성에 액세스하는 표준 방법은 super()이며, 항상 이것을 사용해야 합니다. 다중 상속을 사용할 때 부모 메서드가 호출되지 않거나, 두 번 호출되는 등 예상치 못한 오류 없이 메서드의 호출을 사용할 수 있습니다.

7.7 마치며

7장을 잘 마쳤다면 파이썬 메서드 정의와 관련한 모든 것을 잘 이해하게 되었을 겁니다. 데커레이터는 코드 팩터리화에 필수적이며, 파이썬에서 기본으로 제공하는 데커레이터를 적절하게 사용하면 코드가 더 깔끔해집니다. 추상 클래스는 다른 개발자 및 서비스에 API를 제공할 때 특히 유용합니다.

클래스 상속은 종종 완전히 이해하기 어려운데, 언어의 내부 시스템을 전체적으로 살펴보면 클래스가 어떻게 작동하는지 완전히 파악하는 데 도움이 됩니다. 이 주제에 관해 남은 궁금증이 없길 바랍니다!

## CHAPTER 8

함수형 프로그래밍

많은 파이썬 개발자가 파이썬에서 함수형 프로그래밍을 사용할 수 있다는 걸 모릅니다. 몇 가지 예외를 제외하고, 함수형 프로그래밍을 사용하면 간결하고 효율적인 코드를 작성할 수 있습니다. 또한 파이썬은 함수형 프로그래밍에 대해 폭넓게 지원합니다.

8장에서는 **제너레이터**generator를 생성하고 사용해서 파이썬의 함수형 프로그래밍의 일부를 다룹니다. 사용할 수 있는 유용한 기능 패키지와 함수를 조합하여 가장 효율적인 코드를 얻는 방법을 알아봅시다.

> **NOTE_** 함수형 프로그래밍을 제대로 알고 싶다면 파이썬이 아닌 리스프와 같은 매우 기능적인 프로그래밍 언어를 배워보세요. 파이썬 책에서 리스프에 대해 이야기하는 것이 이상하게 들릴지 모르지만, 필자는 몇 년 동안 리스프를 사용하면서 '함수형으로 생각하는 방법'을 배웠습니다. 명령형 객체지향적 프로그래밍에 익숙하다면, 함수형 프로그래밍을 최대한 활용하는 데 필요한 사고 프로세스를 습득하기 어려울 수도 있습니다. 리스프는 순수한 함수형 프로그래밍 언어는 아니지만, 파이썬보다는 함수형 프로그래밍에 더 중점을 둡니다.

8.1 순수 함수 만들기

함수형 스타일을 사용하여 코드를 작성할 때 함수는 부수 효과가 없도록 설계됩니다. 대신 입력을 받아 상태를 유지하거나 반환값에 반영되지 않은 것을 수정하지 않고 출력을 생성합니다.

이러한 함수를 **순수 함수**^{pure function}라고 합니다.

파이썬 리스트의 마지막 항목을 제거하는 일반 순수 함수의 예로 시작해보겠습니다.

```
def remove_last_item(mylist):
    """리스트에서 마지막 항목을 제거합니다"""
    mylist.pop(-1) # mylist를 수정합니다
```

다음은 동일한 함수의 순수 함수 버전입니다.

```
def butlast(mylist):

    return mylist[:-1] # 결국 mylist의 내용을 반환합니다
```

원래 파이썬 리스트를 수정하지 않고 마지막 요소 없이 파이썬 리스트를 반환한다는 점에서, 리스프에서의 butlast처럼 작동하도록 butlast() 함수를 정의합니다. 대신 수정 사항이 있는 파이썬 리스트의 복사본을 반환하여 원본을 유지할 수 있습니다.

함수형 프로그래밍의 실질적인 장점은 다음과 같습니다.

모듈성
함수형 스타일로 코드를 작성하면, 코드의 각 부분이 개별 문제를 해결하는 데 적합하도록 어느 정도 분리됩니다. 이런 코드의 각 부분은 다른 문제를 해결하기 위해서도 쉽게 재사용할 수 있습니다. 함수는 외부 변수나 상태에 의존하지 않기 때문에 다른 코드에서 호출하는 것이 간단합니다.

간결성
함수형 프로그래밍은 다른 패러다임보다 장황한 내용이 적은 경우가 많습니다.

동시성
순수 함수는 스레드가 안전하며 동시에 실행할 수 있습니다. 일부 함수 언어는 자동으로 이

작업을 수행하므로 응용프로그램을 확장해야 한다면 큰 도움이 될 수 있지만 파이썬에서는 아직 그렇지 않습니다.

시험성

함수형 프로그램을 테스트하기는 매우 쉽습니다. 입력 세트와 예상 출력 집합만 있으면 됩니다. 함수형 프로그래밍은 멱등성^{idempotent}을 갖습니다. 이는 동일한 인수를 통해 동일한 함수를 호출하는 것이 항상 동일한 결과 반환하는 것을 의미합니다.

8.2 제너레이터

제너레이터는 이터레이터처럼 작동하는 객체입니다. StopIteration이 발생할 때까지 next() 메서드의 각 호출에 값을 생성하고 반환한다는 점에서 그렇습니다. PEP 255에 처음 도입된 제너레이터는 **이터레이터 프로토콜**$^{iterator\ protocol}$을 구현하는 객체를 쉽게 만들 수 있는 방법을 제공합니다. 함수형 스타일로 제너레이터를 작성하는 것이 반드시 필요하지는 않지만 이렇게 하면 코딩과 디버깅이 더 쉬워집니다. 그리고 이것은 일반적인 방법입니다.

제너레이터를 만들려면 yield 문이 포함된 일반 파이썬 함수를 작성합니다. 파이썬은 yield 의 사용을 감지하고 함수에 태그를 붙입니다. 실행이 yield 문에 도달하면 함수는 return 문과 마찬가지로 값을 반환하지만 한 가지 주목할 만한 차이점이 있습니다. 인터프리터는 스택 참조를 저장하고 next() 함수가 다시 호출될 때 함수의 실행을 다시 시작하도록 하는 데 사용합니다.

함수가 실행되면 실행 체인이 스택을 생성하며 함수 호출은 서로 스택으로 쌓인다고 합니다. 함수가 반환되면 스택에서 제거되고 함수가 반환하는 값은 호출 함수에 전달됩니다. 제너레이터는 함수가 실제로 반환되지 않고 대신 출력됩니다. 따라서 파이썬은 함수의 상태를 스택 참조로 저장하여 제너레이터의 다음 반복이 필요할 때 저장한 지점에서 제너레이터의 실행을 다시 시작합니다.

8.2.1 제너레이터 만들기

앞서 언급했듯이 일반 함수를 작성하고 함수 본문에 yield를 포함하여 제너레이터를 만듭니다. [예제 8-1]은 세 개의 yield가 포함된 mygenerator()라는 제너레이터를 생성하며, 이는 next() 호출을 세 번 반복한다는 의미입니다.

예제 8-1 세 번 반복으로 제너레이터 만들기

```
>>> def mygenerator():
...     yield 1
...     yield 2
...     yield 'a'
...
>>> mygenerator()
<generator object mygenerator at 0x000001A5EBDD8F48>
>>> g = mygenerator()
>>> next(g)
1
>>> next(g)
2
>>> next(g)
'a'
>>> next(g)
Traceback (most recent call last):
  File "<stdin>", line 1, in <module>
StopIteration
```

yield 문이 다 실행되면 next() 호출에서 StopIteration이 발생합니다.

파이썬에서 제너레이터는 함수가 무엇인가를 생성할 때 스택에 대한 참조를 유지하고 next()에 대한 호출이 다시 실행될 때 이 스택을 다시 시작합니다.

제너레이터를 사용하지 않고 데이터를 반복할 때 전체 파이썬 리스트를 먼저 작성하면 메모리를 낭비합니다.

1에서 10,000,000 사이의 첫 번째 숫자를 50,000으로 찾으려고 한다고 가정해보겠습니다. 이 문제를 해결해봅시다. 메모리 제약 조건을 128MB로 설정해서 파이썬을 실행하고 전체 파

이썬 리스트를 처음 빌드하는 단순한 접근 방식으로 시도합시다.[1]

```
$ ulimit -v 131072
$ python3
>>> a = list(range(10000000))
```

이 순진한 방법은 먼저 리스트를 작성하려고 시도하지만 프로그램을 실행하면 다음과 같은 결과가 발생합니다.

```
Traceback (most recent call last):
  File "<stdin>", line 1, in <module>
MemoryError
```

128MB의 메모리만으로 10,000,000개의 항목 리스트를 작성할 수 없습니다!

CAUTION_ 파이썬 3에서 **range()**는 반복할 때 제너레이터를 반환합니다. 파이썬 2에서 제너레이터를 얻으려면 **xrange()**를 대신 사용해야 합니다. 이 함수는 파이썬 2와 중복되기 때문에 더는 파이썬 3에 존재하지 않습니다.

동일한 128MB 제한으로 제너레이터를 사용해보겠습니다.

```
$ ulimit -v 131072
$ python3
>>> for value in range(10000000):
...     if value == 50000:
...             print("Found it")
...             break
...
Found it
```

----

1 옮긴이_ ulimit 명령은 유닉스 계열에만 있습니다.

이번에는 프로그램이 문제없이 실행됩니다. 이를 반복하면 range() 클래스는 정수 파이썬 리스트를 동적으로 생성하는 제너레이터를 반환합니다. 더 좋은 점은 50,000번째 숫자에만 관심이 있으므로, 전체 파이썬 리스트를 구축하는 대신 제너레이터가 중지하기 전에 숫자 50,000을 생성한 것입니다.

제너레이터를 사용하면 바로 값을 생성하여 메모리 및 처리 주기를 최소화하면서 대용량 데이터 세트를 처리할 수 있습니다. 엄청나게 많은 양의 작업을 해야 할 때마다 제너레이터를 통해 효율적으로 처리할 수 있습니다.

8.2.2 yield로 값 반환 및 전달하기

yield 문은 함수 호출과 동일한 방식으로 값을 반환할 수 있습니다. yield 문으로 하면 send() 메서드를 호출하여 값을 제너레이터에 전달할 수 있습니다. send()를 사용하는 예로, 문자열 파이썬 리스트를 가져와서 동일한 문자열로 구성된 파이썬 리스트를 반환하는 shorten()이라는 함수를 작성합니다(예제 8-2).

예제 8-2 send()로 값을 반환하고 사용하기

```python
def shorten(string_list):
    length = len(string_list[0])
    for s in string_list:
        length = yield s[:length]


mystringlist = ['loremipsum', 'dolorsit', 'ametfoobar']
shortstringlist = shorten(mystringlist)
result = []
try:
    s = next(shortstringlist)
    result.append(s)
    while True:
        number_of_vowels = len(list(filter(lambda letter: letter in 'aeiou', s)))
        # 이전 실행 결과에 있는 모음 개수를 기준으로
        # 이어지는 문자열을 처리합니다.
        s = shortstringlist.send(number_of_vowels)
```

```
        result.append(s)
    except StopIteration:
        pass


    print(result)
```

[예제 8–2]에서는 문자열 파이썬 리스트를 가져와서 동일한 문자열로 구성된 파이썬 리스트를 반환하는 shorten()이라는 함수를 작성했습니다. 잘린 각 문자열의 길이는 이전 문자열의 모음의 개수와 같습니다. loremipsum에는 모음이 4개 있으므로 제너레이터에서 반환되는 두 번째 값은 dolorsit의 처음 네 글자가 됩니다. dolo에는 모음이 두 개뿐이므로 ametfoobar는 처음 두 글자로 잘립니다. 그런 다음 제너레이터가 중지되고 StopIteration을 발생시킵니다. 따라서 제너레이터는 다음을 반환합니다.

```
['loremipsum', 'dolo', 'am']
```

이 방식으로 yield와 send()를 사용하면 파이썬 제너레이터가 루아^{Lua} 및 기타 언어에서 볼 수 있는 **코루틴**^{coroutine}[2]처럼 작동할 수 있습니다.

PEP 289는 제너레이터 표현식을 도입하면 리스트 컴프리헨션와 유사한 구문을 사용하여 한 줄 제너레이터를 빌드할 수 있습니다.

```
>>> (x.upper() for x in ['hello', 'world'])
<generator object <genexpr> at 0x000001A5EBE242C8>
>>> gen = (x.upper() for x in ['hello', 'world'])
>>> list(gen)
['HELLO', 'WORLD']
```

이 예제에서 gen은 yield 문을 사용한 것처럼 제너레이터입니다. 이 경우의 yield은 내포되어 있습니다.

---

2 옮긴이_ https://terms.naver.com/entry.nhn?docId=819147&cid=50376&categoryId=50376

8.2.3 제너레이터 검사하기

함수가 제너레이터로 고려할 수 있는지 확인하려면 inspect.isgeneratorfunction()를 사용합니다. [예제 8-3]에서 간단한 제너레이터를 만들고 검사합니다.

예제 8-3 함수가 제너레이터인지 확인하기

```
>>> import inspect
>>> def mygenerator():
...     yield 1
...
>>> inspect.isgeneratorfunction(mygenerator)
True
>>> inspect.isgeneratorfunction(sum)
False
```

inspect 패키지를 가져오면 isgeneratorfunction()를 사용하고 검사할 함수의 이름을 전달합니다. inspect.isgeneratorfunction()의 소스 코드를 읽으면 파이썬 마크 함수가 제너레이터로 작동하는 방식에 대해 이해하게 됩니다(예제 8-4).

예제 8-4 inspect.isgeneratorfunction() 소스 코드

```
def isgeneratorfunction(object):
    """객체가 사용자가 정의한 제너레이터 함수이면 true를 반환합니다.
    제너레이터 함수의 객체는 함수와 같은 속성을 제공합니다.
    속성 목록을 보려면 help(isfunction)을 실행합니다."""

    return bool((isfunction(object) or ismethod(object)) and object.func_code.co_
    flags & CO_GENERATOR)
```

isgeneratorfunction() 함수는 객체가 함수 또는 메서드이고, 해당 코드에 CO_GENERATOR 플래그가 설정되어 있는지 확인합니다. 이 예제를 통해 파이썬이 내부에서 어떻게 작동하는지 쉽게 이해할 수 있습니다.

inspect 패키지는 generator의 현재 상태를 보여주는 inspect.getgeneratorstate() 함

수를 제공합니다. 다른 실행 지점에서 `mygenerator()`에 함수를 사용해보겠습니다.

```
>>> import inspect
>>> def mygenerator():
...     yield 1
...
>>> gen = mygenerator()
>>> gen
<generator object mygenerator at 0x000001A5EBE243C8>
>>> inspect.getgeneratorstate(gen)
'GEN_CREATED'      #①
>>> next(gen)
1
>>> inspect.getgeneratorstate(gen)
'GEN_SUSPENDED'   #②
>>> next(gen)
Traceback (most recent call last):
  File "<stdin>", line 1, in <module>
StopIteration
>>> inspect.getgeneratorstate(gen)
'GEN_CLOSED'      #③
```

이를 통해 제너레이터가 처음으로 실행되기를 기다리는지(① GEN_CREATED), 다음(② GEN_SUSPENDED) 호출로 다시 시작되기를 기다리는지 또는 실행이 완료되었는지(③ GEN_CLOSED) 확인할 수 있습니다. 이 기능은 제너레이터를 디버깅하는 데 유용할 수 있습니다.

8.3 리스트 컴프리헨션

리스트 컴프리헨션list comprehension(혹은 짧게 줄여서 listcomp)은 파이썬 리스트의 내용을 선언과 인라인으로 정의합니다. 리스트 컴프리헨션으로 파이썬 리스트를 만들려면 평소와 같이 대괄호로 줄 바꿈을 해야 하지만 파이썬 리스트의 항목을 생성하는 표현식과 이를 반복하는 for 문도 포함해야 합니다.

다음 예제는 리스트 컴프리헨션를 사용하지 않고 파이썬 리스트를 만듭니다.

```
>>> x = []
>>> for i in (1, 2, 3):
...     x.append(i)
...
>>> x
[1, 2, 3]
```

그리고 다음 예제에서는 리스트 컴프리헨션를 사용하여 한 줄로 동일한 파이썬 리스트를 만듭니다.

```
>>> x = [i for i in (1, 2, 3)]
>>> x
[1, 2, 3]
```

리스트 컴프리헨션를 사용하면 다음과 같은 두 가지 장점이 있습니다. 리스트 컴프리헨션을 사용하여 작성된 코드는 일반적으로 짧기 때문에 파이썬이 수행할 작업이 줄어듭니다. 파이썬은 파이썬 리스트를 만들고 반복해서 호출하는 대신 항목 리스트를 만들고 단일 작업에서 새 파이썬 리스트로 이동할 수 있습니다.

for 문을 여러 개 사용하고 if 문을 사용하여 항목을 필터링할 수 있습니다. 아래에 예시로 만든 단어 리스트가 있습니다. 리스트 컴프리헨션을 사용하여 각 단어를 대문자로 변환하고, 두 단어 이상인 항목을 한 단어씩 분할한 뒤, 불필요한 단어는 삭제합니다.

```
>>> x = [
...     word.capitalize()
...     for line in ("hello world?", "world!", "or not")
...     for word in line.split()
...     if not word.startswith("or")
...     ]
>>> x
['Hello', 'World?', 'World!', 'Not']
```

이 코드에는 for 문이 두 개 있습니다. 첫 번째는 텍스트 줄을 반복하고 두 번째 코드는 각 줄의 단어를 반복합니다. 마지막 if 문은 최종 파이썬 리스트에서 시작하거나 제외할 단어를 필터링합니다.

루프 대신 리스트 컴프리헨션를 사용하면 파이썬 리스트를 빠르고 깔끔하게 정의할 수 있습니다. 함수형 프로그래밍에 관해 이야기하고 있으므로 리스트 컴프리헨션으로 구축한 파이썬 리스트가 프로그램의 상태를 변경하는 데 의존해서는 안 됩니다. 파이썬 리스트를 작성하는 동안 변수를 수정하면 안 됩니다. 이렇게 하면 일반적으로 파이썬 리스트가 리스트 컴프리헨션 없이 만든 파이썬 리스트보다 간결하고 읽기도 쉽습니다.

다음과 같이 딕셔너리나 세트를 같은 방식으로 빌드하기 위한 구문도 있습니다.

```
>>> {x:x.upper() for x in ['hello', 'world']}
{'hello': 'HELLO', 'world': 'WORLD'}
>>> {x.upper() for x in ['hello', 'world']}
{'WORLD', 'HELLO'}
```

8.4 함수형, 함수, 함수화

함수형 프로그래밍을 사용하여 데이터를 조작하다 보면 동일한 문제가 반복적으로 발생하는 일을 마주하게 될 수 있습니다. 이런 문제를 효율적으로 처리할 수 있도록 파이썬에는 함수형 프로그래밍을 위한 여러 가지 기능이 포함되어 있습니다. 이번 장에서는 완벽하게 작동하는 프로그램을 만드는 기본 제공 기능의 일부를 간략하게 설명합니다. 사용 가능한 함수에 대한 아이디어가 있으면 더 자세히 조사하고, 자신의 코드에 적용할 수 있는 함수인지 사용해보세요.

8.4.1 map()으로 각 항목에 함수 적용하기

map() 함수는 형식 map(*function*, *iterable*)을 사용하며, [예제 8–5]에 표시된 것처럼 파이썬 2의 파이썬 리스트를 반환하거나 파이썬 3의 순회 가능한[iterable] map 객체를 반환하기 위해 각 항목에 함수를 적용합니다.

예제 8-5 파이썬 3에서 map() 사용하기

```
>>> map(lambda x: x + "bzz!", ["I think", "I'm good"])
<map object at 0x000001A5EBE7F288>
>>> list(map(lambda x: x + "bzz!", ["I think", "I'm good"]))
['I thinkbzz!', "I'm goodbzz!"]
```

다음과 같이 리스트 컴프리헨션을 사용하여 map()과 같은 것을 작성할 수 있습니다.

```
>>> (x + "bzz!" for x in ["I think", "I'm good"])
< object <genexpr> at 0x000001A5EBE24448>
>>> [x + "bzz!" for x in ["I think", "I'm good"]]
['I thinkbzz!', "I'm goodbzz!"]
```

8.4.2 filter()로 파이썬 리스트 필터링하기

filter() 함수는 filter(*function* 또는 *None, iterable*) 형식을 사용하며 함수에서 반환된 결과에 따라 iterable 항목을 필터링합니다. 이렇게 하면 파이썬 2의 파이썬 리스트나 파이썬 3의 순회 가능한 filter 객체가 반환됩니다.

```
>>> filter(lambda x: x.startswith("I "), ["I think", "I'm good"])
<filter object at 0x000001A5EBE7F3C8>
>>> list(filter(lambda x: x.startswith("I "), ["I think", "I'm good"]))
['I think']
```

다음과 같이 리스트 컴프리헨션를 사용하여 filter()와 동일하게 쓸 수도 있습니다.

```
>>> (x for x in ["I think", "I'm good"] if x.startswith("I "))
< object <genexpr> at 0x000001A5EBE24448>
>>> [x for x in ["I think", "I'm good"] if x.startswith("I ")]
['I think']
```

8.4.3 enumerate()로 인덱스 얻기

enumerate() 함수는 enumerate(*iterable*[, *start*]) 형식이며, 각각 정수 인덱스(제공된 경우 start로 시작)와 해당 항목으로 구성된 튜플 시퀀스를 제공하는 반복 가능한 객체를 반환합니다. 이 함수는 배열 인덱스를 참조하는 코드를 작성해야 할 때 유용합니다. 다음의 코드를 비교해보겠습니다.

```
i = 0
while i < len(mylist):
    print("Item %d: %s" % (i, mylist[i]))
    i += 1
```

위의 코드는 다음과 같이 enumerate()를 통해 동일한 작업을 효율적으로 수행할 수 있습니다.

```
for i, item in enumerate(mylist):
    print("Item %d: %s" % (i, item))
```

8.4.4 sorted()로 파이썬 리스트 정렬하기

sorted() 함수는 sorted(*iterable*, key=None, reverse=False)를 사용하며, 정렬된 버전의 iterable을 반환합니다. key 인수를 사용하면 다음과 같이 정렬할 값을 반환하는 함수를 제공할 수 있습니다.

```
>>> sorted([("a", 2), ("c", 1), ("d", 4)])
[('a', 2), ('c', 1), ('d', 4)]
>>> sorted([("a", 2), ("c", 1), ("d", 4)], key=lambda x: x[1])
[('c', 1), ('a', 2), ('d', 4)]
```

8.4.5 any() 및 all()로 조건을 충족하는 항목 찾기

any(iterable) 및 all(iterable) 함수는 iterable에서 반환되는 값에 따라 불리언^{Boolean} 값을 반환합니다. 이러한 간단한 함수는 다음과 같은 전체 파이썬 코드와 동일합니다.

```
def all(iterable):
    for x in iterable:
        if not x:
            return False
    return True

def any(iterable):
    for x in iterable:
        if x:
            return True
    return False
```

이러한 함수는 순회 가능한 값이 지정된 조건을 충족하는지 확인하는 데 유용합니다. 예를 들어 다음에서는 두 가지 조건에 대한 파이썬 리스트를 확인합니다.

```
mylist = [0, 1, 3, -1]
if all(map(lambda x: x > 0, mylist)):
    print("All items are greater than 0")
if any(map(lambda x: x > 0, mylist)):
    print("At least one item is greater than 0")
```

여기서 차이점은 하나 이상의 요소가 조건을 충족할 때 any()가 True를 반환하는 반면, all()은 모든 요소가 조건을 충족할 때만 True를 반환한다는 것입니다. all() 함수는 비어 있는 순회 가능한 요소에 대해 True를 반환합니다. 어떤 요소도 False가 아니기 때문입니다.

8.4.6 리스트와 zip() 결합하기

zip() 함수는 zip(*iter1* [,*iter2* [...]])형식을 취합니다. 이것은 여러 시퀀스를 가지고 튜플로 결합합니다. 이 함수 키 리스트와 값 리스트를 딕셔너리에 결합해야 할 때 유용합니다. 여기에 설명된 다른 함수와 마찬가지로 zip()은 파이썬 2의 파이썬 리스트와 파이썬 3에서 순회 가능한 파이썬 리스트를 반환합니다. 여기서는 딕셔너리를 만드는 값 리스트에 키 리스트를 매핑합니다.

```
>>> keys = ["foobar", "barzz", "ba!"]
>>> map(len, keys)
<map object at 0x000001A5EBE7F488>
>>> zip(keys, map(len, keys))
<zip object at 0x000001A5EBE7F5C8>
>>> list(zip(keys, map(len, keys)))
[('foobar', 6), ('barzz', 5), ('ba!', 3)]
>>> dict(zip(keys, map(len, keys)))
{'foobar': 6, 'barzz': 5, 'ba!': 3}
```

파이썬 2와 3의 함수

파이썬 2와 파이썬 3의 리턴 유형이 어떻게 다른지 알았을 것입니다. 파이썬에 순수하게 내장된 대부분의 함수는 파이썬 2에서 반복이 가능하지 않고 리스트를 반환하므로 파이썬 3.x에 비해 메모리 효율성이 떨어집니다. 이러한 함수를 사용하여 코드를 작성하면 파이썬 3에서 가장 많은 이점을 얻을 수 있습니다.

파이썬 2에 갇혀 있다면 절망하지 마십시오. 표준 라이브러리의 itertools 모듈은 많은 함수의 iteratortools 버전을 제공합니다(itertools.izip(), itertools.imap(), itertools.ifilter() 등).

8.4.7 해결된 일반적인 문제

다루어야 할 중요한 도구가 하나 있습니다. 파이썬 리스트를 처리할 때 특정 조건을 만족하는 첫 번째 항목을 찾으려는 경우가 많습니다. 이를 수행하는 여러 가지 방법을 살펴보고 가장 효율적인 방법인 first 패키지를 살펴보겠습니다.

간단한 코드로 항목 찾기

다음과 같은 함수를 사용하여 조건을 충족하는 첫 번째 항목을 찾을 수 있습니다.

```python
def first_positive_number(numbers):
    for n in numbers:
        if n > 0:
            return n
```

first_positive_number() 함수를 다음과 같은 함수형 스타일로 다시 작성할 수 있습니다.

```python
def first(predicate, items):
    for item in items:
        if predicate(item):
            return item

first(lambda x: x > 0, [-1, 0, 1, 2])
```

위와 같이 조건자가 인수로 전달되는 함수 접근 방식을 사용하면 함수를 쉽게 재사용할 수 있습니다. 이는 다음과 같이 더 간결하게 쓸 수 있습니다.

```python
# 효율적이지 않은 방법
list(filter(lambda x: x > 0, [-1, 0, 1, 2]))[0]

# 효율적인 방법
next(filter(lambda x: x > 0, [-1, 0, 1, 2]))
```

조건을 충족하는 항목이 없다면 IndexError가 발생하여 파이썬 list(filter())가 빈 파이썬 리스트를 반환할 수 있습니다.

간단한 경우 다음과 같이 indexError가 발생하지 않도록 next()를 사용할 수 있습니다.

```
>>> a = range(10)
>>> next(x for x in a if x > 3)
4
```

조건이 충족될 수 없는 경우 [예제 8-6]을 나열하면 StopIteration이 발생합니다.

이것 역시 next()에 두 번째 인수를 추가하여 해결할 수 있습니다.

예제 8-6 조건이 충족되지 않을 때 기본값 반환하기

```
>>> a = range(10)
>>> next((x for x in a if x > 10), 'default')
'default'
```

이렇게 하면 조건을 충족할 수 없는 경우 오류가 아닌 기본값이 반환됩니다. 운이 좋게도 파이썬은 이 모든 것을 처리할 수 있는 패키지를 제공합니다.

first()를 사용하여 항목 찾기

모든 프로그램에서 [예제 8-6]의 함수를 작성하는 대신 작은 파이썬 패키지 first를 포함시킬 수 있습니다. [예제 8-7]은 이 패키지를 사용하여 조건과 일치하는 순회 가능한 첫 번째 요소를 찾아줍니다.

예제 8-7 파이썬 리스트에서 조건이 일치하는 첫 번째 항목 찾기

```
>>> from first import first
>>> first([0, False, None, [], (), 42])
42
>>> first([-1, 0, 1, 2])
```

```
-1
>>> first([-1, 0, 1, 2], key=lambda x: x > 0)
1
```

first() 함수가 파이썬 리스트에서 빈 값이 아닌 첫 번째 유효한 항목을 반환하는 것을 볼 수 있습니다.

functools과 lambda() 사용하기

지금까지 예제에서 lambda()를 많이 사용했습니다. lambda() 함수는 map() 및 filter()와 같은 프로그래밍 함수를 쉽게 작성하기 위해 파이썬에 추가되었습니다. 만약 이 함수가 없었다면 다른 조건을 확인하려고 할 때마다 완전히 새로운 함수를 작성했을 것입니다. [예제 8-8]은 [예제 8-7]과 동일하지만 lambda()를 사용하지 않고 작성했습니다.

예제 8-8 lambda()를 사용하지 않고 조건을 충족하는 첫 번째 항목을 찾기

```
import operator
from first import first

def greater_than_zero(number):
    return number > 0

first([-1, 0, 1, 2], key=greater_than_zero)
```

이 코드는 [예제 8-7]과 동일하게 작동하며 조건을 충족하기 위해 파이썬 리스트에서 첫 번째 빈 값이 아닌 값을 반환하는 것과 동일하게 작동하지만 더 번거롭습니다. 예를 들어 항목 42개 보다 긴 시퀀스에서 첫 번째 숫자를 얻으려면 first()에 대한 호출과 인라인을 정의하는 대신 def를 통해 적절한 함수를 정의해야 합니다.

lambda는 이런 상황을 피할 수 있도록 돕는 데 유용하지만 여전히 문제가 있습니다. first 모듈에는 key 인수가 포함되어 있는데, 각 항목을 인수로 수신하고 조건을 준수하는지 파악하는 불리언을 반환하는 함수를 제공합니다. 그러나 한 줄 이상의 코드가 필요하므로 key 함수를 전달할 수 없습니다. 이것은 lambda의 한계입니다.

필요한 각 key에 대해 새 함수를 정의하는 번거로운 패턴으로 돌아가야 합니다. 꼭 이렇게 해야 할까요?

functools 패키지에는 lambda에 대한 더 유연한 대안을 우리에게 제공하는 partial() 메서드가 있습니다. functools.partial() 메서드를 사용하면 함수의 동작을 변경하거나 인수를 변경하는 대신 트위스트를 사용하여 래퍼 함수를 만들 수 있습니다.

이는 다음과 같습니다.

```
from functools import partial
from first import first

def greater_than(number, min=0):    #①
    return number > min

first([-1, 0, 1, 2], key=partial(greater_than, min=42))    #②
```

여기서는 기본적으로 [예제 8-8] 파이썬 리스트의 이전 greater_than_zero()처럼 작동하는 새 greater_than() 함수를 만들지만, 이 버전을 사용하면 숫자를 하드코딩하기 전에 비교할 값을 지정할 수 있습니다. 여기서는 functools.partial()을 함수와 최솟값에 전달하고(①), 원하는 대로 min을 42로 설정한 새로운 함수를 다시 얻습니다(②). 즉 함수를 작성하고 functools.partial()을 사용하여 주어진 상황에서 요구에 맞게 새로운 함수의 동작을 정의할 수 있습니다.

심지어 이 버전은 다음과 같이 만들 수 있습니다. 이 예제에서 수행되는 모든 것은 두 숫자를 비교하는 것이며, opearator 모듈에는 다음과 같은 기능을 내장하고 있습니다.

```
import operator
from functools import partial
from first import first

first([-1, 0, 1, 2], key=partial(operator.le, 0))
```

이것은 위치 인수로 작업하는 functools.partial()의 좋은 예입니다. 이 경우 함수 operator.le(a, b)는 두 개의 숫자를 가져와 첫 번째 숫자가 두 번째보다 적거나 같은지 여부를 알려주는 불리언을 반환하여 functools.partial()로 전달합니다. functools.partial()에 전달하는 0은 a에 할당되고 functools.partial()에 의해 반환된 함수에 전달된 인수는 b에 할당됩니다. 따라서 이것은 lambda를 사용하거나 추가 기능을 정의하지 않고 파이썬 [예제 8-8]과 동일하게 작동합니다.

> **NOTE_** functools.partial()은 일반적으로 lambda를 대신할 만큼 유용하며, 우수한 대안으로 간주해야 합니다. lambda 함수는 파이썬 언어에서 이례적이며, 함수의 제한된 크기로 인해 파이썬 3에서는 모두 삭제하는 것이 고려되고 있습니다.

8.4.8 유용한 itertools 기능

마지막으로 파이썬 표준 라이브러리의 itertools 모듈에서 몇 가지 유용한 기능을 살펴봅시다. 너무 많은 개발자가 파이썬이 기본으로 제공한다는 것을 알지 못하기 때문에 이러한 함수를 직접 만들어서 사용합니다. 이 모든 모듈은 이터레이터를 조작할 수 있도록 설계되었으므로 itertools라고 부르며 실행도 잘 됩니다. 여기서는 그중 몇 가지를 나열하고, 하는 일에 대해 간략히 소개합니다. 쓸모가 있다면 더 자세히 살펴보기를 바랍니다.

- accumulate(*iterable*[, *func*])
  iterable에서 누적된 아이템의 합계를 반환합니다.

- chain(**iterables*)
  모든 항목의 중간 파이썬 리스트를 작성하지 않고 여러 번 반복해서 사용할 수 있습니다.

- combinations(*iterable*, *r*)
  주어진 iterable에서 길이 r의 모든 조합을 생성한다.

- compress(*data*, *selectors*)
  selectors에서 data에 불리언 마스크를 적용하고 selectors의 해당 요소가 True인 data에서 값만 반환합니다.

- count(*start*, *step*)
  끝없이 많은 시퀀스를 생성합니다. 각 호출에 따라 start로 시작하고 step을 증가합니다.

- cycle(*iterable*)

  iterable 값에 대해 반복합니다.

- repeat(*elem[, n]*)

  요소를 n번 반복합니다.

- dropwhile(*predicate, iterable*)

  predicate가 False가 될 때까지 처음부터 순회 가능한 요소를 필터링합니다.

- groupby(*iterable, keyfunc*)

  keyfunc() 함수에서 반환된 결과에 따라 항목을 그룹화하는 이터레이터를 만듭니다.

- permutations(*iterable[, r]*)

  항목의 연속적인 r 길이 순열을 계속 반환합니다.

- product(**iterables*)

  곱집합^{Cartesian product}의 iterables를 반환합니다. 중첩된 for 문을 사용하지 않고 반복할 수 있습니다.

- takewhile(*predicate, iterable*)처음부터 predicate가 False가 될 때까지 순회 가능한 요소를 반환합니다.

이러한 기능은 특히 operator 모듈과 함께 유용합니다. itertools 및 operator는 개발자가 일반적으로 lambda에 의존하는 대부분의 상황을 처리할 수 있습니다. 다음은 lambda x를 쓰는 대신 operator.itemgetter()를 사용하는 예입니다.

```
>>> import itertools
>>> a = [{'foo': 'bar'}, {'foo': 'bar', 'x': 42}, {'foo': 'baz', 'y': 43}]
>>> import operator
>>> list(itertools.groupby(a, operator.itemgetter('foo')))
[('bar', <itertools._grouper object at 0x000001A5EBE7F608>), ('baz', <itertools._
grouper object at 0x000001A5EBE7F708>)]
>>> [(key, list(group)) for key, group in itertools.groupby(a, operator.
itemgetter('foo'))]
[('bar', [{'foo': 'bar'}, {'foo': 'bar', 'x': 42}]), ('baz', [{'foo': 'baz', 'y':
43}])]
[('bar', [{'foo': 'bar'}, {'x': 42, 'foo': 'bar'}]), ('baz', [{'y': 43, 'foo':
'baz'}])]
```

이 경우 lambda x: x['foo']를 작성할 수도 있지만, 연산자를 사용하면 lambda를 전혀 사용하지 않아도 됩니다.

8.5 마치며

파이썬은 객체지향 언어로 알려져 있기도 하지만, 함수형 언어로도 사용할 수 있습니다. 제너레이터 및 컴프리헨션과 같은 많은 기본 제공 개념은 함수형에 속하며, 객체지향 접근 방식과 충돌하지 않습니다. 또한 오류를 줄이기 위해 프로그램의 전역 상태에 대한 의존도를 제한합니다.

파이썬에서 함수형 프로그래밍을 패러다임으로 사용하면 재사용 가능하고, 쉽게 테스트하고, 디버깅하여 DRY[Don't repeat yourself]를 실현할 수 있습니다. 이러한 정신에서 표준 파이썬 모듈 itertools 및 operator는 기능 코드의 가독성을 향상하는 좋은 도구입니다.

## CHAPTER 9

AST, Hy, 리스프 계열 속성

추상 구문 트리^{abstract syntax tree}(AST)는 모든 프로그래밍 언어의 소스 코드 구조를 표현한 것입니다. 파이썬을 포함한 모든 언어에는 특정한 AST가 있습니다.

파이썬의 AST는 파이썬 소스 파일을 분석하여 구축됩니다. 다른 트리와 마찬가지로 이 노드는 함께 연결된 노드로 구성됩니다. 노드는 작업, 명령문, 표현식, 모듈을 나타낼 수 있습니다. 각 노드에는 트리를 구성하는 다른 노드에 대한 참조가 포함될 수 있습니다.

파이썬의 AST는 잘 문서화되지 않아서 다루기 어려워 보이지만, 파이썬이 어떻게 구성되는지 몇 가지 깊은 측면을 이해하면 사용하는 데 도움이 될 수 있습니다.

9장에서는 구조와 사용 방법에 익숙해지기 위해 몇 가지 간단한 파이썬 명령의 AST를 알아봅니다. AST에 익숙해지면 flake8 및 AST를 사용하여 잘못 선언된 메서드를 확인할 수 있는 프로그램을 만들어봅니다. 마지막으로 파이썬 AST에 내장된 파이썬과 리스프를 통합한 언어인 Hy를 살펴봅니다.

9.1 AST 살펴보기

파이썬 AST를 알아보는 가장 쉬운 방법은 일부 파이썬 코드를 분석하고 생성된 AST를 덤프^{dump}하는 것입니다. 이를 위해 파이썬 ast 모듈은 [예제 9-1]에 표시된 대로 필요한 모든 것을 제공합니다.

예제 9-1 ast 모듈을 사용하여 코드 분석으로 생성된 AST 덤프하기

```
>>> import ast
>>> ast.parse
<function parse at 0x000001A5EBE555E8>
>>> ast.parse("x = 42")
<_ast.Module object at 0x000001A5EBE85748>
>>> ast.dump(ast.parse("x = 42"))
"Module(body=[Assign(targets=[Name(id='x', ctx=Store())], value=Num(n=42))])"
```

ast.parse() 함수는 파이썬 코드를 포함하는 모든 문자열을 분석하고 _ast.Module 객체를 반환합니다. 해당 객체는 실제로 트리의 루트입니다. 트리의 모양을 시각화하려면 전체 트리의 문자열 표현을 반환하는 ast.dump() 함수를 사용하면 됩니다.

[예제 9-1]에서 코드 x = 42를 ast.parse()로 분석하고 ast.dump()를 사용하여 결과를 출력합니다. 이 AST는 [그림 9-1]에 표시된 대로 처리할 수 있으며, 이는 파이썬 assign 명령의 구조를 보여줍니다.

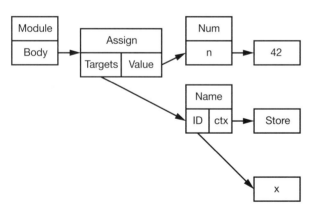

그림 9-1 파이썬 assign 명령의 AST

AST는 항상 루트 요소로 시작하며 이는 일반적으로 _ast.Module 객체입니다. 이 모듈 객체에는 본문 속성에서 평가할 구문 또는 표현식 목록이 포함되어 있으며 일반적으로 파일의 내용

을 나타냅니다.

추측할 수 있듯이, [그림 9–1]에 표시된 ast.Assign 객체는 파이썬 구문에서 = 기호에 매핑되는 할당을 나타냅니다. ast.Assign 객체에는 대상 목록과 대상을 설정하는 값이 있습니다.

이 경우 대상 목록은 하나의 객체, ast.Name으로 구성됩니다. ID가 x인 변수를 나타냅니다. 값은 숫자 n이며 이때의 값은 42입니다. ctx 속성은 읽기 또는 쓰기에 사용되는지 여부에 따라 ast.Store나 ast.Load 중 하나의 콘텍스트를 저장합니다. 이때 변수에 값이 할당되므로 ast.Store 콘텍스트가 사용됩니다.

이 AST를 파이썬에 전달하여 기본 제공 compile() 함수를 통해 컴파일하고 평가할 수 있습니다. 이 함수는 AST를 인수와 소스 파일 이름 및 모드('exec', 'eval' 또는 'single')로 사용합니다. 소스 파일 이름은 AST의 이름을 입력한 것으로 표시할 수 있습니다. [예제 9–2]와 같이 데이터가 저장된 파일에서 오지 않는다면 문자열 <input>을 소스 파일 이름으로 사용하는 것이 일반적입니다.

예제 9-2 compile() 함수를 사용하여 저장된 파일이 아닌 데이터를 컴파일하기

```
>>> compile(ast.parse("x = 42"), '<input>', 'exec')
<code object <module> at 0x000001A5EBE84540, file "<input>", line 1>
>>> eval(compile(ast.parse("x = 42"), '<input>', 'exec'))
>>> x
42
```

모드는 실행(exec), 평가(eval), 단일 구문(single)을 말합니다. 이 모드는 기본값이 exec인 ast.parse()에 부여된 것과 일치해야 합니다.

- exec 모드
  _ast.Module이 트리의 루트일 때 사용하는 일반 파이썬 모드입니다.

- eval 모드
  단일 ast.Expression을 트리로 기대하는 특수 모드입니다.

- single 모드
  단일 구문이나 표현식을 기대하는 또 다른 특수 모드입니다. 표현식을 얻으면 대화형 셸에서 코드가 실행될 때와 같이 sys.displayhook()이 결과와 함께 호출됩니다.

AST의 루트는 ast입니다. Interactive 및 해당 body 속성은 노드 목록입니다.

AST 모듈에 제공된 클래스를 사용하여 AST를 수동으로 빌드할 수 있습니다. 분명히 이것은 파이썬 코드를 작성하는 오래 걸리는 길이며 추천하는 방법이 아닙니다! 그럼에도 AST를 배우는 것은 즐겁고 도움이 됩니다. 이제 AST를 사용하는 프로그래밍이 어떤지 살펴봅시다.

9.1.1 AST를 사용하여 프로그램 작성하기

수동으로 AST를 구축하여 파이썬에서 hello world!를 출력하는 프로그램을 작성해봅시다.

예제 9-3 AST를 사용해서 hello world! 출력 프로그램 만들기

```
>>> hello_world = ast.Str(s='hello world!', lineno=1, col_offset=1)    #①
>>> print_name = ast.Name(id='print', ctx=ast.Load(), lineno=1, col_offset=1)  #②
>>> print_call = ast.Call(func=print_name, ctx=ast.Load(), args=[hello_world],
keywords=[], lineno=1, col_offset=1)    #③
>>> module = ast.Module(body=[ast.Expr(print_call, lineno=1, col_offset=1)],
lineno=1, col_offset=1, type_ignores=[])    #④
>>> code = compile(module, '', 'exec')    #⑤
>>> eval(code)
hello world!
```

[예제 9-3]에서는 각 노드가 프로그램의 요소(값 또는 명령)인 트리를 한 번에 하나씩 빌드합니다.

첫 번째 노드는 간단한 문자열입니다(①). ast.Str은 여기에 문자 Hello World!가 포함된 리터럴 문자열을 나타냅니다. print_name 변수는 ast.Name 객체를 포함합니다(②). 이 객체는 변수를 가리키는데, 이 경우 print() 함수를 가리키는 것은 print 변수입니다.

print_call 변수는 함수 호출을 포함합니다(③). 호출할 함수 이름, 함수 호출에 전달할 일반적인 인수 및 키워드 인수를 참조합니다. 사용되는 인수는 호출되는 함수에 따라 다릅니다. 이 경우 print() 함수이므로 hello_world로 만든 문자열을 전달합니다.

끝으로 _ast.Module을 만듭니다. 이 모든 코드를 하나의 표현식의 목록으로 포함하는 모듈 객체입니다(④). 이제 _ast.Module 객체를 compile()로 컴파일할 수 있습니다(⑤). compile() 함수는 트리를 분석하고 네이티브 code 객체를 생성합니다. 이러한 code 객체는 파이썬 코드를 컴파일하고 마지막으로 eval을 사용하여 파이썬 가상 머신에 의해 실행될 수 있습니다!

이 전체 프로세스는 .py 파일에서 파이썬을 실행할 때 정확히 발생합니다. 텍스트 토큰이 분석되면 ast 객체 트리로 변환되고 컴파일되고 평가됩니다.

> **NOTE_** 인수 lineno 및 col_offset는 각각 AST를 생성하는 데 사용된 소스 코드의 줄 번호와 열 오프셋을 나타냅니다. 원본 파일을 분석하지 않으므로 이 콘텍스트에서 이러한 값을 설정하는 것은 별로 의미가 없지만, AST를 생성한 코드의 위치를 찾을 수 있는 것이 유용할 수 있습니다. 예를 들어 파이썬은 백트레이스를 생성할 때 이 정보를 사용합니다. 실제로 파이썬은 이 정보를 제공하지 않는 AST 객체를 컴파일하는 것을 거부하므로 가짜 값을 전달합니다. ast.fix_missing_locations() 함수를 사용하여 누락된 값을 부모 노드에 설정된 값으로 설정할 수도 있습니다.

9.1.2 AST 객체

_ast 모듈 설명서를 읽고 AST에서 사용할 수 있는 객체의 전체 목록을 볼 수 있습니다(언더바를 주의하세요).

객체는 구문statement과 표현식expression 두 가지 주요 범주로 구성됩니다. 구문에는 assert, 할당(=), 증강 할당(+==, /= 등), global, def, if, return, for, class, pass, import, raise 등과 같은 형식이 포함됩니다. 구문은 ast.stmt에서 상속됩니다. 프로그램의 제어 흐름에 영향을 미치며 종종 표현식으로 구성됩니다.

표현식에는 lambda, number, yield, name(변수), compare, call과 같은 타입이 포함됩니다. 표현식은 ast.expr에서 상속됩니다. 표현식은 일반적으로 값을 생성하고 프로그램 흐름에 영향을 미치지 않는다는 점에서 구문과 다릅니다.

또한 덧셈(+), 나눗셈(/), 시프트 연산자(>>)와 같은 표준 연산자를 정의하는 ast.operator 클래스와 비교 연산자를 정의하는 ast.cmpop 모듈과 같은 몇 가지 작은 범주도 있습니다.

이제 간단한 예제를 통해 처음부터 AST를 구축하는 방법에 대한 아이디어를 살펴봅시다. AST 를 활용하여 문자열을 분석하고 코드를 생성하는 컴파일러를 만들어 파이썬에 나만의 구문을 구현할 수 있는 방법을 쉽게 생각해볼 수 있을 겁니다. 그리고 이 장의 마지막 부분에서 Hy 프로젝트로 진행하는 개발이 어떠한지 자세히 알아봅시다.

9.1.3 AST 탐색하기

트리가 빌드되는 방법을 따르거나 특정 노드에 액세스하려면 트리를 탐색하고 노드를 반복하여 트리를 통과해야 하는 경우가 있습니다. ast.walk() 함수를 사용하면 이 작업을 수행할 수 있습니다. 또는 ast 모듈은 AST를 안내하고 특정 노드를 수정하기 위해 하위 클래스를 수행할 수 있는 클래스인 NodeTransformer도 제공합니다. NodeTransformer를 사용하면 [예제 9-4]에 표시된 것처럼 코드를 동적으로 쉽게 변경할 수 있습니다.

예제 9-4 노드 변환기로 트리를 이동하여 노드를 변경하기

```
import ast

class ReplaceBinOp(ast.NodeTransformer):
    """모든 이진 연산자를 더하기 연산자로 교체"""
    def visit_BinOp(self, node):
        return ast.BinOp(left=node.left, op=ast.Add(), right=node.right)

tree = ast.parse("x = 1/3")    #①
ast.fix_missing_locations(tree)
eval(compile(tree, '', 'exec'))
print(ast.dump(tree))
print(x)    #②

tree = ReplaceBinOp().visit(tree)    #③
ast.fix_missing_locations(tree)
print(ast.dump(tree))
eval(compile(tree, '', 'exec'))
print(x)    #④
```

빌드된 첫 번째 tree 객체는 x = 1/3 식을 나타내는 AST입니다(①). 이것이 컴파일되고 평가되면 함수 끝에 x를 프린트한 결과는 0.33333이며 예상 결과는 1/3입니다(②).

두 번째 tree 객체는 ast.NodeTransformer에서 상속되는 ReplaceBinOp의 인스턴스입니다(③). 이는 ast.NodeTransformer.visit() 메서드의 자체 버전을 구현하고, 모든 ast.BinOp 동작을 ast.add를 실행하는 ast.BinOp으로 변경합니다. 구체적으로 모든 이진 연산자(+, -, / 등)를 + 연산자로 변경합니다. 두 번째 트리가 ④와 같이 컴파일되고 평가되면 첫 번째 객체의 /가 +로 대체되므로 결과는 이제 1 + 3의 결과입니다.

여기에서 프로그램의 실행을 볼 수 있습니다.

```
Module(body=[Assign(targets=[Name(id='x', ctx=Store())],
                    value=BinOp(left=Num(n=1), op=Div(), right=Num(n=3)))])
0.3333333333333333
Module(body=[Assign(targets=[Name(id='x', ctx=Store())],
                    value=BinOp(left=Num(n=1), op=Add(), right=Num(n=3)))])
4
```

NOTE_ 간단한 데이터 형식을 반환해야 하는 문자열을 평가해야 한다면 ast.literal_eval 사용할 수 있습니다. 이것은 eval에 대해 더 안전한 대안으로 입력 문자열이 코드를 실행하지 못하도록 합니다.

9.2 AST 검사로 flake8 확장하기

7장에서는 객체 상태에 의존하지 않는 메서드를 @staticmethod 데커레이터로 사용하여 정적으로 선언해야 한다는 것을 배웠습니다. 문제는 많은 개발자가 이렇게 하는 것을 쉽게 잊어버린다는 것입니다. 필자는 개인적으로 코드를 검토하고 이 문제를 해결하도록 사람들에게 요청하는 데 너무 많은 시간을 보냈습니다.

앞서 코드에서 몇 가지 자동 검사를 수행하는 flake8을 사용하는 방법을 보았습니다. 사실

flake8은 확장 가능하며 더 많은 검사를 제공할 수 있습니다. AST를 분석하여 정적 메서드 선언 누락을 확인하는 flake8 확장을 작성해봅시다.

[예제 9-5]는 정적 선언을 생략한 클래스와 올바르게 포함한 클래스의 예를 보여줍니다. 이 프로그램을 작성하고 ast_ext.py로 저장합니다. 그리고 확장을 작성하는 순간에 사용합니다.

예제 9-5 @staticmethod 생략 및 포함하기

```
class Bad(object):
    # 메서드가 self를 사용하지 않으면
    # 정적으로 선언해야 합니다.

    def foo(self, a, b, c):
        return a + b - c

class OK(object):
    # 정확하게 사용한 예제입니다
    @staticmethod
    def foo(a, b, c):
        return a + b - c
```

Bad.foo 메서드는 잘 작동하지만 엄밀히 말하면 OK.foo로 쓰는 것이 더 정확합니다(이유에 대한 자세한 내용은 7장에 있습니다). 파이썬 파일의 모든 메서드가 올바르게 선언되었는지 확인하려면 다음을 수행해야 합니다.

- AST의 모든 명령문 노드를 반복합니다.
- 명령문이 클래스 정의(ast.ClassDef)인지 확인합니다.
- 모든 함수 정의(ast.FunctionDef)를 반복합니다. 이를 사용하여 해당 클래스 구문이 이미 @staticmethod가 선언되었는지 여부를 확인합니다.
- 메서드가 정적으로 선언되지 않은 경우 메서드의 어딘가에 첫 번째 인수(self)가 사용되는지 확인합니다. self를 사용하지 않으면 메서드를 잘못 작성되어 있는 태그로 지정할 수 있습니다.

프로젝트의 이름은 ast_ext입니다. flake8에 새 플러그인을 등록하려면 일반적인 setup.py 및 setup.cfg 파일로 패키지 프로젝트를 만들어야 합니다. 그런 다음 ast_ext 프로젝트의

setup.cfg에 진입점을 추가하면 됩니다. `pip install flake8` 명령어를 이용하여 설치합니다.

예제 9-6 9장에서 사용하는 flake8 허용하기

```
[entry_points]
flake8.extension =
    --생략--
    H904 = ast_ext:StaticmethodChecker
    H905 = ast_ext:StaticmethodChecker
```

[예제 9-6]에서는 두 개의 flake8 오류 코드도 등록합니다. 나중에 알게 되겠지만, 이것을 사용하는 동안 코드에 추가 검사를 더 할 겁니다.

다음은 플러그인을 작성해봅시다.

9.2.1 클래스 만들기

AST의 flake8 검사를 작성하고 있으므로 플러그인은 [예제 9-7]에 표시된 대로 특정 서명을 따른 클래스가 되어야 합니다.

예제 9-7 AST를 확인하기 위한 클래스

```
class StaticmethodChecker(object):
    def __init__(self, tree, filename):
        self.tree = tree

    def run(self):
        pass
```

기본 템플릿은 이해하기 쉽습니다. `run()` 메서드에 사용하기 위해 트리를 로컬로 저장하여 검색된 문제를 생성합니다. 산출할 값은 예상되는 PEP 8 서명(`lineno`, `col_offset`, `error_string`, `code`)의 튜플을 따라야 합니다.

9.2.2 관련없는 코드 무시하기

앞서 설명한 것처럼 ast 모듈은 walk() 함수를 제공하여 트리에서 쉽게 반복할 수 있습니다. AST를 통해 무엇을 확인하고, 확인하지 않을지 알 수 있습니다.

먼저 클래스 정의가 아닌 구문을 무시하는 루프를 작성해보겠습니다. [예제 9-8]에 표시된 것처럼 ast_ext 프로젝트에 추가합니다. 동일하게 유지해야 하는 코드는 연하게 표시했습니다.

예제 9-8 클래스 정의가 아닌 구문 무시하기

```python
class StaticmethodChecker(object):
    def __init__(self, tree, filename):
        self.tree = tree

    def run(self):
        for stmt in ast.walk(self.tree):
            # 클래스가 아닌 것은 무시함
            if not isinstance(stmt, ast.ClassDef):
                continue
```

[예제 9-8]의 코드는 여전히 아무것도 확인하지 않지만 이제 클래스 정의가 아닌 구문을 무시하는 방법을 알고 있습니다. 다음 단계는 함수 정의가 아닌 모든 것을 무시하도록 검사기를 설정하는 것입니다.

예제 9-9 함수 정의가 아닌 구문 무시하기

```python
for stmt in ast.walk(self.tree):
    # 클래스가 아닌 것은 무시함
    if not isinstance(stmt, ast.ClassDef):
        continue
    # 클래스이면 메서드를 찾기 위해 클래스 멤버를 반복 탐색
    for body_item in stmt.body:
        # 메서드가 아니면 넘어감
        if not isinstance(body_item, ast.FunctionDef):
            continue
```

[예제 9–9]에서는 클래스 정의의 속성을 반복하여 관련이 없는 구문을 무시합니다.

9.2.3 올바른 데커레이터 확인하기

body_item 속성에 저장되는 검사 메서드를 작성할 수 있습니다. 먼저 검사 중인 메서드가 이미 정적으로 선언되어 있는지 확인해야 합니다. 정적으로 선언되어 있다면 더는 검사할 필요가 없고 문제없이 작동합니다.

예제 9-10 정적 데커레이터 확인하기

```
for stmt in ast.walk(self.tree):
    # Ignore non-class
    if not isinstance(stmt, ast.ClassDef):
        continue
    # 클래스이면 메서드를 찾기 위해 클래스 멤버를 반복 탐색
    for body_item in stmt.body:
        # 메서드가 아니면 넘어감
        if not isinstance(body_item, ast.FunctionDef):
            continue
        # 데커레이터를 사용했는지 확인
        for decorator in body_item.decorator_list:
            if (isinstance(decorator, ast.Name) and decorator.id == 'staticmethod'):
                # 정적이라면 실행함
                break
            else:
                # 정적이지 않다면 현재는 아무것도 실행 안 함
                Pass
```

[예제 9–10]에서는 파이썬의 특수 형식 for/else 형식을 사용하며, 여기서 for 문을 종료하기 위해 break를 사용하지 않는 한 else가 평가됩니다. 이 시점에서 메서드가 정적으로 선언되는지 여부를 검사할 수 있습니다.

9.2.4 self 찾기

다음 단계는 정적으로 선언되지 않은 메서드가 자체 인수를 사용하는지 여부를 확인하는 것입니다. 먼저 [예제 9-11]과 같이 메서드에 인수가 포함되어 있는지 확인합니다.

예제 9-11 인수에 대한 메서드 확인하기

```
-- 생략 --
# 데커레이터를 사용했는지 확인
for decorator in body_item.decorator_list:
    if (isinstance(decorator, ast.Name) and decorator.id == 'staticmethod'):
        # 정적이라면 실행함
        break
    else:
        try:
            first_arg = body_item.args.args[0]
        except IndexError:
            yield (
                body_item.lineno,
                body_item.col_offset,
                "H905: method misses first argument",
                "H905",
                )
            # 다음 메서드 확인
            Continue
```

마침내 검사를 추가했습니다! [예제 9-11]의 **try** 문은 메서드 서명의 첫 번째 인수를 잡습니다. 첫 번째 인수가 없기 때문에 코드가 서명에서 첫 번째 인수를 검색하지 못하면, 이미 self 인수 없이 바인딩된 메서드를 가질 수 없다는 문제가 있다는 겁니다. 플러그인이 해당 사례를 감지하면 앞에서 설정한 H905 오류 코드가 발생하여 첫 번째 인수를 놓친 메서드를 알려줍니다.

> NOTE_ PEP 8 코드는 오류 코드(숫자 뒤에 있는 문자)에 대한 특정 형식을 따르지만 선택할 코드에 대한 규칙은 없습니다. PEP 8 또는 다른 확장에서 아직 사용되지 않는 한, 이 오류에 대한 다른 코드를 생각해낼 수 있습니다.

이제 **setup.cfg**에 왜 두 개의 오류 코드를 등록했는지 알았을 겁니다. 일거양득의 좋은 방법이었습니다.

다음 단계는 자체 인수가 메서드의 코드에서 사용되는지 여부를 확인하는 것입니다.

예제 9-12 self 인수에 대한 메서드 확인하기

```
-- 생략 --
    try:
        first_arg = body_item.args.args[0]
    except IndexError:
        yield (
            body_item.lineno,
            body_item.col_offset,
            "H905: method misses first argument",
            "H905",
            )
        # 다음 메서드 확인
        continue
    for func_stmt in ast.walk(body_item):
        # 파이썬 2와 파이썬 3의 차이를 확인하는 메서드
        if six.PY3:
            if (isinstance(func_stmt, ast.Name) and first_arg.arg == func_
stmt.id):
                # 첫 번째 인수 사용
                break
        else:
            if (func_stmt != first_arg and isinstance(func_stmt, ast.Name)
and func_stmt.id == first_arg.id):
                # 첫 번째 인수 사용
                break
    else:
        yield (
            body_item.lineno,
            body_item.col_offset,
            "H904: method should be declared static",
            "H904",
            )
```

self 인수가 메서드의 본문에 사용되는지 여부를 확인하려면 [예제 9-12]의 플러그인은 본문에 ast.walk를 사용해서 self 변수의 사용을 찾고 재귀적으로 반복합니다. 변수를 찾을 수 없다면 프로그램은 마지막으로 H904 오류 코드를 생성합니다. 그렇지 않으면 아무 일도 일어나지 않으며 코드는 정상으로 간주됩니다.

> **NOTE_** 알다시피 코드는 모듈 AST 정의를 여러 번 반복합니다. AST를 한 번의 패스로 검색하는 데 어느 정도 최적화가 될 수 있지만, 실제로 도구가 어떻게 사용되는지 고려하면 AST의 한 번의 패스가 가치 있는지 확실하지 않습니다. 이는 독자 여러분에게 맡기겠습니다.

파이썬 AST는 파이썬을 사용할 때 반드시 필요한 것은 아닙니다. 하지만 언어가 어떻게 구축되고 어떻게 작동하는지에 대한 강력한 통찰력을 줍니다. 따라서 AST를 알고 나면 작성한 코드가 내부적으로 어떻게 사용되는지 더 잘 이해할 수 있습니다.

9.3 Hy 살펴보기

파이썬 AST의 작동 방식에 대해 잘 이해했다면, 파이썬에 대한 새로운 구문을 작성할 수 있습니다. 새로운 구문을 분석하고 AST를 빌드한 후 파이썬 코드로 컴파일할 수 있습니다.

이것이 바로 Hy가 하는 일입니다. Hy는 리스프 계열 언어를 분석하고 이를 일반 파이썬 AST로 변환하는 파이썬 생태계와 완벽하게 호환되는 리스프 언어입니다. 클로저와 자바를 비교할 수 있는데, Hy는 그 자체로 책 한 권을 써도 될 만큼 내용이 방대하므로 여기서는 훑어보기만 할 것입니다. Hy는 언어의 리스프 계열 구문과 일부 기능을 사용합니다. 기능 지향적이고 매크로를 제공하며 쉽게 확장할 수 있습니다.

리스프를 써본 적이 있다면(아직이라면 한 번 써보세요), Hy 구문은 익숙해 보일 것입니다. Hy를 설치하고(pip install hy로 가능) hy 인터프리터를 시작하면 [예제 9-13]에 표시된 것처럼 인터프리터와 상호작용할 수 있는 표준 REPL 프롬프트가 표시됩니다.

예제 9-13 Hy 인터프리터 사용하기

```
C:\serious_python\chapter09> hy
hy 0.19.0 using CPython(tags/v3.8.6:db45529) 3.8.6 on Windows
=> (+ 1 2)
3
```

리스프 구문에 익숙하지 않은 분을 위해 설명하자면, 리스프는 소괄호(())를 사용하여 리스트를 생성합니다. 리스트의 첫 번째 요소는 함수여야 하고, 나머지 항목은 인수로 전달됩니다. 여기서 코드 (+ 1 2)는 파이썬에서 1 + 2에 해당합니다.

Hy에서는 함수 정의와 같은 대부분의 구문이 파이썬에서 직접 매핑됩니다.

예제 9-14 파이썬에서 함수 정의 매핑하기

```
=> (defn hello [name]
... (print "Hello world!")
... (print (% "Nice to meet you %s" name)))
=> (hello "jd")
Hello world!
Nice to meet you jd
```

[예제 9-14]에서 볼 수 있듯이 Hy는 제공된 코드를 내부적으로 분석하고, 코드를 파이썬 AST로 변환하여 컴파일한 후 평가합니다. 다행히도 리스프는 분석하기 쉬운 트리입니다. 각 괄호 쌍은 트리의 노드를 나타내는데, 이는 네이티브 파이썬 구문보다 변환이 더 쉽습니다!

클래스 정의는 CLOS에서 영감을 얻은 defclass 구문을 통해 지원됩니다.

예제 9-15 def클래스로 클래스 정의하기

```
(defclass A [object]
[[x 42]
[y (fn [self value]
(+ self.x value))]])
```

[예제 9-15]는 object에서 상속되는 A라는 클래스를 정의하며, 값이 42인 클래스 속성 x를 가집니다. 그런 다음 메서드 y는 x 속성과 인수로 전달된 값을 반환합니다.

정말 멋진 것은 모든 파이썬 라이브러리를 Hy로 직접 가져와서 사용할 수 있다는 것입니다. import() 함수를 사용하여 일반 파이썬과 마찬가지로 [예제 9-16]에 표시된 것처럼 모듈을 가져옵니다.

예제 9-16 일반 파이썬 모듈 가져오기

```
=> (import uuid)
=> (uuid.uuid4)
UUID('ecae948e-6ac8-4b79-80b9-2454be651dab')
=> (str (uuid.uuid4))
'a5bbff05-f12b-458e-b9d6-c86e3fb484f4'
```

Hy에는 고급 구문과 매크로도 있습니다. [예제 9-17]에서 클래식한 cond() 함수가 if/elif/else 대신 무엇을 할 수 있는지 살펴보길 바랍니다.

예제 9-17 if/elif/else 대신 cond 사용하기

```
(cond
 [(> somevar 50)
 (print "That variable is too big!")]
 [(< somevar 10)
 (print "That variable is too small!")]
 [true
 (print "That variable is jusssst right!")])
```

cond 매크로에는 다음과 같은 특징이 있습니다(cond [condition_expression return_expression]...). 각 조건식은 첫 번째 식부터 평가됩니다. return 식이 제공되지 않으면 조건식의 값이 반환됩니다. 따라서 cond는 if/elif 구문에 해당하지만 두 번 평가하거나 임시 변수에 저장할 필요 없이 조건식의 값을 반환할 수 있습니다.

Hy는 파이썬의 영역을 멀리 떠나지 않고 리스프 세계로 뛰어들 수 있게 도와줍니다. hy2py 도

구는 Hy 코드가 파이썬으로 번역된 것처럼 보여줄 수도 있습니다. Hy는 널리 사용되지는 않지만 파이썬 언어의 잠재력을 보여주는 훌륭한 도구입니다. 더 많은 것을 배우고 싶다면 온라인에서 문서를 찾아보고 커뮤니티에도 가입해보세요.

9.4 마치며

다른 프로그래밍 언어와 마찬가지로 파이썬 소스 코드는 추상 트리를 사용하여 나타낼 수 있습니다. AST를 직접 사용하는 경우는 거의 없지만, AST의 작동 방식을 이해하면 유용한 관점을 얻을 수 있습니다.

9.5 인터뷰: 폴 탈리아몬테와 AST, Hy에 대해

폴 탈리아몬테^{Paul Tagliamonte}는 2013년에 Hy를 만들었습니다. 필자는 리스프 애호가로서 이 멋진 프로젝트에 동참했습니다. 폴은 현재 선라이트 재단^{Sunlight Foundation}의 개발자입니다.

AST를 올바르게 사용하는 법을 어떻게 배웠나요? 그리고 AST를 써보려는 사람들에게 해줄 만한 조언이 있나요?

AST는 문서화가 잘되어 있지 않기 때문에 대부분의 정보는 리버스 엔지니어링으로 생성된 AST에서 얻을 수 있습니다. 간단한 파이썬 스크립트를 작성하여 `import ast`와 유사한 작업을 할 수 있습니다. `ast.dump(ast.parse("print foo"))`를 사용하여 작업을 돕기 위해 동등한 AST를 생성합니다. 약간의 추측과 끈기가 있다면, 기본적인 것을 이해할 수 있을 겁니다.

언젠가 기회가 된다면 제가 AST 모듈에 대해 문서화할 겁니다. 일단은 코드를 작성해보는 게 AST를 배우는 가장 좋은 방법이라고 생각합니다.

파이썬의 AST는 버전과 용도에 따라 어떻게 다릅니까?

파이썬의 AST는 비공개가 아니지만, 공개 인터페이스도 아닙니다. 또한 AST는 버전마다 안정성이 보장되지 않습니다. 파이썬 2와 3 사이에는 조금 성가신 차이점이 있으며, 심지어 파이썬 3 릴리스 내에서도 차이가 있습니다. 상이한 구현은 AST를 다르게 해석하기도 하고, 심지어 특이한 AST를 가질 수도 있습니다. 파이썬 AST에 대해서 Jython, PyPy, CPython를 같은 방법으로 처리해야 한다는 말도 없습니다.

예를 들어 CPython은 불규칙한 순서로도 AST 항목을 처리할 수 있지만(lineno과 col_offset에서), PyPy는 어서션 오류를 발생시킵니다. 이렇게 조금 까다롭기는 하지만 AST는 전반적으로 잘 작동합니다. 방대한 수의 파이썬 인스턴스에서 작동하는 AST를 구축하는 것이 가능합니다. 조건 한두 가지를 가지고 CPython 2.6에서 3.3까지 PyPy에서 작동하는 AST를 만드는 것이 약간 짜증나는 일이지만, 이 도구를 꽤 편리하게 만들어줍니다.

Hy는 어떻게 만들게 되었나요?

자바 가상 머신Java virture machine(JVM, 클로저)이 아닌 파이썬으로 컴파일하는 리스프가 얼마나 유용한지 대화하다가 Hy를 시작했습니다. 며칠 후 저는 Hy의 첫 번째 버전을 만들었습니다. 이 버전은 리스프를 닮았고 어떤 면에서는 제대로 된 리스프처럼 작동했지만, 느렸습니다. 정말 많이 느렸습니다. 리스프 런타임 자체가 파이썬에서 구현되었기 때문에 네이티브 파이썬보다 훨씬 느렸습니다.

저는 실망했고 거의 포기했지만, 동료들이 파이썬에서 런타임을 구현하기보단 AST를 사용하여 런타임을 구현해보라고 제안해주었습니다. 이 제안이 전체 프로젝트의 촉매제였습니다. 2012년 휴가 내내 Hy를 해킹했습니다. 일주일 후, 현재 Hy 소스 코드와 유사한 결과물을 만들었습니다.

기본 플라스크 애플리케이션을 구현하기 위해 Hy를 충분히 연구한 후 보스턴 파이썬 그룹에서 이 프로젝트에 대한 강연을 했는데, 사람들이 보여준 반응은 믿을 수 없을 만큼 좋았습니다. 이때부터 저는 Hy를 REPL의 작동 방식, PEP 302의 후크 가져오기, 파이썬 AST와 같은 파이썬 내부를 가르칠 수 있는 좋은 도구로 생각하기 시작했습니다. 코드를 작성하는 개념에 대해 설명할 때도 좋고요.

이후 컴파일러의 덩어리를 다시 작성하는 과정에서 몇 가지 철학적 문제를 해결했고, 지금까지도 잘 쓰고 있는 소스 코드를 구축했습니다.

Hy를 배우는 것은 리스프 읽는 방법을 이해하는 좋은 방법입니다. 사용자는 알고 있는 환경에서 s-표현식에 익숙해지고, 이미 사용 중인 라이브러리를 사용하여 커먼 리스프^{Common Lisp}, 스킴^{Scheme}, 클로저와 같은 다른 리스프로 전환을 쉽게 할 수 있습니다.

Hy는 어떻게 파이썬과 호환될 수 있습니까?

Hy는 놀라울 정도로 호환성이 좋습니다. pdb는 전혀 변경하지 않고도 Hy를 올바르게 디버깅할 수 있습니다. 플라스크 애플리케이션, 장고 애플리케이션 및 모든 종류의 모듈을 Hy와 함께 작성했습니다. 파이썬은 파이썬을 가져올 수 있고, Hy는 Hy를 가져올 수 있으며, Hy는 파이썬을 가져올 수 있고, 파이썬은 Hy를 가져올 수 있습니다. 이것이 바로 Hy를 특별하게 만드는 점입니다. 클로저와 같은 다른 리스프 변종은 단방향입니다. 클로저는 자바를 가져올 수 있지만, 자바는 클로저를 가져오기 어렵습니다.

Hy는 Hy 코드(s-표현식)를 파이썬 AST로 직접 변환하여 바로 실행합니다. 이는 Hy 코드를 컴파일하여 생성한 바이트코드^{bytecode}가 정상임을 의미합니다. 이는 파이썬 자체도 모듈이 파이썬이 아닌 Hy로 작성되었다는 것을 잘 알아차리지 못한다는 것을 의미합니다.

earmuffs 또는 using-dashes와 같은 널리 쓰이는 리스프 문법은 파이썬으로 완벽하게 변환됩니다(이 경우 *earmuffs*는 EARMUFFS로, using-dashes는 using_dashes가 됨).

Hy는 호환성을 보장하는 것이 최우선 과제이므로 버그를 발견하면 꼭 알려주길 바랍니다.

Hy를 사용할 때의 장단점은 무엇입니까?

Hy의 장점은 완전한 매크로 시스템을 가지고 있다는 것입니다. 매크로는 컴파일 단계에서 코드를 변경하는 특수 함수입니다. 따라서 고유한 표현과 간결한 코드를 허용하는 많은 매크로와 함께 기본 언어(이 경우 Hy/파이썬)로 구성된 새로운 도메인별 언어를 쉽게 만들 수 있습니다.

단점은 Hy가 s-표현식으로 작성된 리스프라서 배우고, 읽고, 유지 관리하는 게 어렵다는 것입니다. 사람들은 복잡한 것에 대한 두려움이 있어 Hy를 사용하는 프로젝트를 싫어할 수 있습니다.

Hy는 결국 애증의 리스프입니다. Hy는 파이썬 객체를 직접 사용하므로 파이썬 사용자는 리스프 구문을 좋아하지 않을 수 있으며, 리스프 사용자는 Hy가 파이썬 객체를 직접 사용하므로 싫어할 수 있습니다. 기본 객체의 동작이 때때로 노련한 리스프 사용자를 놀라게 할 수도 있습니다.

Hy 구문을 살펴보고, 이전에는 파이썬이 손대지 않았던 부분을 탐색해보길 바랍니다.

## CHAPTER 10

성능과 최적화

애플리케이션을 개발할 때 최적화를 가장 먼저 고려해야 하는 것은 아니지만, 더 좋은 성능을 내기 위해 최적화는 항상 필요합니다. 느려질 것을 생각하고 개발하라는 것이 아니라 적절한 도구와 프로파일링을 처음부터 고려하지 않고 최적화를 생각하는 것이 시간 낭비라는 것입니다. 도널드 커누스Donald Knuth는 "섣부른 최적화premature optimization는 악의 근원이다"라고 말했습니다.[1]

이 장에서는 올바른 접근 방식을 사용하여 빠른 코드를 작성하는 방법과 최적화가 필요할 때 어디를 봐야 할지 알아볼 것입니다. 개발자들은 어떤 때 파이썬의 속도가 느리고 빠른지 추측하려고 합니다. 여기서는 추측만 하기보다 애플리케이션을 프로파일링하는 방법을 이해하고 프로그램의 어떤 부분이 속도를 늦추고 병목현상을 유발하는지 직접 알아봅시다.

10.1 자료구조

대부분의 프로그래밍 문제는 올바른 자료구조를 사용해서 간결하고 간단한 방식으로 해결할 수 있습니다. 파이썬은 선택할 수 있는 많은 자료구조를 제공합니다. 이미 존재하는 자료구조를 활용하는 방법을 잘 익히면, 사용자 정의 자료구조를 직접 코딩해서 만드는 것보다 깔끔하고 안정적인 자료구조를 만들 수 있습니다.

----

1 Donald Knuth, "Structured Programming with go to Statements," ACM Computing Surveys 6, no. 4 (1974): 261–301.

예를 들어 dict를 많이 사용하면서 다음과 같이 KeyError 예외를 확인해서 딕셔너리에 접근하려고 해본 적이 있나요?

```
def get_fruits(basket, fruit):
    try:
        return basket[fruit]
    except KeyError:
        return None
```

또는 키가 존재하는지 확인할 수도 있습니다.

```
def get_fruits(basket, fruit):
    if fruit in basket:
        return basket[fruit]
```

dict 클래스에서 기본으로 제공하는 get() 메서드를 사용하면, 예외를 확인하거나 키 존재 여부를 먼저 확인하지 않아도 됩니다.

```
def get_fruits(basket, fruit):
    return basket.get(fruit)
```

dict.get() 메서드는 None 대신 기본값을 반환할 수도 있습니다. 두 번째 인수로 전달해서 호출합니다.

```
def get_fruits(basket, fruit):
    # fruit를 반환하거나 fruit를 찾지 못하면 Banana를 반환
    return basket.get(fruit, Banana())
```

많은 개발자가 파이썬이 제공하는 모든 메서드를 알지 못하고 파이썬 기본 자료구조를 사용합니다. set 자료구조가 그 예시입니다. set 자료구조에서 제공하는 메서드를 활용하면 중첩되는

for 문이나 if 문을 써야 해결할 수 있는 많은 문제를 해결할 수 있습니다. 종종 다음과 같이 for/if 반복을 사용하여 항목이 리스트에 있는지 확인합니다.

```python
def has_invalid_fields(fields):
    for field in fields:
        if field not in ['foo', 'bar']:
            return True
    return False
```

리스트에 존재하는 각 항목을 반복하고, 그 항목이 foo 또는 bar인지 확인합니다. 그러나 더 효율적으로 만들 수 있으므로 이러한 반복이 필요 없습니다.

```python
def has_invalid_fields(fields):
    return bool(set(fields) - set(['foo', 'bar']))
```

필드를 set로 변환하는 코드를 변경하고, set(['foo', 'bar'])를 빼서 나머지 set를 가져옵니다. 그런 다음 set를 불리언 값으로 변환하여 foo 및 bar가 아닌 항목이 남아 있는지를 나타냅니다. set를 사용하면 리스트를 반복하고 항목을 하나씩 확인할 필요가 없습니다. 파이썬 내부적으로 실행되는 2개 set의 단일 연산은 더 빠릅니다.

파이썬에는 소스 코드 유지 관리 부담을 크게 줄일 수 있는 고급 자료구조가 있습니다. [예제 10-1]을 살펴봅시다.

예제 10-1 set로 이루어진 딕셔너리에 항목 추가하기(Listing10-1.py)

```python
def add_animal_in_family(species, animal, family):
    if family not in species:
        species[family] = set()
    species[family].add(animal)

species = {}
add_animal_in_family(species, 'cat', 'felidea')
```

위 소스 코드는 이상 없이 동작하지만 추가할 항목이 있을 때마다 수십, 수백 가지 변경이 필요할 겁니다.

파이썬은 collections.defaultdict 구조를 제공하며 좀 더 간결한 방식으로 이 문제를 해결할 수 있습니다.

```
import collections

def add_animal_in_family(species, animal, family):
    species[family].add(animal)

species = collections.defaultdict(set)
add_animal_in_family(species, 'cat', 'felidea')
```

dict에 존재하지 않는 항목에 접근하려고 할 때마다 defaultdict는 KeyError를 발생하는 대신 생성자에 인수로 전달된 함수를 사용하여 새 값을 생성합니다. 이때 새로운 set를 만들 때마다 set() 함수를 사용합니다.

collections 모듈은 또 다른 유형의 문제를 해결할 때 사용할 수 있는 몇 가지 자료구조를 제공합니다. 구분 가능한 자료구조에 존재하는 개별 항목 수를 계산한다고 해봅시다. 이때 사용하는 메서드인 collections.Counter()를 살펴보겠습니다.

```
>>> import collections
>>> c = collections.Counter("Premature optimization is the root of all evil.")
>>> c
Counter({' ': 7, 't': 5, 'o': 5, 'i': 5, 'e': 4, 'r': 3, 'a': 3, 'l': 3, 'm': 2,
 'P': 1, 'u': 1, 'p': 1, 'z': 1, 'n': 1, 's': 1, 'h': 1, 'f': 1, 'v': 1, '.': 1})
>>> c['P']    # 대문자 'P'의 개수 반환
1
>>> c['e']    # 소문자 'e'의 개수 반환
4
>>> c.most_common(2)    # 가장 많이 등장하는 문자 2개 반환
[(' ', 7), ('t', 5)]
```

collections.Counter 객체는 항목을 셀 수 있는 함수를 만드는 대신 구분할 수 있는 항목을 만들어서 셀 수 있습니다. 문자열에 존재하는 문자 각각의 개수를 쉽게 확인할 수 있고, 많이 사용된 문자의 n을 반환하기도 합니다. 만약 파이썬 표준 라이브러리에서 제공하고 있다는 것을 모르면 직접 구현하려고 시도했을 수도 있습니다.

올바른 자료구조, 올바른 메서드, 적절한 알고리즘을 사용하면 프로그램의 성능이 향상됩니다. 하지만 프로그램의 성능이 충분히 향상되지 않을 때 어느 부분에서 속도가 느려지고 최적화가 필요한지 소스 코드를 프로파일링하여 단서를 얻을 수 있습니다.

10.2 프로파일링으로 내부 동작 이해하기

프로파일링profiling은 프로그램의 작동 방식을 이해할 수 있는 동적 프로그램 분석의 한 방법입니다. 병목현상이 발생할 수 있는 곳을 찾고 최적화를 해야 할지 결정할 수 있습니다. 프로그램의 프로파일링은 프로그램 일부가 얼마나 많이 실행되고, 실행되는 데 얼마나 오래 걸렸는지를 설명하는 일종의 통계 결과입니다.

파이썬은 프로그램을 프로파일링하기 위한 몇 가지 도구를 제공합니다. cProfile은 파이썬 표준 라이브러리의 일부이므로 설치하지 않아도 됩니다. 또한 파이썬 모듈을 더 작은 부분으로 분해할 수 있는 dis 모듈을 살펴봅니다. 이 모듈은 파이썬이 내부적으로 어떻게 동작하는지 이해하기 쉽게 해줍니다.

10.2.1 cProfile

파이썬은 버전 2.5부터 기본으로 cProfile을 제공합니다. cProfile을 사용하려면 python -m cProfile <*program*> 구문으로 원하는 프로그램을 실행합니다. cProfile 모듈을 로드하고 활성화한 다음 [예제 10-2]와 같이 통계량 측정이 활성화된 상태로 일반 프로그램을 실행합니다.

```
C:\serious_python\chapter10> python -m cProfile Listing10-1.py
        5 function calls in 0.000 seconds

   Ordered by: standard name

   ncalls  tottime  percall  cumtime  percall filename:lineno(function)
        1    0.000    0.000    0.000    0.000 Listing10-1.py:1(<module>)
        1    0.000    0.000    0.000    0.000 Listing10-1.py:1(add_animal_in_family)
        1    0.000    0.000    0.000    0.000 {built-in method builtins.exec}
        1    0.000    0.000    0.000    0.000 {method 'add' of 'set' objects}
        1    0.000    0.000    0.000    0.000 {method 'disable' of '_lsprof.
Profiler' objects}
```

[예제 10-2]는 cProfile로 간단한 스크립트를 실행한 결과를 보여줍니다. 프로그램의 각 함수를 호출한 횟수와 각각 실행에 소요된 시간을 알려줍니다. -s 옵션을 사용해서 필드를 기준으로 정렬할 수도 있습니다. -s time은 내부 시간을 기준으로 결과를 정렬합니다.

KCacheGrind라는 훌륭한 도구를 사용하여 cProfile에서 생성된 정보를 시각화할 수 있습니다. 이 도구는 C로 작성된 프로그램을 처리하기 위해 만들었지만, 데이터를 호출 트리로 변환하여 파이썬 데이터와도 함께 사용할 수 있습니다.

cprofile은 프로파일링 데이터를 저장할 수 있는 -o 옵션을 가지고 있으며, pyprof2calltree는 데이터를 다른 형식으로 변환할 수 있습니다. 먼저 다음과 같이 애플리케이션을 설치합니다.

```
C:\serious_python\chapter10> pip install pyprof2calltree
```

설치가 완료되면 [예제 10-3]과 같이 애플리케이션을 실행해서 데이터를 변환하고(-i 옵션), 변환한 데이터를 사용하여 KCacheGrind를 실행합니다(-k 옵션).

예제 10-3 cProfile 및 KCacheGrind 실행하기

```
C:\serious_python\chapter10> python -m cProfile -o Listing10-1.cprof Listing10-1.py
C:\serious_python\chapter10> pyprof2calltree -k -i Listing10-1.cprof
```

KCacheGrind가 실행되면 [그림 10-1]과 같은 정보를 볼 수 있습니다. 이런 시각화 결과로 각 기능에 소요된 시간 정보를 백분율로 확인할 수 있으며 프로그램의 어떤 부분이 너무 많은 리소스를 소비하는지 알 수 있습니다.

KCacheGrind를 보는 가장 쉬운 방법은 화면 왼쪽 표에 표시된 프로그램이 실행하는 모든 기능과 메서드 목록을 확인하는 것입니다. 실행 시간별로 정렬한 다음 가장 많은 CPU 시간을 소비하는 시간을 식별하고 클릭할 수 있습니다.

KCacheGrind의 오른쪽 패널에는 해당 함수를 호출한 함수와 횟수 및 함수에 의해 호출되는 다른 함수가 표시됩니다. 각 파트의 실행 시간을 포함하여 프로그램의 호출 그래프를 쉽게 탐색할 수 있습니다.

이를 통해 소스 코드의 어떤 부분을 최적화해야 하는지 더 잘 이해할 수 있습니다. 소스 코드를 최적화하는 방법은 개발자 여러분에게 달려 있으며 프로그램의 목적에 따라 다를 것입니다!

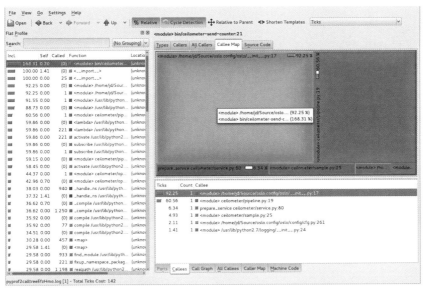

그림 10-1 KCacheGrind 출력의 예

거시적인 관점에서 프로그램이 잘 작동하는지에 대한 정보와 시각화를 정보를 확인했지만, 좀 더 자세히 내부 동작을 살펴볼 필요가 있습니다. 이때 dis 모듈을 사용합니다.

10.2.2 dis 모듈로 역어셈블링하기

dis 모듈은 파이썬 바이트코드의 역어셈블러disassembler입니다. 소스 코드를 분리하면 각 행의 진행 상황을 이해하여 소스 코드를 올바르게 최적화할 수 있습니다. 예를 들어 [예제 10-4]는 dis.dis() 함수로, 매개변수로 전달하는 함수를 분해하고 함수가 실행하는 바이트코드 명령 어들을 출력합니다.

예제 10-4 함수 분해하기

```
>>> def x():
...     return 42
...
>>> import dis
>>> dis.dis(x)
  2           0 LOAD_CONST               1 (42)
              2 RETURN_VALUE
```

[예제 10-4]에서 함수 x를 분해하고 바이트코드 명령어로된 구성 요소를 출력합니다. 42의 상수(LOAD_CONST)를 로드하고 해당 값(RETURN_VALUE)을 반환하는 두 가지 작업만 있습니다.

dis가 실제로 어떻게 작동하고 유용한지 알아보기 위해, 문자 3개를 연결하는 동일한 기능을 수행하는 두 가지 함수를 정의하고 분해하여 각각 다른 방식으로 동작하는지 확인할 것입니다.

```
abc = ('a', 'b', 'c')

def concat_a_1():
    for letter in abc:
        abc[0] + letter

def concat_a_2():
```

```
    a = abc[0]
    for letter in abc:
        a + letter
```

두 함수는 모두 같은 일을 하는 것처럼 보이지만 [예제 10-5]와 같이 **dis.dis**를 사용하여 분석하면 생성된 바이트코드가 약간 다르다는 것을 알 수 있습니다.

예제 10-5 문자열을 연결하는 함수 분해하기

```
>>> dis.dis(concat_a_1)
  2           0 SETUP_LOOP           24 (to 26)
              2 LOAD_GLOBAL           0 (abc)
              4 GET_ITER
        >>    6 FOR_ITER             16 (to 24)
              8 STORE_FAST            0 (letter)

  3          10 LOAD_GLOBAL           0 (abc)
             12 LOAD_CONST            1 (0)
             14 BINARY_SUBSCR
             16 LOAD_FAST             0 (letter)
             18 BINARY_ADD
             20 POP_TOP
             22 JUMP_ABSOLUTE         6
        >>   24 POP_BLOCK
        >>   26 LOAD_CONST            0 (None)
             28 RETURN_VALUE
>>> dis.dis(concat_a_2)
  2           0 LOAD_GLOBAL           0 (abc)
              2 LOAD_CONST            1 (0)
              4 BINARY_SUBSCR
              6 STORE_FAST            0 (a)

  3           8 SETUP_LOOP           20 (to 30)
             10 LOAD_GLOBAL           0 (abc)
             12 GET_ITER
        >>   14 FOR_ITER             12 (to 28)
             16 STORE_FAST            1 (letter)
```

```
    4            18 LOAD_FAST               0 (a)
                 20 LOAD_FAST               1 (letter)
                 22 BINARY_ADD
                 24 POP_TOP
                 26 JUMP_ABSOLUTE          14
        >>       28 POP_BLOCK
        >>       30 LOAD_CONST              0 (None)
                 32 RETURN_VALUE
```

[예제 10-5]의 두 번째 함수에서 반복을 실행하기 전에 abc[0]을 임시 변수에 저장합니다. 이렇게 하면 반복 내에서 실행되는 바이트코드가 첫 번째 함수의 바이트코드보다 약간 작아집니다. 반복될 때마다 abc[0] 조회를 하지 않아도 됩니다. timeit을 사용하여 측정한 두 번째 함수는 첫 번째 함수보다 10% 빠릅니다. 전체를 실행하는 데 시간이 덜 걸립니다! 분명히 이 실행 시간은 이 함수를 수십억 번 호출하지 않는 한 최적화할 가치가 없을 겁니다. 하지만 이 결과는 dis 모듈로 얻을 수 있는 일종의 통찰입니다.

반복문 외부에 값을 저장하는 것과 같은 '팁'을 사용해야 하는지는 상황에 따라 다릅니다. 궁극적으로 이런 최적화는 컴파일러가 해야 합니다. 반면에 파이썬은 스크립트 실행 형식이기 때문에 컴파일러가 최적화에 부수 효과가 없을 것이라고 확신하기가 어렵습니다. [예제 10-5]에서 abc[0]을 사용하면 abc.__getitem__을 호출합니다. 상속으로 무시될 수 있는 부수 효과가 있을 수 있습니다. 사용하는 함수 버전에 따라 abc.__getitem__ 메서드는 한 번 아니면 여러 번 호출될 수 있습니다. 그래서 차이가 발생할 수 있습니다. 그러므로 소스 코드를 작성하고 최적화할 때 주의해야 합니다.

10.3 효율적으로 함수 정의하기

소스 코드를 검토할 때 발견하게 되는 일반적인 실수 한 가지는 함수 내에서 함수를 정의하는 것입니다. 함수를 반복적으로 불필요하게 재정의하기 때문에 비효율적입니다. 예를 들어 [예제 10-6]에서는 y() 함수가 여러 번 정의됩니다.

```
>>> import dis
>>> def x():
...     return 42
...
>>> dis.dis(x)
  2           0 LOAD_CONST               1 (42)
              2 RETURN_VALUE
>>> def x():
...     def y():
...             return 42
...     return y()
...
>>> dis.dis(x)
  2           0 LOAD_CONST               1 (<code object y at 0x00000207F2EAAE40,
file "<stdin>", line 2>)
              2 LOAD_CONST               2 ('x.<locals>.y')
              4 MAKE_FUNCTION            0
              6 STORE_FAST               0 (y)

  4           8 LOAD_FAST                0 (y)
             10 CALL_FUNCTION            0
             12 RETURN_VALUE

Disassembly of <code object y at 0x00000207F2EAAE40, file "<stdin>", line 2>:
  3           0 LOAD_CONST               1 (42)
              2 RETURN_VALUE
```

[예제 10-6]은 MAKE_FUNCTION, STORE_FAST, LOAD_FAST, CALL_FUNCTION의 호출을 보여줍니다. [예제 10-4]와 비교해서 42를 반환하는 데 더 많은 명령 코드가 필요합니다.

함수 내에 함수를 정의해야 하는 유일한 경우는 함수 클로저를 빌드할 때뿐입니다. 이는 [예제 10-7]과 같이 LOAD_CLOSURE를 사용하여 파이썬의 연산 부호에서 완벽하게 식별된 사례입니다.

```
>>> def x():
...     a = 42
...     def y():
...             return a
...     return y()
...
>>> dis.dis(x)
  2           0 LOAD_CONST            1 (42)
              2 STORE_DEREF          0 (a)

  3           4 LOAD_CLOSURE         0 (a)
              6 BUILD_TUPLE          1
              8 LOAD_CONST           2 (<code object y at 0x00000207F300CC90,
file "<stdin>", line 3>)
             10 LOAD_CONST           3 ('x.<locals>.y')
             12 MAKE_FUNCTION        8
             14 STORE_FAST           0 (y)

  5          16 LOAD_FAST            0 (y)
             18 CALL_FUNCTION        0
             20 RETURN_VALUE

Disassembly of <code object y at 0x00000207F300CC90, file "<stdin>", line 3>:
  4           0 LOAD_DEREF           0 (a)
              2 RETURN_VALUE
```

항상 사용할 필요는 없지만, 소스 코드 역어셈블은 내부에서 일어나는 일을 자세히 살펴보고 싶을 때 유용한 도구입니다.

10.4 정렬된 리스트와 bisect

다음으로 리스트 최적화에 대해 살펴보겠습니다. 리스트가 정렬되지 않은 상태에서 특정 항목의 위치를 찾을 때, 최악의 경우는 $O(n)$의 복잡성을 가지며, 이는 리스트의 모든 항목을 반복한 후에 항목을 찾는 것입니다.

이 문제를 최적화하기 위한 일반적인 해결책은 정렬된 리스트를 대신 사용하는 것입니다. 정렬된 리스트는 bisect를 사용해서 조회하여 검색 시간 $O(log\ n)$을 얻을 수 있습니다. 리스트를 반으로 나누고 항목이 있는 쪽과 없는 쪽을 구분합니다. 재귀적으로 반복해서 항목이 있는 쪽에 대해서 같은 작업을 수행합니다.

파이썬은 bisect 모듈을 제공합니다. 이 모듈에는 [예제 10-8]에서 볼 수 있는 것처럼 구현되어 있습니다.

예제 10-8 bisect를 사용하여 사막에서 바늘 찾기

```
>>> import bisect
>>> farm = sorted(['haystack', 'needle', 'cow', 'pig'])
>>> bisect.bisect(farm, 'needle')
3
>>> bisect.bisect_left(farm, 'needle')
2
>>> bisect.bisect(farm, 'chicken')
0
>>> bisect.bisect_left(farm, 'chicken')
0
>>> bisect.bisect(farm, 'eggs')
1
>>> bisect.bisect_left(farm, 'eggs')
1
```

[예제 10-8]에서 볼 수 있는 것처럼 bisect.bisect() 함수는 리스트를 정렬한 상태로 유지하기 위해 항목을 삽입해야 하는 위치를 반환합니다. 이것은 리스트가 잘 정렬되어 있을 때만 실행됩니다. 초기 정렬을 사용하면 항목 각각의 이론적인 인덱스를 얻을 수 있습니다. bisect()는 항목이 리스트에 있는지 여부를 나타내지 않지만, 항목이 리스트에 있는 경우 위

치를 반환합니다. 이 인덱스에서 항목을 검색하면 항목이 리스트에 있는지 알 수 있습니다.

[예제 10-9]보다 더 나아가 잘 정렬된 리스트에 새 항목을 추가하고 싶다면, bisect 모듈에서 제공하는 insort_left(), insort_right() 함수를 사용할 수도 있습니다.

예제 10-9 정렬된 리스트에 항목 삽입하기

```
>>> import bisect
>>> farm = sorted(['haystack', 'needle', 'cow', 'pig'])
>>> farm
['cow', 'haystack', 'needle', 'pig']
>>> bisect.insort(farm, 'eggs')
>>> farm
['cow', 'eggs', 'haystack', 'needle', 'pig']
>>> bisect.insort(farm, 'turkey')
>>> farm
['cow', 'eggs', 'haystack', 'needle', 'pig', 'turkey']
```

bisect 모듈을 사용하여 list를 상속하는 특수 SortedList 클래스를 작성하고 [예제 10-10]과 같이 항상 정렬된 리스트를 생성할 수도 있습니다.

예제 10-10 SortedList 객체 구현하기

```
import bisect
import unittest

class SortedList(list):
    def __init__ (self, iterable):
        super(SortedList, self). init (sorted(iterable))

    def insort(self, item):
        bisect.insort(self, item)

    def extend(self, other):
        for item in other:
            self.insort(item)
```

```python
    @staticmethod
    def append(o):
        raise RuntimeError("Cannot append to a sorted list")

    def index(self, value, start=None, stop=None):
        place = bisect.bisect_left(self[start:stop], value)
        if start:
            place += start
        end = stop or len(self)
        if place < end and self[place] == value:
            return place
        raise ValueError("%s is not in list" % value)

class TestSortedList(unittest.TestCase):
    def setUp(self):
        self.mylist = SortedList(
            ['a', 'c', 'd', 'x', 'f', 'g', 'w']
            )

    def test_sorted_init(self):
        self.assertEqual(sorted(['a', 'c', 'd', 'x', 'f', 'g', 'w']),
        self.mylist
        )

    def test_sorted_insort(self):
        self.mylist.insort('z')
        self.assertEqual(['a', 'c', 'd', 'f', 'g', 'w', 'x', 'z'],
        self.mylist
        )
        self.mylist.insort('b')
        self.assertEqual(['a', 'b', 'c', 'd', 'f', 'g', 'w', 'x', 'z'],
        self.mylist
        )

    def test_index(self):
        self.assertEqual(0, self.mylist.index('a'))
        self.assertEqual(1, self.mylist.index('c'))
```

```python
        self.assertEqual(5, self.mylist.index('w'))
        self.assertEqual(0, self.mylist.index('a', stop=0))
        self.assertEqual(0, self.mylist.index('a', stop=2))
        self.assertEqual(0, self.mylist.index('a', stop=20))
        self.assertRaises(ValueError, self.mylist.index, 'w', stop=3)
        self.assertRaises(ValueError, self.mylist.index, 'a', start=3)
        self.assertRaises(ValueError, self.mylist.index, 'a', start=333)

    def test_extend(self):
        self.mylist.extend(['b', 'h', 'j', 'c'])
        self.assertEqual(
            ['a', 'b', 'c', 'c', 'd', 'f', 'g', 'h', 'j', 'w', 'x'],
            self.mylist
            )
```

이와 같이 list를 항목을 추가할 때 약간 느릴 수도 있습니다. 그 항목을 추가하기 위한 적당한 장소를 찾아야 하기 때문입니다. 그러나 이 클래스는 부모와 다르게 index() 메서드를 사용하기 때문에 더 빠릅니다. list.append()를 사용하면 안 됩니다. 리스트 끝에 항목을 추가할 수 없거나 정렬되지 않는 상태로 끝날 수도 있습니다!

파이썬 라이브러리는 바이너리 트리binary tree나 레드-블랙 트리red-black tree 구조와 같은 더 많은 자료형에 대해 다양한 버전이 있습니다. 이를 [예제 10-10]에서 구현해보았습니다. blist와 bintree 파이썬 패키지는 이러한 목적으로 사용할 수 있는 코드가 포함되어 있으며 자체 버전을 실행하고, 디버깅하는 편리한 대안입니다.

이어서 파이썬에서 제공하는 기본 튜플 데이터 형식을 활용하여 파이썬 소스 코드를 조금 더 빠르게 만드는 방법을 살펴보겠습니다.

10.5 네임드튜플과 슬롯

프로그래밍을 할 때 종종 고정된 몇 개의 속성이 있는 간단한 객체를 만들어야 할 때가 있습니다. 다음은 간단한 예제입니다.

```
class Point(object):
    def __init__ (self, x, y):
        self.x = x
        self.y = y
```

원하던 대로 속성을 저장합니다. 그러나 이 방법에는 단점이 있습니다. 객체 클래스에서 상속되는 클래스를 만들고 있으므로, 이 Point 클래스를 사용하여 전체 객체를 인스턴스화하고 많은 메모리를 할당합니다.

파이썬에서 일반 객체는 모든 속성을 딕셔너리에 저장하고 이 딕셔너리는 그 자체를 __dict__ 속성에 저장합니다(예제 10-11).

예제 10-11 속성이 파이썬 객체에 내부적으로 저장되는 방법

```
>>> p = Point(1, 2)
>>> p.__dict__
{'x': 1, 'y': 2}
>>> p.z = 42
>>> p.z
42
>>> p.__dict__
{'x': 1, 'y': 2, 'z': 42}
```

파이썬은 dict를 사용하면 객체에 원하는 만큼 속성을 추가할 수 있다는 장점이 있습니다. 단점은 딕셔너리를 사용하여 이러한 속성을 저장하는 것이 객체, 키, 값 참조 및 기타 모든 것을 저장하는 데 메모리 측면에서 비용이 많이 든다는 것입니다. 따라서 많은 메모리 사용으로 생성 속도가 느리고 조작 속도가 느려집니다.

이런 불필요한 메모리 사용의 예를 다음과 같이 간단한 클래스로 구현해보았습니다.

```
class Foobar(object):
    def __init__ (self, x):
        self.x = x
```

x라는 단일 속성을 가진 간단한 **Point** 객체를 만듭니다. [예제 10–12]에서 볼 수 있는 것처럼, 프로그램별로 메모리 사용량을 한 줄씩 볼 수 있게 해주는 멋진 파이썬 패키지인 **memory_profiler**와 100,000개의 객체를 생성하는 작은 스크립트를 사용하여 이 클래스의 메모리 사용량을 살펴보겠습니다.

예제 10-12 객체를 사용하여 스크립트에서 memory_profiler 사용하기[2]

```
C:\serious_python\chapter10> python -m memory_profiler object.py
Filename: object.py

Line #    Mem usage    Increment   Occurences   Line Contents
================================================================
     6    19.457 MiB   19.457 MiB           1    @profile
     7                                            def main():
     8    36.262 MiB   16.805 MiB      100003       f = [ Foobar(42) for i in
range(100000) ]
```

[예제 10–12]는 **Foobar** 클래스의 100,000개 객체를 생성하면 40MB의 메모리를 소비한다는 것을 알려줍니다. 객체당 400byte가 그렇게 크게 느껴지지 않을 수도 있지만, 수천 개의 객체를 만들 때는 메모리가 충분히 필요합니다.

dict의 기본 동작을 피하면서 객체를 사용하는 방법이 있습니다. 파이썬은 클래스에서 해당 클래스의 인스턴스에 허용되는 속성만 나열하는 **__slots__** 속성을 정의할 수 있습니다. 딕셔너리 속성 전체를 할당하여 객체 속성을 저장하는 대신 **list** 객체를 사용하여 객체 속성을 저장할 수 있습니다.

CPython 소스 코드를 살펴보고 **Objects/typeobject.c** 파일을 살펴보면, **__slots__**가

---

2 옮긴이_ 예제를 실행하기 위해서는 먼저 명령어 **pip install memory_profiler**를 실행합니다.

클래스에 설정되었을 때 파이썬이 무엇을 하는지 이해하기 쉽습니다. [예제 10–13]은 앞서 말한 기능을 축약해서 보여줍니다.

예제 10-13 Objects/typeobject.c의 일부분 확인하기

```c
static PyObject *
type_new(PyTypeObject *metatype, PyObject *args, PyObject *kwds)
{
    --생략--
    /* 딕셔너리의 슬롯 시퀀스를 확인하고 그 개수를 셉니다 */
    slots = _PyDict_GetItemId(dict, &PyId slots );
    nslots = 0;
    if (slots == NULL) {
        if (may_add_dict)
            add_dict++;
        if (may_add_weak)
            add_weak++;
    }

    else {
        /* 슬롯이 존재하면
        슬롯을 튜플로 만듭니다 */
            if (PyUnicode_Check(slots))
                slots = PyTuple_Pack(1, slots);
            else
            slots = PySequence_Tuple(slots);
        /* 슬롯 사용이 가능한지 확인합니다 */
        nslots = PyTuple_GET_SIZE(slots);
        if (nslots > 0 && base->tp_itemsize != 0) {
            PyErr_Format(PyExc_TypeError,
                    "nonempty slots "
                    "not supported for subtype of '%s'",
                    base->tp_name);
                goto error;
        }
        /* 슬롯을 리스트에 복사합니다. 이름을 바꾸고 정렬합니다. 클래스 할당을 위해
        이름으로 정렬해야 합니다. 마지막에 다시 튜플로 변환합니다 */
        newslots = PyList_New(nslots - add_dict - add_weak);
```

```
        if (newslots == NULL)
            goto error;
        if (PyList_Sort(newslots) == -1) {
            Py_DECREF(newslots);
            goto error;
        }
        slots = PyList_AsTuple(newslots);
        Py_DECREF(newslots);
        if (slots == NULL)
        goto error;
    }
    /* 객체형으로 할당합니다 */
    type = (PyTypeObject *)metatype->tp_alloc(metatype, nslots);
    --생략--
    /* 이름을 유지하고 확장한 객체형으로 슬롯에 존재하도록 합니다 */
    et = (PyHeapTypeObject *)type;
    Py_INCREF(name);
    et->ht_name = name;
    et->ht_slots = slots;
    slots = NULL;
    --생략--
    return (PyObject *)type;
```

[예제 10-13]에서 알 수 있듯이, 파이썬은 __slots__의 내용을 튜플로 변환한 다음 리스트로 변환합니다. 리스트를 다시 튜플로 변환하여 클래스에서 사용하고 저장하기 전에 빌드하고 정렬합니다. 이런 식으로 파이썬은 전체 딕셔너리를 할당 및 사용할 필요 없이 값을 빠르게 검색할 수 있습니다.

이런 클래스를 선언하고 사용하는 것은 쉽습니다. __slots__ 속성을 클래스에 정의할 속성 목록으로 설정하기만 하면 됩니다.

```
class Foobar(object):
    __slots__ = ('x',)

    def init (self, x):
        self.x = x
```

[예제 10-14]처럼 memory_profiler 파이썬 패키지를 사용하여 두 가지 접근법의 메모리 사용량을 비교할 수 있습니다.

예제 10-14 __slots__을 사용하여 스크립트에서 memory_profiler 실행하기

```
C:\serious_python\chapter10> python -m memory_profiler slots.py
Filename: slots.py

Line #    Mem usage    Increment   Occurences   Line Contents
============================================================
     8    19.336 MiB   19.336 MiB           1   @profile
     9                                           def main():
    10    26.066 MiB    6.730 MiB      100003       f = [ Foobar(42) for i in
range(100000) ]
```

[예제 10-14]에서는 100,000개의 객체(또는 객체당 120byte 미만)를 생성하기 위해 12MB 미만의 메모리가 필요함을 보여줍니다. 따라서 파이썬 클래스의 __slots__ 속성을 사용하면 메모리 사용량을 줄일 수 있으므로 많은 수의 간단한 객체를 만들 때 __slots__ 속성이 효과적이고 효율적인 선택입니다. 그러나 이 방법은 모든 클래스의 속성 목록을 하드코딩해서 정적 타이핑을 수행하는 데 사용해서는 안 됩니다. 이런 것은 파이썬 프로그래밍 정신에 어긋납니다.

여기서 단점은 속성 리스트가 수정되었다는 것입니다. 실행 시 Foobar 클래스에 새 속성을 추가할 수 없습니다. 속성 리스트의 고정된 속성으로 나열된 속성에 항상 값이 있고 필드가 항상 어떤 방식으로 정렬되는지 클래스를 상상하기 쉽습니다.

이것은 정확히 collection 모듈의 namedtuple 클래스가 하는 역할입니다. namedtuple 클래스를 사용하면 튜플 클래스에서 상속할 클래스를 동적으로 만들 수 있으므로 변경이 불가능하고 고정된 항목 수와 같은 특성을 공유할 수 있습니다.

namedtuple은 인덱스로 참조하지 않고 명명된 속성을 참조하여 튜플 요소를 검색하는 기능을 제공합니다. [예제 10-15]와 같이 이를 통해 튜플에 쉽게 접근할 수 있습니다.

```
>>> import collections
>>> Foobar = collections.namedtuple('Foobar', ['x'])
>>> Foobar = collections.namedtuple('Foobar', ['x', 'y'])
>>> Foobar(42, 43)
Foobar(x=42, y=43)
>>> Foobar(42, 43).x
42
>>> Foobar(42, 43).x = 44
Traceback (most recent call last):
  File "<stdin>", line 1, in <module>
AttributeError: can't set attribute
>>> Foobar(42, 43).z = 0
Traceback (most recent call last):
  File "<stdin>", line 1, in <module>
AttributeError: 'Foobar' object has no attribute 'z'
>>> list(Foobar(42, 43))
[42, 43]
```

[예제 10-15]는 단 한 줄의 코드로 간단하게 클래스를 만든 다음 인스턴스화하는 방법을 보여 줍니다. __dict__의 생성을 피하면서 클래스가 namedtuple을 상속하고 __slots__ 값이 빈 튜플로 설정되어 있기 때문에 이 클래스의 객체 속성을 변경하거나 속성을 추가할 수 없습니다. 이와 같은 클래스는 튜플에서 상속되므로 쉽게 리스트로 변환할 수 있습니다.

[예제 10-16]은 namedtuple 클래스의 메모리 사용량을 보여줍니다.

예제 10-16 스크립트에 memory_profiler 실행을 위해 namedtuple을 사용하기

```
C:\serious_python\chapter10> python -m memory_profiler namedtuple.py
Filename: namedtuple.py

Line #    Mem usage    Increment   Occurences   Line Contents
================================================================
    10   19.297 MiB   19.297 MiB            1   @profile
    11                                          def main():
    12   36.230 MiB   16.934 MiB       100003       f = [ Foobar(42) for i in
range(100000) ]
```

객체 100,000개에 대해 약 13MB에서 namedtuple을 사용하는 것이 __slots__를 가진 객체를 사용하는 것보다 비효율적이지만, tuple 클래스와 호환된다는 것은 장점입니다. 따라서 반복 가능한 인수가 많은 원시 파이썬 함수 및 라이브러리에 전달할 수 있습니다. 또한 namedtuple 클래스는 tuple에 존재하는 다양한 최적화를 누리고 있습니다. 예를 들어 PyTuple_MAXSAVESIZE(기본값은 20)보다 적은 품목을 가진 튜플은 CPython에서 더 빠른 메모리 할당기를 사용합니다.

namedtuple 클래스는 언더바로 시작하는 메서드지만, 공개적으로 사용할 수 있도록 몇 가지 추가 방법을 제공합니다. _asdict() 메서드는 namedtuple을 dict 인스턴스로 변환할 수 있고, _make() 메서드를 사용하면 기존의 반복 가능한 객체를 이 클래스로 변환할 수 있으며, _replace()는 일부 필드가 교체된 객체의 새 인스턴스를 리턴합니다.

namedtuple은 속성 개수가 적고 사용자 지정 방법이 필요 없는 작은 객체에 적합합니다. 예를 들어 딕셔너리 대신 사용하는 것이 좋습니다. 자료형이 필요한 경우 메서드와 고정된 속성 리스트가 있으며 수천 번 인스턴스화될 수 있으므로 __slots__을 사용하여 사용자 정의 클래스를 작성하면서 일부 메모리를 절약하는 것이 좋습니다.

10.6 메모이제이션

메모이제이션^{memoization}은 결과를 캐싱하여 함수 호출 속도를 높이는 데 사용되는 최적화 기술입니다. 함수의 결과는 순수 함수일 경우에만 캐시될 수 있습니다. 즉 부수 효과가 없고 전역 상태에 의존하지 않습니다. 순수 기능에 대한 자세한 내용은 8장을 참조합시다.

메모이제이션할 수 있는 간단한 함수는 [예제 10-17]과 같이 sin()입니다.

예제 10-17 메모이제이션한 sin() 함수

```
>>> import math
>>> _SIN_MEMOIZED_VALUES = {}
>>> def memoized_sin(x):
...     if x not in _SIN_MEMOIZED_VALUES:
...         _SIN_MEMOIZED_VALUES[x] = math.sin(x)
```

```
...      return _SIN_MEMOIZED_VALUES[x]
>>> memoized_sin(1)
0.8414709848078965
>>> _SIN_MEMOIZED_VALUES
{1: 0.8414709848078965}
>>> memoized_sin(2)
0.9092974268256817
>>> memoized_sin(2)
0.9092974268256817
>>> _SIN_MEMOIZED_VALUES
{1: 0.8414709848078965, 2: 0.9092974268256817}
>>> memoized_sin(1)
0.8414709848078965
>>> _SIN_MEMOIZED_VALUES
{1: 0.8414709848078965, 2: 0.9092974268256817}
```

[예제 10-17]에서 첫 번째 memoized_sin()는 _SIN_MEMOIZED_VALUES에 저장되지 않은 인수로 호출하고, 그 값을 계산하고, 이 딕셔너리에 저장합니다. 동일한 값을 가진 함수를 다시 호출하면 결과가 다시 계산되지 않고 딕셔너리에서 검색합니다. sin()은 매우 빠르게 계산하지만, 복잡한 계산과 관련된 일부 고급 함수는 시간이 더 걸릴 수 있으며 이로 인해 메모이제이션이 필요합니다.

앞서 데커레이터에 대해 배웠으니, 여기에서 사용해볼 수 있는 완벽한 기회가 있을 겁니다. PyPI는 매우 간단한 것부터 가장 복잡하고 완벽한 데커레이터를 통해 몇 가지 메모이제이션을 구현을 보여줍니다.

파이썬 3.3부터 functools 모듈은 가장 **최근에 사용한 캐시**least recently used(LRU) 데커레이터를 제공합니다. 이는 memoization과 동일한 기능을 제공하지만 캐시의 항목 수를 제한하고, 캐시가 최대 크기에 도달했을 때 가장 최근에 사용한 항목을 제거해주는 이점이 있습니다. 또한 이 모듈은 다른 데이터 중에서 캐시 적중 및 누락, 즉 캐시에 액세스된 데이터가 있는지 여부를 통계로 제공합니다. 캐시를 구현할 때 통계는 필수입니다. memoization 또는 캐싱 기술의 강점은 사용량과 유용성을 측정할 수 있다는 것입니다.

[예제 10-18]는 함수의 메모이제이션을 구현하기 위해 functools.lru_cache() 메서드를

사용하는 방법을 보여줍니다. 데커레이션 했을 때 함수는 캐시 사용에 대한 통계를 얻기 위해 cache_info() 메서드를 호출하여 가져옵니다.

예제 10-18 캐시 통계 검사하기

```
>>> import functools
>>> import math
>>> @functools.lru_cache(maxsize=2)
... def memoized_sin(x):
...     return math.sin(x)
...
>>> memoized_sin(2)
0.9092974268256817
>>> memoized_sin.cache_info()
CacheInfo(hits=0, misses=1, maxsize=2, currsize=1)
>>> memoized_sin(2)
0.9092974268256817
>>> memoized_sin.cache_info()
CacheInfo(hits=1, misses=1, maxsize=2, currsize=1)
>>> memoized_sin(3)
0.1411200080598672
>>> memoized_sin.cache_info()
CacheInfo(hits=1, misses=2, maxsize=2, currsize=2)
>>> memoized_sin(4)
-0.7568024953079282
>>> memoized_sin.cache_info()
CacheInfo(hits=1, misses=3, maxsize=2, currsize=2)
>>> memoized_sin(3)
0.1411200080598672
>>> memoized_sin.cache_info()
CacheInfo(hits=2, misses=3, maxsize=2, currsize=2)
>>> memoized_sin.cache_clear()
>>> memoized_sin.cache_info()
CacheInfo(hits=0, misses=0, maxsize=2, currsize=0)
```

[예제 10-18]은 캐시가 어떻게 사용되고 있고 최적화는 되어 있는지 확인하는 방법을 보여줌

니다. 예를 들어 캐시가 가득 차지 않았을 때 누락된 수가 많으면 함수에 전달된 인수가 동일하지 않으므로 캐시가 쓸모가 없을 수 있습니다. 이것은 무엇을 메모이제이션해야 하는지 결정하는 데 도움이 됩니다!

10.7 더 빠른 파이썬 PyPy

PyPy는 표준을 준수하면서 효율적인 파이썬 언어를 구현한 것입니다. 실제로 PyPy로 파이썬 프로그램을 실행할 수 있어야 합니다 CPython의 정식 구현은 C로 작성되어 매우 느릴 수 있습니다. PyPy의 기본 개념은 파이썬 자체로 파이썬 인터프리터를 만들어보는 것이었습니다. 시간이 지남에 따라 파이썬 언어의 제한된 부분집합인 RPython으로 작성되었습니다.

RPython은 파이썬 언어에 제약 조건을 설정하여 컴파일 시 변수 유형을 유추할 수 있습니다. RPython의 코드는 C 코드로 변환되며, Cz 코드는 인터프리터를 구축하기 위해 컴파일됩니다. 물론 RPython은 파이썬 이외의 언어를 구현하는 데 사용될 수 있습니다.

PyPy의 흥미로운 점은 기술적 과제 외에도 CPython을 더 빠르게 대체할 수 있는 단계에 있다는 것입니다. PyPy에는 JIT 컴파일러가 내장되어 있습니다. 즉 컴파일된 코드의 속도와 해석의 유연성을 결합하여 코드를 더 빠르게 실행할 수 있습니다.

얼마나 빠른지는 알고리즘마다 다르겠지만, 순수한 알고리즘 코드는 훨씬 빠릅니다. 일반적인 코드의 경우, PyPy는 보통 CPython보다 3배 속도가 빠르다고 합니다. 불행히도 PyPy에는 한 번에 하나의 스레드만 실행할 수 있는 **전역 인터프리터 락**global interpreter lock(GIL)을 가지고 있는데, 이것은 CPython에 제한 사항이 됩니다.

엄격히 말해서 최적화된 기술은 아니지만, PyPy가 지원되는 파이썬 구현으로 타겟팅하는 것이 좋습니다. PyPy에 지원을 요청하려면 다음과 같이 소프트웨어를 테스트하고 있는지 확인해야 합니다. 6장에서 모든 CPython 버전에서와 마찬가지로 PyPy를 사용하여 가상 환경 구축을 지원하는 **tox**(6.2.2절'tox와 virtualenv 사용하기' 참조)에 대해 논의했으므로 PyPy 지원은 매우 간단합니다.

프로젝트의 시작 부분에서 PyPy를 테스트하고 PyPy로 소프트웨어를 실행할 수 있다고 판단되면, 그 다음 할 일은 많지 않을 것입니다.

PyPy는 파이썬 2.7 및 파이썬 3.5와 호환되며, JIT 컴파일러는 32bit 및 64bit, x86 및 ARM 아키텍처와 다양한 운영체제(리눅스, 윈도우, 맥 OS X)에서 작동합니다. PyPy는 종종 기능 면에서 CPython보다 뒤떨어지지만 계속해서 따라잡으려고 합니다. 하지만 프로젝트가 최신 CPython 기능에 의존하지 않는 한 이것은 문제가 되지 않을 겁니다.

10.8 버퍼 프로토콜로 제로 복사하기

종종 프로그램에서 많은 양의 데이터를 바이트 배열의 형태로 처리해야 합니다. 많은 양의 입력을 문자열로 처리할 때 데이터를 복사, 분할, 수정하며 조작하기 시작하면 매우 비효율적일 수 있습니다.

이진 데이터를 가진 큰 파일을 읽고, 부분적으로 다른 파일에 복사하는 작은 프로그램을 생각해봅시다. 이 프로그램의 메모리 사용량을 조사하기 위해 앞에서와 같이 `memory_profiler`를 사용합니다. 파일을 부분적으로 복사하는 스크립트는 [예제 10-19]에 표시되어 있습니다.

예제 10-19 부분적으로 파일 복사하기

```
# 리눅스 및 맥 OS에서
@profile
def read_random():
    with open("/dev/urandom", "rb") as source:
        content = source.read(1024 * 10000)
        content_to_write = content[1024:]
    print("Content length: %d, content to write length %d" % (len(content),
len(content_to_write)))
    with open("/dev/null", "wb") as target:
        target.write(content_to_write)
```

```
if __name__ == '__main__':
    read_random()
import os
from base64 import b64encode


# 윈도우에서
@profile
def read_random():
    content = b64encode(os.urandom(1024 * 10000)).decode('utf-8')
    content_to_write = content[1024:]
    print("Content length: %d, content to write length %d" % (len(content),
len(content_to_write)))
    with open("copy_test.dump", "w") as target:
        target.write(content_to_write)
```

memory_profiler를 사용하여 [예제 10-19]의 프로그램을 실행하면 소스 코드 [예제 10-20]에 표시된 출력이 생성됩니다.

예제 10-20 파일 사본의 일부 메모리 프로파일링

```
# 리눅스 및 맥 OS에서
python -m memory_profiler memoryview/copy.py
Content length: 10240000, content to write length 10238976 Filename: memoryview/
copy.py


Mem usage    Increment    Line Contents
                          @profile
9.883 MB     0.000 MB     def read_random():
9.887 MB     0.004 MB         with open("/dev/urandom", "rb") as source:
19.656 MB    9.770 MB             content = source.read(1024 * 10000) 1)    #①
29.422 MB    9.766 MB             content_to_write = content[1024:] 2)    #②
29.422 MB    0.000 MB             print("Content length: %d, content to write length %d" %
29.434 MB    0.012 MB             (len(content), len(content_to_write)))
29.434 MB    0.000 MB             with open("/dev/null", "wb") as target:
29.434 MB    0.000 MB                 target.write(content_to_write)
```

```
# 윈도우에서
C:\serious_python\chapter10> python -m memory_profiler memoryview/copy.py
Content length: 13653336, content to write length 13652312
Filename: memoryview/copy.py


Line #    Mem usage    Increment  Occurences   Line Contents
============================================================
     4    19.312 MiB   19.312 MiB           1   @profile
     5                                          def read_random():
     6    32.344 MiB   13.031 MiB           1       content = b64encode(os.
urandom(1024 * 10000)).decode('utf-8')
     7    45.367 MiB   13.023 MiB           1       content_to_write =
content[1024:]
     8    45.371 MiB    0.004 MiB           1       print("Content length: %d,
content to write length %d" % (len(content), len(content_to_write)))
     9    45.371 MiB    0.000 MiB           1       with open("copy_test.dump",
"w") as target:
    10    45.371 MiB    0.000 MiB           1           target.write(content_to_
write)
```

출력 결과를 보면 프로그램에서 _/dev/urandom으로 10MB를 읽습니다(①). 파이썬은 이 데이터를 문자열로 저장하기 위해 약 10MB의 메모리를 할당해야 합니다. 그런 다음 전체 데이터 블록에서 첫 번째 KB를 뺀 값을 복사합니다(②).

[예제 10-20]에서 흥미로운 것은 변수 content_to_write를 빌드할 때 프로그램의 메모리 사용량이 약 10MB 증가한다는 것입니다. 실제로 슬라이스 연산자는 첫 번째 KB를 제외한 전체 내용을 새 문자열 객체에 복사하여 10MB 큰 크기를 할당합니다.

큰 바이트 배열에서 이러한 종류의 작업을 수행하면 큰 메모리 조각이 할당되고 복사되므로 좋지 않습니다. C 코드를 작성해본 경험이 있다면, memcpy() 함수를 사용하는 것은 메모리 사용량과 일반 성능 측면에서 상당한 비용이 소요된다고 알 것입니다.

그러나 C 개발자로서 문자열은 문자character의 배열이며, 어떤 것도 복사하지 않고 배열의 일부만 확인하는 것을 막지 못 한다는 것을 알 겁니다. 전체 문자열이 연속 메모리 영역에 있다면 기본 포인터 산술을 사용하여 이 작업을 수행할 수 있습니다.

이것은 버퍼 프로토콜을 구현하는 객체를 사용하여 파이썬에서도 가능합니다. 버퍼 프로토콜은 이 프로토콜을 제공하기 위해 다양한 유형으로 구현되어야 하는 C API로 PEP 3118에 정의되어 있습니다. 예를 들어 문자열 클래스는 이 프로토콜을 구현합니다.

객체에 이 프로토콜을 구현할 때 `memoryview` 클래스 생성자를 사용하여 원래 객체 메모리를 참조할 새 `memoryview` 객체를 작성할 수 있습니다. 예를 들어 [예제 10-21]은 `memoryview`를 사용하여 복사하지 않고도 문자열 슬라이스에 접근하는 방법을 보여줍니다.

예제 10-21 데이터 복사를 하지 않기 위해 memoryview 사용하기

```
>>> s = b"abcdefgh"
>>> view = memoryview(s)
>>> view[1]
98    #①
>>> limited = view[1:3]
>>> limited
<memory at 0x00000207F2FC3A08>
>>> bytes(view[1:3])
b'bc'
```

①을 보면 문자 b의 ASCII 코드를 찾을 수 있습니다. [예제 10-21]에서는 `memoryview` 객체의 슬라이스 연산자 자체가 `memoryview` 객체를 반환한다는 사실을 이용하고 있습니다. 즉 데이터를 복사하지 않고 특정 슬라이스를 참조하기만 하면 복사본에 사용되는 메모리를 절약할 수 있습니다. [그림 10-2]는 [예제 10-21]에서 일어나는 일을 시각화했습니다.

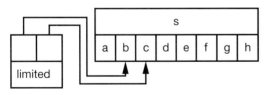

그림 10-2 memoryview 객체에서 슬라이스 사용하기

[예제 10-19]에서 프로그램을 다시 작성했습니다. 이번에는 새 문자열을 할당하는 대신 `memoryview` 객체를 사용하여 작성하려는 데이터를 참조합니다.

```
@profile
def read_random():
    with open("/dev/urandom", "rb") as source:
        content = source.read(1024 * 10000)
        content_to_write = memoryview(content)[1024:]
    print("Content length: %d, content to write length %d" % (len(content),
len(content_to_write)))
    with open("/dev/null", "wb") as target:
        target.write(content_to_write)


if __name__ == '__main__':
    read_random()
```

[예제 10-22]의 프로그램은 [예제 10-19]의 프로그램보다 메모리의 절반을 사용합니다. 다음과 같이 memory_profiler로 다시 테스트하여 확인할 수 있습니다.

```
C:\serious_python\chapter10> python -m memory_profiler memoryview/copy-memoryview.py
Content length: 10240000, content to write length 10238976
Filename: memoryview/copy-memoryview.py


Mem usage    Increment    Line Contents
                          @profile
 9.887 MB    0.000 MB     def read_random():
 9.891 MB    0.004 MB         with open("/dev/urandom", "rb") as source:    #①
19.660 MB    9.770 MB         content = source.read(1024 * 10000)
19.660 MB    0.000 MB         content_to_write = memoryview(content)[1024:]    #②
19.660 MB    0.000 MB         print("Content length: %d, content to write length %d"
% 19.672 MB    0.012 MB                 (len(content), len(content_to_write)))
19.672 MB    0.000 MB         with open("/dev/null", "wb") as target:
19.672 MB    0.000 MB             target.write(content_to_write)
```

이 결과는 /dev/urandom에서 10,000KB를 읽고 많은 것을 하지 않음을 보여줍니다(①). 파이썬은 이 데이터를 문자열 ②로 저장하기 위해 9.77MB의 메모리를 할당해야 합니다.

첫 번째 KB를 대상 파일에 쓰지 않기 때문에 전체 데이터 블록에서 첫 번째 KB를 뺀 값을 참조합니다. 복사하지 않기 때문에 더는 메모리가 사용되지 않습니다!

이런 종류의 팁은 소켓을 다룰 때 특히 유용합니다. 소켓을 통해 데이터를 전송할 때 단일 호출로 전송되지 않고 호출 간에 데이터가 분할될 수 있습니다. `socket.send` 메서드는 네트워크에서 전송할 수 있는 실제 데이터 길이를 반환합니다. 보내려는 데이터보다 더 작을 수도 있습니다. [예제 10-23]은 일반적으로 처리하는 방법입니다.

예제 10-23 소켓을 통한 데이터 전송하기

```
import socket

s = socket.socket(...)
s.connect(...)
data = b"a" * (1024 * 100000)    #①

while data:
    sent = s.send(data)
    data = data[sent:]    #②
```

먼저 a 문자를 1억 회 이상 포함하는 bytes 객체를 생성합니다(①). 이어서 첫 번째로 전송된 바이트인 ②를 제거합니다.

[예제 10-23]에서 구현한 방법을 사용하면 socket이 모든 것을 전송할 때까지 프로그램이 계속해서 데이터를 복사합니다.

[예제 10-24]와 같이 memoryview를 사용하여 복사가 없는 동일한 기능을 수행하고 더 높은 성능을 달성하도록 [예제 10-23]의 프로그램을 변경할 수 있습니다.

예제 10-24 memoryview를 사용하여 소켓을 통해 데이터 보내기

```
import socket

s = socket.socket(...)
s.connect(...)
```

```
data = b"a" * (1024 * 100000)    #①
mv = memoryview(data)

while mv:
    sent = s.send(mv)
    mv = mv[sent:]    #②
```

먼저 a 문자를 1억 회 이상 포함하는 bytes 객체를 생성합니다(①). 그런 다음 해당 데이터를
복사하지 않고 전송할 데이터를 가리키는 새 memoryview 객체를 만듭니다(②). 이 프로그램은
아무것도 복사하지 않으므로 데이터 변수에 처음부터 필요한 100MB보다 많은 메모리를 사용
하지 않습니다.

이제 memoryview 객체를 사용하여 데이터를 효율적으로 쓰는 방법을 알고 있으니, 동일
한 방법으로 데이터를 읽을 수 있습니다. 파이썬에서 대부분의 입출력 작업은 버퍼 프로토콜
을 구현하는 객체를 처리하는 방법을 알고 있습니다. 그 객체에 읽고 쓸 수 있습니다. 예제는
memoryview 객체가 필요하지 않습니다. [예제 10-25]와 같이 입출력 함수에 미리 할당한 객
체에 쓰도록 요청할 수 있습니다.

예제 10-25 미리 할당된 바이트 배열에 쓰기

```
#리눅스 및 맥 OS에서
>>> ba = bytearray(8)
>>> ba
bytearray(b'\x00\x00\x00\x00\x00\x00\x00\x00')
>>> with open("/dev/urandom", "rb") as  source:
...     source.readinto(ba)
...
8
>>> ba
bytearray(b'`m.z\x8d\x0fp\xa1')

# 윈도우에서
>>> ba = bytearray(8)
>>> ba
```

```
bytearray(b'\x00\x00\x00\x00\x00\x00\x00\x00')
>>> import os
>>> ba = bytearray(os.urandom(8))
bytearray(b"\xe3l\xca\\\x8c\xff\x82\'")
```

[예제 10-25]에서 열린 파일의 readinto() 메서드를 사용해서 파이썬은 파일에서 데이
터를 직접 읽고 사전 할당된 bytearray에 씁니다. 이러한 기술을 사용하면 C에서와 같이
malloc()에 대한 호출 수를 완화하는 것처럼 버퍼를 사전 할당하여 쉽게 채울 수 있습니다.
memoryview를 사용하면 [예제 10-26]과 같이 메모리 영역의 어느 지점에나 데이터를 배치할
수 있습니다.

예제 10-26 bytearray의 임의 위치에 쓰기

```
>>> ba = bytearray(8)
>>> ba_at_4 = memoryview(ba)[4:]    #①
>>> with open("/dev/urandom", "rb") as source:
... source.readinto(ba_at_4)    #②
...
4
>>> ba
bytearray(b'\x00\x00\x00\x00\x0b\x19\xae\xb2')
```

우리는 bytearray을 오프셋 4에서 끝까지 참조합니다(①). 그런 다음 오프셋 4에서 bytearray
의 끝까지 /dev/urandom의 내용을 작성하여 4byte만 효과적으로 읽습니다(②).

버퍼 프로토콜은 낮은 메모리 부담을 줄이는 것과 좋은 성능을 내는 데 매우 중요합니다. 파이
썬이 모든 메모리 할당을 감추기 때문에 개발자들은 프로그램 속도에 비해 큰 비용이 발생하는
것을 잊어버리는 경향이 있습니다!

array 모듈의 객체와 struct 모듈의 함수는 모두 버퍼 프로토콜을 올바르게 처리할 수 있으
므로 제로 복사를 대상으로 할 때 효율적으로 수행할 수 있습니다.

10.9 마치며

파이썬 코드를 더 빠르게 만드는 많은 방법을 알아보았습니다. 올바른 자료구조를 선택하고 올바른 데이터 처리 방법을 사용하면 CPU 및 메모리 사용 측면에서 큰 영향을 줄 수 있습니다. 그러므로 파이썬 내부에서 일어나는 일을 이해하는 것이 중요합니다.

그러나 먼저 적절한 프로파일링을 수행하지 않고 최적화를 조급하게 수행해서는 안 됩니다. 핵심적으로 해결해야 하는 부분은 놓치고 거의 사용하지 않는 코드를 수정하는 데만 시간을 낭비하는 경우가 많습니다. 나무를 보지 말고 숲을 봐야 합니다.

10.10 인터뷰: 빅터 스티너와 최적화에 대해

빅터 스티너Victor Stinner는 오랫동안 파이썬 해커이자 핵심 기여자로 파이썬의 많은 모듈을 개발했습니다. 2013년 PEP 454를 작성했고 파이썬에서 메모리 블록 할당을 추적하기 위한 새로운 tracemalloc 모듈을 제안했으며, FAT라는 간단한 AST 최적화 프로그램을 작성했습니다. 또한 CPython 성능 향상에도 정기적으로 기여합니다.

파이썬 코드를 최적화하기 위한 좋은 출발 전략은 무엇입니까?

파이썬뿐만 아니라 다른 언어에서도 동일합니다. 우선, 안정적이고 재현 가능한 벤치마크 결과를 얻으려면 잘 정의한 사례가 필요합니다. 신뢰할 수 있는 벤치마크 없이 다른 최적화를 시도하면 시간이 낭비되고 섣부른 최적화가 될 수 있습니다. 쓸모없는 최적화는 소스 코드를 더 나쁘게 하거나 읽을 수 없거나 느리게 만들 수 있습니다. 가치가 있다면 유용한 최적화를 통해 프로그램 속도를 5% 이상 높여야 합니다.

소스 코드의 특정 부분이 느린 것으로 확인되면 이 소스 코드에 대한 벤치마크를 준비해야 합니다. 짧은 기능에 대한 벤치마크를 일반적으로 **마이크로 벤치마크**micro-benchmark라고 합니다. 마이크로 벤치마크의 최적화를 하려면 속도가 최소 20%에서 25% 향상되어야 합니다.

다른 컴퓨터, 다른 운영체제 또는 다른 컴파일러에서 벤치마크를 실행하는 것은 흥미로울 수 있습니다. 예를 들어 realloc()의 성능은 리눅스와 윈도우에서 다를 수 있습니다.

파이썬 코드를 프로파일링하거나 최적화하기 위해 쓰면 좋은 도구는 무엇입니까?

파이썬 3.3에는 벤치마크의 경과 시간을 측정하는 time.perf_counter() 함수가 있습니다. 이는 가능한 한 최상으로 결과를 제공합니다.

테스트는 두 번 이상 실행해야 합니다. 최소 3번에서 최대 5번이면 충분합니다. 테스트를 반복하면 디스크 캐시와 CPU 캐시가 채워집니다. 저는 최소의 타이밍을 유지하는 것을 선호하지만 다른 개발자는 기하 평균을 선호합니다.

마이크로 벤치마크의 timeit 모듈은 사용하기 쉽고 결과를 빠르게 제공하지만 기본 매개변수를 사용하기 때문에 결과를 신뢰할 수 없습니다. 안정적인 결과를 얻으려면 테스트를 수동으로 반복해야 합니다.

최적화에는 많은 시간이 소요될 수 있으므로 CPU를 가장 많이 사용하는 함수에 집중하는 것이 좋습니다. 이러한 함수를 찾기 위해 파이썬에는 cProfile 및 profile 모듈이 있어 각 함수에 소요된 시간을 기록합니다.

성능을 향상시킬 수 있는 파이썬 팁이 있습니까?

표준 라이브러리를 가능한 한 많이 재사용해야 합니다. 테스트가 잘되어 있고 대체로 효율적입니다. 파이썬 기본 자료형은 C로 구현되며 성능이 좋습니다. 최상의 성능을 얻으려면 올바른 자료형을 사용하세요. 파이썬은 dict, list, deque, set 등 다양한 종류의 자료구조를 제공합니다.

파이썬을 최적화하는 데 몇 가지 팁이 있지만, 약간의 속도 향상을 위해 소스 코드를 읽기 어렵게 만들기 때문에 피하는 게 좋습니다.

파이썬의 선(PEP 20)은 '한 가지 분명한 방법이 있어야 한다'라고 합니다. 실제로 파이썬 코드를 작성하는 방법에는 여러 가지가 있고 성능은 동일하지 않습니다. 사례에 맞는 벤치마크만 신뢰하세요.

파이썬의 어느 영역이 가장 열악하고 주의해야 합니까?

일반적으로 새 애플리케이션을 개발하는 동안 성능은 걱정하지 않습니다. 섣부른 최적화는 모든 악의 근원입니다. 느린 함수를 식별했을 때는 알고리즘을 변경합니다. 알고리즘과 컨테이너 유형을 잘 선택하면 C에서 짧은 함수를 다시 작성하여 최상의 성능을 얻을 수 있습니다.

CPython의 한 병목현상은 GIL입니다. 두 개의 스레드가 동시에 파이썬 바이트코드를 실행할 수 없습니다. 그러나 이러한 제한된 사항은 두 개의 스레드가 순수한 파이썬 코드를 실행할 때만 중요합니다. 대부분의 처리 시간이 함수 호출에 소비되고 이러한 함수가 GIL을 해제하면, GIL은 병목현상이 아닙니다. 예를 들어 대부분의 입출력 기능은 GIL을 해제합니다.

멀티프로세싱 모듈을 사용하여 GIL 문제를 쉽게 해결할 수 있습니다. 구현하기가 더 복잡한 또 다른 옵션은 비동기 코드를 작성하는 것입니다. 네트워크 지향 라이브러리인 트위스티드, 토네이도, 튤립^{Tulip} 프로젝트는 이 기술을 사용합니다.

자주 볼 수 있는 성능 오류는 무엇입니까?

파이썬을 잘 이해하지 못하면 비효율적인 코드를 작성할 수 있습니다. 예를 들어 복사가 필요하지 않을 때 `copy.deepcopy()`가 잘못 사용된 것을 본 적이 있습니다.

또 다른 성능 저하 요인은 비효율적인 자료구조입니다. 항목이 100개 미만인 컨테이너 유형은 성능에 영향을 미치지 않습니다. 항목이 많을수록 각 작업의 복잡성(`add`, `get`, `delete`)과 그 영향을 알아야 합니다.

## CHAPTER 11

확장과 구조

애플리케이션 개발을 시작하면 복원력^{resiliency}과 확장성^{scalability}을 고려하게 될 것입니다. 확장성, 동시성, 병렬성^{parallelism}은 애플리케이션을 개발하기 전에 설계한 구조에 영향을 받습니다. 11장에서는 이 특성들을 살펴봅니다. 멀티스레딩과 같은 방법들은 파이썬에는 정확하게 적용하기 어렵지만, 서비스 지향 구조와 같은 방법들은 잘 작동합니다.

확장성이라는 주제 하나만으로도 책을 써도 될 정도로 내용이 많습니다. 그리고 이미 많은 책이 출간되어 있습니다. 이 장에서는 모두가 꼭 알아야 하는 확장성의 핵심 기초를 살펴보겠습니다. 백만 사용자를 보유할 애플리케이션을 만들지 않을 거라 해도 유용할 겁니다.

11.1 파이썬의 멀티스레딩과 한계

파이썬은 **메인 스레드**^{main thread}라는 단 하나의 스레드에서 파이썬 프로세스를 실행합니다. 그리고, 하나의 프로세서가 이 스레드를 실행합니다. **멀티스레딩**^{multithreading}은 하나의 파이썬 프로세스에서 여러 스레드를 동시에 실행해서 소스 코드가 작동하도록 하는 프로그래밍 방법입니다. 파이썬에서 동시성을 소개할 수 있는 기본 이론입니다. 여러 프로세서를 가진 컴퓨터라면 소스 코드 실행을 더 빨리할 수 있도록 프로세서에 병렬로 스레드를 실행하는 병렬성을 사용할 수도 있습니다.

항상 적용할 수는 없지만, 일반적으로 다음과 같을 때는 멀티스레딩을 사용합니다.

- 실행되고 있는 주 스레드를 중지하지 않으면서 백그라운드 및 입출력 작업을 실행할 때입니다. 예를 들어 그래픽 사용자 인터페이스는 기본적으로 사용자의 마우스 클릭이나 키보드 입력 등과 같은 이벤트를 대기하면서 바쁘지만, 다른 작업도 실행할 수 있어야 합니다.
- 여러 CPU에 작업을 분산시켜야 하는 경우입니다.

첫 번째 상황은 멀티스레딩을 사용하는 일반적인 경우입니다. 이때 멀티스레딩을 구현하면 조금 복잡해지지만, 멀티스레딩 제어을 관리할 수 있으며 CPU 부하가 집중되지 않으면 성능도 저하되지 않습니다. 입출력이 많은 작업에 동시성을 사용하면 성능이 향상됩니다. 입출력 대기 시간이 길다면 그 시간에 다른 작업을 하면 더 효과적입니다.

두 번째 상황은 한 번에 하나씩 처리하지 않고 요청이 있을 때마다 새 스레드를 시작하는 경우입니다. 멀티스레딩에 적합하게 보일 수도 있습니다. 그러나 이렇게 부하를 분산하면 CPython이 바이트코드를 실행할 때마다 필요한 락인 파이썬 GIL 상황이 발생합니다. 락은 한 번에 하나의 스레드만 파이썬 인터프리터가 제어할 수 있다는 것을 의미합니다. 이 규칙은 원래 경쟁 조건을 방지하기 위해 도입되었지만 불행히도 멀티스레드를 실행하여 애플리케이션을 확장하려고 하면 항상 이 GIL로 인해 제한됩니다.

스레드를 사용하는 것이 이상적으로 보이지만, 멀티스레드로 작업을 처리하는 대부분의 애플리케이션은 150%까지 CPU를 사용하거나 1.5 코어 수준으로 사용하고자 할 때 어려움을 겪습니다. 최근 대부분의 컴퓨터에는 4~8개의 코어가 있으며 서버는 24~48개의 코어가 있지만 GIL 때문에 파이썬은 CPU 전체를 사용하지 못합니다. GIL을 없애려고 노력해도 성능과 호환성이라는 문제에 절충이 필요해 몹시 어렵습니다.

CPython은 파이썬이 구현한 것 중에서 가장 일반적으로 사용되지만, GIL이 없는 다른 것도 있습니다. Jython은 효율적으로 병렬로 여러 스레드를 실행할 수 있습니다. 불행히도 Jython과 같은 프로젝트는 기본적으로 CPython보다 뒤떨어지므로 실제로 유용한 방법은 아닙니다. CPython이 먼저 새로운 것을 구현하면 다른 것들은 CPython의 뒤를 따르는 형국입니다.

이제 우리가 알고 있는 더 나은 방법으로 두 가지 사용 사례를 다시 살펴보겠습니다.

- 백그라운드 작업을 실행해야 하면 멀티스레딩을 사용할 수 있지만, 더 쉬운 방법은 이벤트를 중심으로 애플리케이션을 작성하는 것입니다. 이를 제공하는 많은 파이썬 모듈이 있으며 asyncio가 표준입니다. 같은 개념을 적용해서 만든 트위스티드라는 프레임워크도 있습니다. 최신 프레임워크를 사용하면 신호, 타이머, 파일 디스크립터 활동을 기반으로 이벤트에 접근할 수 있습니다. 이 내용은 11.3절 '이벤트 반응형 아키텍처'에서 설명합니다.

- 작업 부하를 분산시켜야 하면 여러 프로세스를 사용하는 것이 가장 효율적입니다. 다음 절에서 이 방법을 알아보겠습니다.

개발자는 멀티스레딩을 사용하기 전에 항상 두 번 생각해야 합니다. 몇 년 전 제가 경험한 사례를 이야기해보겠습니다. 제가 만든 데비안 기반 데몬인 rebuildd로 수정을 하기 위해 멀티스레딩을 사용했습니다. 실행 중인 각 빌드 작업을 제어하기 위해 다른 스레드를 갖는 것이 편리해 보였지만, 파이썬의 스레딩-병렬 함정에 아주 빠르게 빠지게 되었습니다. 만약 다시 애플리케이션을 만들게 된다면 비동기 이벤트 처리 또는 다중 처리를 기반으로 만들 것입니다. 그래야 GIL에 대해 걱정할 필요가 없을 테니까요.

멀티스레딩은 복잡하므로 멀티스레딩 애플리케이션을 제대로 구현하기가 어렵습니다. 스레드 동기화 및 락을 처리해야 하기 때문에 버그가 많이 발생하기도 합니다. 빈대 잡으려고 초가삼간을 태울 수도 있으니 심사숙고를 해야 합니다.

11.2 멀티프로세싱과 멀티스레딩

GIL로 확장성을 위한 멀티스레딩이 제한되기 때문에 파이썬이 제공하는 다른 해결 방법인 `multiprocessing` 패키지를 살펴봅시다. 이 패키지는 신규 시스템 스레드를 생성하는 대신 `os.fork()`로 신규 프로세스를 시작한다는 것을 제외하고는 `multithreading` 모듈을 사용하는 방법과 같습니다.

[예제 11-1]은 무작위로 정해진 정수 백만 개를 8번 더하는 예제입니다. 이것은 스레드 8개에서 분산해서 실행합니다.

예제 11-1 8번 계산을 동시에 실행하기 위해 멀티스레딩 사용하기

```python
import random
import threading

if __name__=='__main__':
    results = []
    def compute():
        results.append(sum(
```

```
            [random.randint(1, 100) for i in range(1000000)]))
    workers = [threading.Thread(target=compute) for x in range(8)]

    for worker in workers: worker.start()
    for worker in workers: worker.join()
    print("Results: %s" % results)
```

[예제 11-1]에서 threading.Thread 클래스를 사용하여 스레드 8개를 생성하고, workers 배열에 저장합니다. 이 스레드는 compute() 함수를 실행합니다. 이어서 start() 메서드를 사용해서 스레드를 시작합니다. join() 메서드는 스레드가 실행을 종료해야만 복귀합니다. join 메서드가 실행되어야 결과를 출력할 수 있습니다.

예제를 실행하면 결과는 다음과 같습니다.

```
C:\serious_python\chapter11> time python worker.py
Results: [50517927, 50496846, 50494093, 50503078, 50512047, 50482863, 50543387,
50511493]
python worker.py 13.04s user 2.11s system 129% cpu 11.662 total
```

이는 가용한 코어 CPU 네 개로 실행한 결과로, 파이썬이 잠재적으로 CPU를 400%까지 사용할 수 있었음을 의미합니다. 하지만 이 8개의 스레드를 병렬로 실행해도 그만큼 사용하는 것은 불가했습니다. CPU는 129%를 사용하는 데 그쳤고, 이는 전체 하드웨어 가용량의 32%에 불과합니다(129/400).

이제 멀티프로세싱으로 다시 구현해봅시다. 예제와 같이 간단한 경우는 [예제 11-2]와 같이 멀티프로세싱으로 전환하는 것이 매우 간단합니다.

예제 11-2 동시에 계산하기 위해 멀티프로세싱 사용하기

```
import multiprocessing
import random

def compute(n):
    return sum(
```

```
        [random.randint(1, 100) for i in range(1000000)])

    # 8개의 작업 시작
    pool = multiprocessing.Pool(processes=8)
    print("Results: %s" % pool.map(compute, range(8)))
```

multiprocessing 모듈은 시작할 프로세스 개수를 인수로 전달받는 Pool 객체를 제공합니다. 이 객체에는 map() 메서드가 있는데 각각의 파이썬 프로세스가 compute() 함수 실행에 대해서 책임을 진다는 것을 제외하고는 일반적인 map() 메서드와 같습니다.

[예제 11-1]과 동일한 조건으로 [예제 11-2] 프로그램을 실행하면 다음 결과가 나옵니다.

```
C:\serious_python\chapter11> time python workermp.py
Results: [50495989, 50566997, 50474532, 50531418, 50522470, 50488087, 0498016,
50537899]
python workermp.py 16.53s user 0.12s system 363% cpu 4.581 total
```

멀티프로세싱 실행 시간이 60% 감소했습니다. 또한 최대 363%까지 CPU를 사용했습니다. 컴퓨터 CPU 가용량의 90%(363/400)를 사용한 것입니다.

특정 작업을 병렬화할 수 있다고 생각한다면 여러 CPU 코어에 작업을 분산하기 위해 멀티프로세싱을 사용해서 작업을 실행하는 것이 좋습니다. fork()를 호출하는 비용은 클 수도 있어서 아주 작은 실행 시간이 필요한 작업에 대해서는 좋은 방법이 아니겠지만, 계산 작업이 많이 필요하다면 잘 동작할 것입니다.

11.3 이벤트 반응형 아키텍처

이벤트 반응 프로그래밍event-driven programming은 사용자 입력과 같은 이벤트를 사용해서 프로그램이 실행되는 흐름을 표현할 수 있다는 특징이 있으며, 프로그램 흐름을 구성하는 데 좋은 방법입니다. 이벤트 반응형 프로그램은 큐queue에 들어온 다양한 이벤트를 대기하다, 각각의 이벤트를 기반으로 해서 반응합니다. 소켓으로 연결 요청을 대기하다 연결이 오면 처리하는 애플리케이선을 만든다고 가정해봅시다. 이때, 일반적으로 세 가지 방법으로 처리할 수 있습니다.

- 신규 연결이 있을 때마다 multiprocessing 모듈과 같은 라이브러리를 사용해서 새로운 프로세스를 생성합니다.
- threading 모듈과 같은 라이브러리를 사용해서 신규 연결이 있을 때마다 새 스레드를 시작합니다.
- 신규 연결을 대기하고 있는 이벤트 루프에 추가하고, 발생하는 이벤트에 반응합니다.

최신 컴퓨터로 수만 개 이상의 연결을 동시에 처리할 방법을 결정할 때 이를 **C10K 문제**[C10K problem]라고 합니다. 무엇보다도 C10K 해결 전략은 이벤트 루프를 사용해서 수백 개 이벤트를 수신하는 것이 연결당 하나씩 실행하는 스레드 방식보다 훨씬 더 잘 확장된다는 것을 설명합니다. 두 방법은 호환이 가능하지만 일반적으로 멀티스레드 방식을 이벤트 반응 방법으로 대체할 수 있습니다.

이벤트 반응 구조는 이벤트 루프를 사용합니다. 이벤트를 수신하고 처리할 준비가 될 때까지 실행을 차단하는 함수를 프로그램에서 호출합니다. 기본적인 아이디어는 입력 및 출력이 완료되기를 기다리는 동안에도 다른 작업을 수행할 수 있다는 것입니다. 가장 기본적인 이벤트는 '데이터를 읽을 준비가 되었습니다'이거나 '데이터를 쓸 준비가 되었습니다'입니다.

유닉스에서 이러한 이벤트 루프를 구축하기 위한 표준 함수는 시스템 호출 select(2) 또는 poll(2)입니다. 이 함수는 파일 서술자[file descriptor] 목록이 있을 것이라고 예측하며 파일 디스크립터 중 하나 이상을 읽거나 쓸 준비가 되면 실행됩니다.

파이썬에서는 **select** 모듈로 시스템 호출에 액세스할 수 있습니다. 이런 방식의 호출로 이벤트 반응 시스템을 구축하는 것이 쉬울 수는 있지만, 지루할 수도 있습니다. [예제 11-3]은 소켓이 수신 대기하다 수신한 모든 연결 처리 작업을 수행하는 이벤트 반응 시스템입니다.

예제 11-3 연결을 수신하고 처리하는 이벤트 반응 프로그램

```
import select
import socket

server = socket.socket(socket.AF_INET, socket.SOCK_STREAM)

# 입출력 연산에 대해서 블로킹을 하지 않음 설정
server.setblocking(0)
```

```
# 소켓에 포트를 연결
server.bind(('localhost', 10000))
server.listen(8)

while True:
    # select()는 객체 (소켓, 파일 등)을 포함하는 3개 배열을 반환
    # 읽고 쓰고 에러를 알려줄 준비가 되었습니다.
    inputs, outputs, excepts = select.select([server], [], [server])

    if server in inputs:
        connection, client_address = server.accept()
        connection.send("hello!\n")
```

[예제 11-3]에서 서버 소켓을 생성하고 블로킹하지 않음non-blocking으로 설정하는데, 이는 해당 소켓에서 시도한 읽기 또는 쓰기 작업이 프로그램을 차단하지 않음을 의미합니다. 읽을 준비가 된 데이터가 없을 때 프로그램이 소켓에서 읽으려고 하면 소켓 recv() 메서드는 소켓이 준비되지 않았음을 알려주는 OSError를 발생시킵니다. setblocking(0)을 호출하지 않으면 소켓은 오류를 발생하기보다는 차단 모드를 유지합니다. 이어서 소켓을 포트에 연결하고 최대 8개까지 연결을 대기합니다.

메인 루프는 select()를 사용하는 데 읽으려는 파일 디스크립터 목록(이 경우는 소켓), 쓰려고 하는 파일 디스크립터 목록(이 경우에는 없음), 예외를 출력하는 파일 디스크립터(이 경우 소켓)를 사용하여 만들어집니다. select() 함수로 각각의 상태를 가져옵니다. 가져온 값은 요청과 일치하는 파일 디스크립터 목록입니다. 소켓이 읽을 준비가 된 목록에 있는지 쉽게 확인할 수 있으며, 연결을 수락하고 메시지를 보냅니다.

11.4 또 다른 방법 asyncio

트위스티드, 토네이도와 같이 이벤트 반응을 다루는 기능들을 잘 정리하여 일관된 방식으로 제공하는 프레임워크가 많이 있습니다. 트위스티드가 몇 년 동안 이 분야의 사실상 표준이었습니다. libevent, libev, libuv와 같이 파이썬과 연결하는 C 라이브러리는 매우 효율적으로 이벤트 루프를 제공합니다.

이 방법들은 모두 같은 문제를 해결합니다. 선택은 다양하게 할 수 있지만 대부분 같이 운영될 수 없다는 것이 단점입니다. 콜백 기반^{callback based}을 많이 사용하기 때문에 소스 코드를 읽을 때 프로그램 흐름이 명확하지 않습니다. 소스 코드 여기저기를 오가면서 흐름을 파악해야 합니다.

또 다른 방법은 콜백 사용을 피하는 gevent 또는 greenlet 라이브러리입니다. 그러나 이 라이브러리 상세서에는 CPython x86 특정 코드 및 런타임 시 표준 함수를 동적 수정하는 것이 포함되며 장기적으로는 이런 라이브러리를 사용한 소스 코드를 사용하거나 유지하지 않으려 할 것입니다.

2012년에 귀도 반 로섬은 PEP 3156(https://www.python.org/dev/peps/pep-3156)에 코드명 튤립(tulip)을 시작했습니다. 이 패키지의 목표는 모든 프레임워크 및 라이브러리와 호환되고 상호 운용 가능한 표준 이벤트 루프 인터페이스를 제공하는 것입니다.

튤립 코드는 asyncio 모듈로 이름이 변경되어 파이썬 3.4에 병합되었으며, 이것은 사실상 표준입니다. 모든 라이브러리가 asyncio와 호환되는 것은 아니며 대부분의 기존 바인딩을 다시 작성해야 합니다.

파이썬 3.6부터 asyncio는 통합되어 await 및 async 키워드가 있어서 사용하기가 쉽습니다. [예제 11-4]는 비동기 HTTP 바인딩을 제공하는 aiohttp 라이브러리를 asyncio와 함께 사용하여 여러 웹 페이지 검색을 동시에 실행하는 방법을 보여줍니다.

예제 11-4 aiohttp와 동시에 웹 페이지 검색하기[1]

```
import aiohttp
import asyncio

async def get(url):
    async with aiohttp.ClientSession() as session:
        async with session.get(url) as response:
            return response

loop = asyncio.get_event_loop()
```

---

1 옮긴이_ 예제 실행을 위해 먼저 명령어 pip install aiohttp를 실행해야 합니다.

```
coroutines = [get("http://example.com") for _ in range(8)]

results = loop.run_until_complete(asyncio.gather(*coroutines))

print("Results: %s" % results)
```

get() 함수를 비동기로 정의하므로 기술적으로 코루틴 즉 상호 호출입니다. get() 함수의 두 단계, 연결 및 페이지 검색은 호출자에게 양도 제어 준비가 될 때까지 대기한다는 것을 비동기 작업으로 정의합니다. 따라서 asyncio가 언제든지 다른 코루틴을 예약할 수 있습니다. 연결이 설정되거나 페이지를 읽을 준비가 되면 모듈은 코루틴 실행을 재개합니다. 동시에 8개 코루틴이 시작되어 이벤트 루프에 전달하고, 효율적으로 관리하는 것이 asyncio의 역할입니다.

asyncio 모듈은 비동기 코드를 작성하고, 이벤트 루프 활용을 위한 좋은 프레임워크입니다. 파일, 소켓 등을 지원하며 다양한 프로토콜을 지원하기 위해 다른 라이브러리를 많이 사용할 수 있습니다. 사용하는 것을 주저하지 마세요!

11.5 서비스 지향 아키텍처

파이썬이 가진 멀티 처리 결점을 극복하는 것은 까다로울 수 있습니다. 그러나 파이썬은 서로 다른 구성 요소가 통신 프로토콜을 통해 일련의 서비스를 제공하는 소프트웨어 설계 스타일인 **서비스 지향 아키텍처**service-oriented architecture(SOA)를 구현하는 데 매우 능숙합니다. 예를 들어 오픈 스택은 모든 구성 요소에서 SOA 아키텍처를 사용합니다. 구성 요소는 HTTP REST를 사용하여 외부 클라이언트(최종 사용자) 및 AMQP Advanced Message Queuing Protocol 위에 구축된 추상 원격 프로시저 호출remote procedure call(RPC) 메커니즘과 통신합니다.

개발 상황에서 이러한 블록 간에 사용할 통신 채널을 아는 것은 주로 누구와 통신할 것인지를 아는 문제입니다.

외부에 서비스를 공개할 때 선호하는 채널은 특히 REST representational state transfer 스타일 아키텍처와 같은 **상태 비저장**stateless 설계인 HTTP입니다. 이러한 종류의 아키텍처를 사용하면 서비스를 더 쉽게 구현, 확장, 배포 및 이해할 수 있습니다.

그러나 API를 내부적으로 공개하고 사용하는 경우 HTTP가 최선의 프로토콜이 아닐 수 있습니다. 다른 의사소통 프로토콜이 많이 있으며, 이 주제도 한 권의 책을 집필할 수 있는 내용입니다.

파이썬에는 RPC 시스템을 구축하기 위한 많은 라이브러리가 있습니다. Kombu는 주요한 AMQ 프로토콜뿐만 아니라 많은 백엔드 위에 RPC 메커니즘을 제공하기 때문에 흥미롭습니다. Kombu는 레디스, 몽고DB, 빈스토크Beanstalk, 아마존 SQS, 카우치DBCouchDB, 주키퍼ZooKeeper도 지원합니다.

결국 느슨하게 결합한 아키텍처를 사용하여 간접적으로 엄청난 양의 성능을 얻을 수 있습니다. 각 모듈이 API를 제공하고 공개하는 것을 고려하면, API를 공개할 수 있는 여러 데몬을 실행하고 멀티 프로세스를 진행하여 CPU가 작업 부하를 처리할 수 있게 합니다. 예를 들어 **Apache httpd**는 새로운 연결을 처리하는 새로운 시스템 프로세서를 사용하여 새로운 **worker**를 만듭니다. 그런 다음 동일한 노드에서 실행 중인 다른 **worker**에게 연결을 전달할 수 있습니다. 이를 위해 이 API가 제공하는 다양한 **worker**에게 작업을 전달하는 시스템만 있으면 됩니다. 각 블록은 다른 파이썬 프로세스가 될 것이며, 앞에서 본 것처럼 이 방법은 워크로드를 분산하는 멀티스레딩보다 낫습니다. 각 노드에서 여러 **worker**를 시작할 수 있습니다. 상태 비저장 블록이 꼭 필요한 것은 아니더라도 언제든지 선택할 수 있습니다.

11.6 ZeroMQ로 프로세스 간 통신하기

방금 논의했듯이 분산 시스템을 구축할 때는 항상 메시징 버스가 필요합니다. 메시지를 전달하려면 프로세스가 서로 통신해야만 합니다. ZeroMQ는 동시성 프레임워크 역할을 할 수 있는 소켓 라이브러리입니다. [예제 11-5]는 [예제 11-1]과 동일한 **worker**를 구현하지만 작업을 디스패치하고 프로세스 간에 통신하는 방법으로 ZeroMQ를 사용합니다.

```python
import multiprocessing
import random
import zmq

def compute():
    return sum(
        [random.randint(1, 100) for i in range(1000000)])

def worker():
    context = zmq.Context()
    work_receiver = context.socket(zmq.PULL)
    work_receiver.connect("tcp://0.0.0.0:15555")
    result_sender = context.socket(zmq.PUSH)
    result_sender.connect("tcp://0.0.0.0:15556")
    poller = zmq.Poller()
    poller.register(work_receiver, zmq.POLLIN)

    while True:
        socks = dict(poller.poll())
        if socks.get(work_receiver) == zmq.POLLIN:
            obj = work_receiver.recv_pyobj()
            result_sender.send_pyobj(obj())

context = zmq.Context()
# 작업이 보내질 채널 생성
work_sender = context.socket(zmq.PUSH)    #①
work_sender.bind("tcp://0.0.0.0:15555")

# 계산한 결과를 받는 채널 생성
result_receiver = context.socket(zmq.PULL)    #②
result_receiver.bind("tcp://0.0.0.0:15556")

# 작업자 8개 시작
processes = []
for x in range(8):
    p = multiprocessing.Process(target=worker)    #③
```

```
    p.start()
    processes.append(p)

# 8개 작업 전송
for x in range(8):
    work_sender.send_pyobj(compute)

# 8개 결과 읽음
results = []
for x in range(8):
    results.append(result_receiver.recv_pyobj())    #④

# 모든 프로세스 끝내기
for p in processes:
    p.terminate()
    print("Results: %s" % results)
```

한쪽에서는 함수(① work_sender)를 보내고, 다른 한쪽은 작업(② result_receiver)을 보내는 두 개의 소켓을 만듭니다. 각 worker는 자체 소켓 세트를 작성하여 마스터 프로세스에 연결하는 multiprocessing.Process로 시작합니다(③). 그런 다음 worker는 전송받은 모든 기능을 실행하고 결과를 다시 보냅니다. 주요 과정은 발신 소켓을 통해 8개 작업을 보내고, 8개 결과가 수신기 소켓을 통해 다시 전송될 때까지 기다려야 합니다(④).

보다시피 ZeroMQ는 통신 채널을 쉽게 구축할 방법을 제공합니다. TCP 전송 계층을 사용하여 네트워크를 통해 이를 실행할 수 있다는 사실을 설명했습니다. 또한 ZeroMQ는 유닉스 소켓을 사용하여 네트워크 계층이 개입되지 않은 로컬에서 작동하는 통신 채널을 제공하는 점에 주목해야 합니다. 분명히 이 예제에서 ZeroMQ를 기반으로 구축한 통신 프로토콜은 명확함과 간결함을 위해 매우 간단하게 작성되었지만, 이보다 더 정교한 통신 계층을 구축하는 것이 어렵지는 않습니다. ZeroMQ 또는 AMP와 같은 네트워크 메시지 버스와 완전히 분산된 애플리케이션 통신을 구축하는 것도 쉽게 상상해볼 수 있습니다.

HTTP, ZeroMQ, AMQP와 같은 프로토콜은 언어에 구애받지 않습니다. 다른 언어와 플랫폼을 사용하여 시스템의 각 부분을 구현할 수 있습니다. 파이썬이 좋은 언어라는 것에는 동의하지만 다른 팀은 다른 환경 설정을 가지고 있거나 다른 언어를 사용하는 것이 더 나은 해결책일 수도 있습니다.

결국 전송 버스를 사용하여 애플리케이션을 여러 부분으로 분리하는 것이 좋습니다. 이 접근 방식을 사용하면 한 컴퓨터에서 수천 대에 배포할 수 있는 동기 및 비동기 API를 모두 만들 수 있습니다. 특정 언어 및 기술로 한정 지으려 하지 않습니다. 그래서 올바른 방향으로 모든 것을 만들 수 있습니다.

11.7 마치며

파이썬에서 최고의 규칙은 입출력이 집중되는 작업에 스레드를 사용하고 CPU가 집중되는 작업에 멀티프로세스를 사용하는 것입니다. 네트워크를 통해 분산 시스템을 구축할 때, 광범위한 규모의 작업을 분산하려면 외부 라이브러리 및 프로토콜이 필요합니다. 파이썬에서 기본 라이브러리로 제공하기도 하지만 별도로 설치해서 사용할 수 있는 다른 라이브러리도 제공합니다.

## CHAPTER 12

관계형 데이터베이스 관리

대부분의 애플리케이션은 데이터를 저장해야 하며 개발자는 종종 관계형 데이터베이스 관리 시스템relational database management system(RDBMS)과 일부 유형의 객체 관계 매핑 도구object-relational mapping(ORM)를 사용해야 합니다.

RDBMS와 ORM은 까다로울 수 있으며 많은 개발자가 선호하는 주제는 아니지만 그래도 살펴 봅시다.

12.1 RDBMS과 ORM의 사용 시기

RDBMS는 애플리케이션의 관계형 데이터를 저장하는 데이터베이스입니다. 개발자는 구조화된 쿼리 언어structured query language(SQL)와 같은 언어를 사용하여 관계형 대수를 처리하므로 이와 같은 언어가 데이터 관리와 데이터 간의 관계를 처리합니다.

함께 사용하면 데이터를 저장하고 해당 데이터를 쿼리하여 특정 정보를 최대한 효율적으로 얻을 수 있습니다. 적절한 정규화 사용 방법이나 다른 유형의 직렬화 가능성serializability과 같은 관계형 데이터베이스 구조를 잘 이해하면 많은 함정에 빠지지 않을 수 있습니다. 분명히 이러한 주제는 한 권의 책으로 다룰 만큼 내용이 많으므로, 여기에서는 자세히 다루지 않습니다. 대신 일반적인 프로그래밍 언어인 SQL을 통해 데이터베이스를 사용하는 데 중점을 둡니다.

개발자는 RDBMS와 상호작용하기 위해 완전히 새로운 프로그래밍 언어를 배우는 데 투자하고 싶지 않을 수 있습니다. 그래서 SQL 쿼리를 완전히 쓰지 않고 라이브러리에 의존하여 작업을 수행하는 경향이 있습니다. ORM 라이브러리는 프로그래밍 언어 생태계에서 일반적으로 발견되며 파이썬도 예외는 아닙니다.

ORM의 목적은 쿼리를 만드는 프로세스를 추상화하여 데이터베이스 시스템에 쉽게 액세스할 수 있도록 하는 것입니다. 안타깝게도 이 추상화 계층은 복합 쿼리를 작성하는 것과 같이 ORM이 수행할 수 없는 구체적이거나 낮은 수준의 작업을 수행하지 못하게 할 수 있습니다.

또한 객체지향 프로그램에서 ORM을 사용하는 데 있어 매우 일반적인 경우 **객체 관계 임피던스 불일치**object-relational impedance mismatch로 통칭되는 어려움이 있습니다. 관계형 데이터베이스와 객체지향 프로그램은 서로 제대로 매핑되지 않는 데이터의 표현이 다르기 때문에 이 임피던스 불일치가 발생합니다. SQL 테이블을 파이썬 클래스와 연결할 때 무엇을 하더라도 최적의 결과를 얻지 못할 것입니다.

SQL과 RDBMS를 이해하면 모든 것에 대한 추상화 계층에 의존하지 않고도 고유한 쿼리를 작성할 수 있습니다.

그렇다고 ORM을 완전히 피해야 한다는 말은 아닙니다. ORM 라이브러리는 애플리케이션 모델의 신속한 프로토타이핑에 도움이 될 수 있으며 일부 라이브러리는 스키마 업그레이드 및 다운그레이드와 같은 유용한 도구를 제공하기도 합니다. ORM을 사용하는 것이 RDBMS에 대해 제대로 이해하는 것을 대체할 수는 없습니다. 많은 개발자가 모델 API를 사용하는 대신 원하는 언어로 문제를 해결하려고 노력하며, 이들이 내놓은 솔루션은 그리 좋지 않다는 것을 이해하는 것이 중요합니다.

> **NOTE_** 12장에서는 독자 여러분이 SQL의 기본을 알고 있다고 가정합니다. SQL 쿼리를 소개하고 테이블의 작동 방식에 대해 설명합니다. SQL을 새로 접한다면 계속 진행하기 전에 기본을 배우는 것이 좋습니다. 안소니 데바로스Anthony DeBarros의 『Practical SQL』(No Starch Press, 2018)은 SQL을 시작하기에 좋은 책입니다.

RDBMS를 이해하는 것이 더 나은 코드를 작성하는 데 도움이 되는 이유를 보여주는 예제를 살펴보겠습니다. 메시지를 추적하기 위한 SQL 테이블이 있다고 가정해봅시다. 이 테이블에는 기본 키인 메시지 보낸 사람의 ID를 나타내는 **id**라는 단일 열과 다음과 같이 메시지 내용을 포함하는 문자열이 있습니다.

```
CREATE TABLE message (
    id serial PRIMARY KEY,
    content text
);
```

수신된 중복 메시지를 검색하고 데이터베이스에서 제외하려고 합니다. 이렇게 하려면 일반 개발자는 [예제 12-1]에 표시된 것처럼 ORM을 사용하여 SQL을 작성할 수 있습니다.

예제 12-1 ORM을 사용하여 중복 메시지 검색 및 제외하기

```
if query.select(Message).filter(Message.id == some_id):
    # 이미 메시지를 가지고 있습니다. 복제하고 이를 알려줍니다.
    raise DuplicateMessage(message)
else:
    # 메시지 입력
    query.insert(message)
```

이 코드는 대부분의 경우 잘 작동하지만 몇 가지 주요 단점이 있습니다.

- 중복 제약 조건은 SQL 스키마에 이미 표현되었으므로 일종의 코드 중복이 있습니다. PRIMARY KEY를 사용하면 id 필드의 고유성을 암시적으로 정의합니다.
- 메시지가 아직 데이터베이스에 없다면 이 코드는 SELECT 문과 INSERT 문이라는 두 개의 SQL 쿼리를 실행합니다. SQL 쿼리를 실행하는 데 시간이 오래 걸릴 수 있으며 SQL 서버로 왕복해야 하므로 불필요한 지연이 발생할 수 있습니다.
- 이 코드는 select_by_id()를 호출한 후 다른 사람이 중복 메시지를 삽입할 수 있지만 insert()를 호출하기 전에 프로그램이 예외를 발생시킬 가능성을 고려하지 않습니다. 이 취약점을 경합 조건race condition이라고 합니다.

이 코드를 작성하는 훨씬 더 좋은 방법이 있지만 RDBMS 서버와의 협력이 필요합니다. 메시지의 존재를 확인한 다음 삽입하는 대신 즉시 삽입하고 try...except를 사용할 수 있습니다. 중복 충돌을 잡기 위한 블록을 제외합니다.

```
try:
    # 메시지 입력
    message_table.insert(message)
except UniqueViolationError:
    # 복제
    raise DuplicateMessage(message)
```

예제에서 만약 메시지가 아직 없다면 테이블에 직접 메시지를 삽입하여 완벽하게 작동시킬 수 있습니다. 이 경우 ORM은 고유성 제약 조건의 위반을 나타내는 예외를 발생시킵니다. 이 방법은 더 효율적인 방식으로 경합 조건 없이 [예제 12-1]과 동일한 효과를 얻습니다. 이것은 매우 간단한 패턴이며 어떤 ORM과도 충돌하지 않습니다. 문제는 개발자가 SQL 데이터베이스를 적절한 데이터 무결성과 일관성을 얻는 데 사용할 수 있는 도구가 아니라 멍청한 저장소로 취급하는 경향이 있다는 것입니다. 따라서 SQL로 작성된 제약 조건을 모델이 아닌 컨트롤러 코드에서 복제할 수 있습니다.

SQL 백엔드를 모델 API로 처리하는 것은 SQL 백엔드를 효율적으로 사용할 수 있는 좋은 방법입니다. 자체 절차 언어로 프로그래밍된 간단한 함수 호출을 사용하여 RDBMS에 저장된 데이터를 조작할 수 있습니다.

12.2 데이터베이스 백엔드

ORM은 여러 데이터베이스 백엔드를 지원합니다. ORM 라이브러리는 모든 RDBMS 기능의 완전한 추상화를 제공하지 않으며, 코드를 가장 기본적인 RDBMS로 단순화하면 추상화 계층을 깨지 않고서는 고급 RDBMS 함수를 사용하는 것이 불가능합니다. SQL에서 표준화되지 않은 간단한 작업(예를 들어 타임스탬프 작업 처리)도 ORM을 사용할 때 처리해야 하는 문제입니다. 코드가 RDBMS에 구애받지 않는다면 더욱 그렇습니다. 애플리케이션의 RDBMS를 선택할 때 이 점을 염두에 두는 것이 중요합니다.

ORM 라이브러리를 독립시키면(2.3절의 '외부 라이브러리'에서 설명된 대로) 잠재적인 문제를 완화하는 데 도움이 됩니다. 이 방법을 사용하면 필요에 따라 ORM 라이브러리를 다른 라이브러리로 쉽게 교체하고, 대부분의 ORM 상용구 boilerplate를 우회할 수 있는 비효율적인 쿼리 사용이 있는 장소를 확인하여 SQL 사용을 최적화할 수 있습니다.

예를 들어 `myapp.storage`와 같은 애플리케이션의 모듈에서 ORM을 사용하여 독립된 환경에서 쉽게 빌드할 수 있습니다. 이 모듈에서는 높은 수준의 추상화로 데이터를 조작할 수 있는 함수와 메서드만 내보낼 수 있습니다. ORM은 해당 모듈에서만 사용해야 합니다. 언제든지 `myapp.storage`를 대체하기 위한 동일한 API를 제공하는 모듈을 삭제할 수 있습니다.

파이썬에서 가장 일반적으로 사용되는 ORM 라이브러리(그리고 틀림없이 사실상 표준)는 `sqlalchemy`입니다. 이 라이브러리는 엄청난 수의 백엔드를 지원하며 가장 일반적인 작업에 대한 추상화를 제공합니다. 스키마 업그레이드는 `alembic(https://pypi.python.org/pypi/alembic)`과 같은 타사 패키지에서 처리할 수 있습니다.

장고(`https://www.djangoproject.com`)와 같은 일부 프레임워크는 자체 ORM 라이브러리를 제공합니다. 프레임워크를 사용하도록 선택하면 기본 제공 라이브러리를 사용하는 것이 좋습니다.

> **CAUTION_** 대부분의 프레임워크가 사용하는 모델–뷰–컨트롤러 model-view-controller(MVC) 아키텍처를 쉽게 오용할 수 있습니다. 이러한 프레임워크는 모델에 ORM을 직접 구현(또는 쉽게 구현할 수 있도록)하지만 충분히 추상화하지 않고, 모델을 사용하는 뷰 및 컨트롤러에 있는 모든 코드도 ORM을 직접 사용합니다. 이런 일은 피해야 합니다. ORM 라이브러리를 포함하는 데이터 모델을 작성해야 합니다. 이렇게 하면 테스트 가능성과 독립성이 향상되고 다른 스토리지 기술로 ORM을 훨씬 쉽게 교체할 수 있습니다.

12.3 플라스크 및 PostgreSQL을 사용한 데이터 스트리밍

여기에서는 어떻게 PostgreSQL의 고급 기능을 사용하여 데이터 스토리지를 마스터하는 데 도움이 되는 HTTP 이벤트 스트리밍 시스템을 구축할 수 있는지 설명하겠습니다.

12.3.1 데이터 스트리밍 애플리케이션 작성하기

[예제 12-2]의 애플리케이션의 목적은 SQL 테이블에 메시지를 저장하고 HTTP REST API를 통해 해당 메시지에 대한 액세스를 제공하는 것입니다. 각 메시지는 채널 번호, 소스 문자열, 콘텐츠 문자열로 구성됩니다.

예제 12-2 메시지를 저장하기 위한 SQL 테이블 스키마 목록

```
CREATE TABLE message (
    id SERIAL PRIMARY KEY,
    channel INTEGER NOT NULL,
    source TEXT NOT NULL,
    content TEXT NOT NULL
);
```

또한 이러한 메시지를 실시간으로 처리할 수 있도록 클라이언트로 스트리밍하려고 합니다. 이렇게 하려면 PostgreSQL의 **LISTEN** 및 **NOTIFY** 기능을 사용해야 합니다. 이러한 기능을 통해 PostgreSQL이 실행할 함수에서 보낸 메시지를 볼 수 있습니다.

```
CREATE OR REPLACE FUNCTION notify_on_insert() RETURNS trigger AS $$    #①
BEGIN    #②
    PERFORM pg_notify('channel_' || NEW.channel, CAST(row_to_json(NEW) AS TEXT));
    RETURN NULL;
END;
$$ LANGUAGE plpgsql;
```

이 코드는 postgreSQL만 이해하는 언어인 pl/pgsql으로 작성된 트리거 함수를 만듭니다. PostgreSQL은 pl/python 언어를 제공하기 위해 파이썬 인터프리터를 포함하기 때문에 파이썬 같은 다른 언어로 이 함수를 작성할 수도 있습니다. 여기서 수행할 간단한 단일 작업은 파이썬을 활용할 필요가 없으므로 pl/pgsql을 고수하는 것이 현명한 선택입니다.

①에 있는 함수인 `notify_on_insert()`는 실제로 알림을 보내는 함수인 ②의 `pg_notify()`에 대한 호출을 수행합니다. 첫 번째 인수는 **채널**channel을 나타내는 문자열이며 두 번째 인수는

실제 **페이로드**payload를 전달하는 문자열입니다. 행의 채널 열 값에 따라 채널을 동적으로 정의합니다. 이 경우 페이로드는 JSON 형식의 전체 행이 됩니다. 여러분이 생각하는 것처럼 PostgreSQL은 기본적으로 JSON으로 행을 변환하는 방법을 알고 있습니다!

다음으로 메시지 테이블에서 수행되는 각 **INSERT**에 알림 메시지를 보내야 하므로 이러한 이벤트에서 이 함수를 트리거해야 합니다.

```
CREATE TRIGGER notify_on_message_insert AFTER INSERT ON message
FOR EACH ROW EXECUTE PROCEDURE notify_on_insert();
```

이제 함수가 연결되어 메시지 테이블에서 수행되는 성공적인 각 **INSERT**에 따라 실행됩니다.

psql에서 **LISTEN** 작업을 사용하여 작동 여부를 확인할 수 있습니다.

```
C:\serious_python\chapter11> psql -U postgres
postgres 사용자의 암호:
psql (10.15)
도움말을 보려면 "help"를 입력하십시오.

postgres=# CREATE TABLE message(
postgres(#       channel real,
postgres(#       source  VARCHAR(20),
postgres(#       content VARCHAR(100)
postgres(# );
CREATE TABLE

postgres=# LISTEN channel_1;
LISTEN

postgres=#
postgres=# INSERT INTO message(channel, source, content)
postgres-# VALUES(1, 'jd', 'hello world');
INSERT 0 1
```

행이 삽입되는 즉시 알림이 전송되고 PostgreSQL 클라이언트를 통해 알림을 받을 수 있습니다. 이제 [예제 12-3]에 표시된 이 이벤트를 스트리밍하는 파이썬 애플리케이션을 만들기만 하면 됩니다.

예제 **12-3** 알림 스트림 수신 및 받기

```python
import psycopg2
import psycopg2.extensions
import select

conn = psycopg2.connect(database='postgres', user='postgres',
password='0k0714minjae!', host='localhost')

conn.set_isolation_level(psycopg2.extensions.ISOLATION_LEVEL_AUTOCOMMIT)

curs = conn.cursor()
curs.execute("LISTEN channel_1;")

while True:
    select.select([conn], [], [])
    conn.poll()
    while conn.notifies:
        notify = conn.notifies.pop()
        print("Got NOTIFY:", notify.pid, notify.channel, notify.payload)
```

[예제 12-3]에서는 **psycopg2** 라이브러리를 사용하여 PostgreSQL에 연결합니다. **psycopg2** 라이브러리는 PostgreSQL 네트워크 프로토콜을 구현하는데, SQL 요청을 보내고 결과를 받을 PostgreSQL 서버에 연결할 수 있는 파이썬 모듈입니다. **sqlalchemy**와 같은 추상화 계층을 제공하는 라이브러리를 사용할 수 있지만, 추상화된 라이브러리는 PostgreSQL의 **LISTEN** 및 **NOTIFY** 기능에 대한 액세스를 제공하지 않습니다. **sqlalchemy**와 같은 라이브러리를 사용할 때 기본 데이터베이스 연결에 액세스하여 코드를 실행할 수 있지만, ORM 라이브러리에서 제공하는 다른 기능이 필요하지 않으므로 이 예제에서는 아무 소용이 없습니다.

프로그램은 **channel_1**에서 듣고, 알림을 받는 즉시 화면에 출력합니다. 프로그램을 실행하고

message 테이블에 행을 삽입하면 다음과 같은 출력이 나타납니다.

```
C:\serious_python\chapter12> python listen.py
Got NOTIFY: 28797 channel_1
{"id":10,"channel":1,"source":"jd","content":"hello world"}
```

행을 삽입하자마자 PostgreSQL이 트리거를 실행하고 알림을 보냅니다. 프로그램은 그것을 수신하고 알림 페이로드를 프린트합니다. 이것이 JSON에 직렬화된 행입니다. 이제 추가 요청이나 작업을 수행하지 않고 데이터베이스에 삽입될 때 데이터를 수신할 수 있는 기본 기능을 가지고 있습니다.

12.3.2 애플리케이션 만들기

다음으로 간단한 HTTP 마이크로 프레임워크인 플라스크를 사용하여 애플리케이션을 빌드합니다. HTML5에 의해 정의된 **서버 전송 이벤트**server-sent event 메시지 프로토콜을 사용하여 insert 플럭스를 스트리밍하는 HTTP 서버를 만들 것입니다. 다른 방법은 **전송 인코딩**transfer-encoding을 사용하는 것입니다. HTTP/1.1에 의해 정의된 부분입니다.

```python
import flask
import psycopg2
import psycopg2.extensions
import select

app = flask.Flask(__name__)

def stream_messages(channel):
    conn = psycopg2.connect(database='mydatabase', user='mydatabase',
password='mydatabase', host='localhost')
    conn.set_isolation_level(psycopg2.extensions.ISOLATION_LEVEL_AUTOCOMMIT)

    curs = conn.cursor()
    curs.execute("LISTEN channel_%d;" % int(channel))
```

```
    while True:
        select.select([conn], [], [])
        conn.poll()
        while conn.notifies:
            notify = conn.notifies.pop()
            yield "data: " + notify.payload + "\n\n"

@app.route("/message/<channel>", methods=['GET'])
def get_messages(channel):
    return flask.Response(stream_messages(channel), mimetype='text/event-stream')

if __name__ == "__main__":
    app.run()
```

이 애플리케이션은 스트리밍을 지원하지만 너무 간단해서 다른 데이터 검색 작업을 지원하지 않습니다. 플라스크를 사용하여 HTTP 요청 `GET /message/channel`을 스트리밍 코드로 라우팅합니다. 코드가 호출되는 즉시 애플리케이션은 mimetype에 `text/event-stream`을 사용하여 응답을 반환하고 문자열 대신 생성기 함수를 다시 보냅니다. 플라스크는 이 함수를 호출하고 생성기가 무엇인가를 생성할 때마다 결과를 보냅니다.

생성기 `stream_messages()`는 PostgreSQL 알림을 받기 위해 이전에 작성한 코드를 다시 사용합니다. 채널 식별자를 인수로 수신하고, 해당 채널을 수신한 다음 페이로드를 생성합니다. 트리거 함수에서 PostgreSQL의 JSON 인코딩 함수를 사용했기 때문에 PostgreSQL에서 JSON 데이터를 이미 받고 있다는 것을 알 겁니다. HTTP 클라이언트로 JSON 데이터를 전송해도 괜찮으므로 데이터를 트랜스코드transcode할 필요가 없습니다.

> **NOTE_** 간단히 하기 위해 이 예제의 애플리케이션은 단일 파일로 작성되었습니다. 이것이 실제 애플리케이션이라면 저장소 처리 구현을 자체 파이썬 모듈로 옮길 것입니다.

이제 서버를 실행할 수 있습니다.

```
C:\serious_python\chapter12> python listen+http.py
 * Running on http://127.0.0.1:5000/
```

다른 터미널에서는 이벤트를 입력할 때 연결하고 검색할 수 있습니다. 연결 시 데이터가 수신되지 않으며 연결이 열린 것으로 유지됩니다.

```
C:\serious_python\chapter12> curl -v http://127.0.0.1:5000/message/1
About to connect() to 127.0.0.1 port 5000 (#0)
*   Trying 127.0.0.1...
Adding handle: conn: 0x1d46e90
Adding handle: send: 0
Adding handle: recv: 0
Curl_addHandleToPipeline: length: 1
- Conn 0 (0x1d46e90) send_pipe: 1, recv_pipe: 0
* Connected to 127.0.0.1 (127.0.0.1) port 5000 (#0)
GET /message/1 HTTP/1.1
User-Agent: curl/7.32.0
Host: 127.0.0.1:5000
Accept: */*
>
```

그러나 message 테이블에 일부 행을 삽입하는 즉시 터미널 실행 curl을 통해 들어오는 데이터를 보기 시작합니다. 세 번째 터미널에서는 데이터베이스에 메시지를 삽입합니다.

```
mydatabase=> INSERT INTO message(channel, source, content)
mydatabase-> VALUES(1, 'jd', 'hello world');
INSERT 0 1
mydatabase=> INSERT INTO message(channel, source, content)
mydatabase-> VALUES(1, 'jd', 'it works');
INSERT 0 1
```

데이터 출력은 다음과 같습니다.

```
data: {"id":71,"channel":1,"source":"jd","content":"hello world"}
data: {"id":72,"channel":1,"source":"jd","content":"it works"}
```

이 데이터는 curl을 실행하는 터미널에 출력합니다. 이렇게 하면 다음 메시지를 기다리는 동안 HTTP 서버에 curl이 연결됩니다. 여기서 어떤 종류의 폴링도 하지 않고 스트리밍 서비스를 만들어 정보가 한 지점에서 다른 지점으로 원활하게 흐르는 완전한 푸시 기반push-based 시스템을 구축했습니다.

테이블에 입력한 새 데이터를 가져오기 위해 SELECT 문을 반복해서 실행하는 것이 이 애플리케이션에서 할 수 있는 더 단순한 방법입니다. 이처럼 발행/구독publish-subscribe 패턴을 지원하지 않는 다른 저장소 시스템에서 동작합니다.

12.4 인터뷰: 디미트리 퐁텐과 데이터베이스에 대해

디미트리 퐁텐Dimitri Fontaine은 시터스 데이터Citus Data에서 일하는 PostgreSQL의 주요 기여자입니다. pgsql-hackers 메일링 리스트에서 다른 데이터 베이스 전문가들과 논쟁을 즐기기도 하죠. 우리는 오픈소스 모험을 많이 알아보았습니다. 그는 데이터베이스를 처리할 때 여러분이 무엇을 해야 하는지에 대한 몇 가지 질문에 친절히 대답해주었습니다.

RDBMS를 스토리지 백엔드로 사용하는 개발자에게 어떤 조언을 해주시겠습니까?

RDBMS는 70년대에 모든 애플리케이션 개발자를 괴롭히는 몇 가지 일반적인 문제를 해결하기 위해 발명되었으며 RDBMS가 구현한 주요 서비스는 단순히 데이터 스토리지가 아니었습니다. RDBMS에서 제공하는 주요 서비스는 실제로 다음과 같습니다.

동시성concurrency

읽기 또는 원하는 만큼의 동시 실행 스레드로 데이터에 액세스하는 것을 말합니다. RDBMS가 주로 제공하는 기능이 동시성과 관련된 것입니다.

동시성 시맨틱 concurrency semantics

RDBMS를 사용할 때 동시성 동작에 대한 세부 정보는 ACID(원자성atomicity, 일관성 consistency, 독립성isolation, 내구성durability)의 가장 중요한 부분인 원자성과 독립성 측면에서 높은 수준의 사양으로 제안됩니다. 원자성은 트랜잭션을 시작한 시점과 트랜잭션을 완료한 시간(`COMMIT` 또는 `ROLLBACK`) 사이에 시스템에서 수행되는 작업을 알 수 없는 속성입니다. 적절한 RDBMS를 사용하는 경우 테이블 만들기 또는 테이블 변경과 같은 데이터 정의 언어data definition language(DDL)도 포함합니다. 독립성이란 자신의 트랜잭션 내에서 시스템의 동시 활동을 알 수 있는 모든 것을 말합니다. SQL 표준은 PostgreSQL 설명서(`http://www.postgresql.org/docs/9.2/static/transaction-iso.html`)에 나온 대로 네 가지 독립성 수준을 정의합니다.

RDBMS는 데이터에 대한 모든 책임을 집니다. 따라서 개발자가 일관성을 위해 자신의 규칙을 설명하도록 허용하고, 제약 조건 선언의 연기 가능성에 따라 트랜잭션 커밋 또는 구문 경계와 같은 중요한 시점에 해당 규칙이 유효한지 확인합니다.

데이터에 배치할 수 있는 첫 번째 제약 조건은 적절한 데이터 형식을 사용하는 예상 입력과 출력 서식입니다. RDBMS는 텍스트, 숫자, 날짜보다 훨씬 더 많은 작업을 하는 방법을 알고 있으며 현재 사용되는 달력에 실제로 나타나는 날짜를 올바르게 처리합니다.

그러나 자료형은 입력과 출력 형식에 관한 것이 아닙니다. 또한 기본 균등성 테스트equality test가 데이터 형식에 따라 다를 수 있으므로 동작과 일부 수준의 다형성을 구현합니다. 동일한 방식으로 텍스트, 숫자, 날짜, IP 주소, 배열, 범위 등을 비교하지 않습니다.

또한 RDBMS의 유일한 선택은 일관성 규칙consistency rule과 일치하지 않는 데이터를 적극적으로 거부하는 것입니다. 달력에 존재하지 않는 0000-00-00과 같은 날짜를 처리해야 하는 것이 괜찮다고 생각되면 다시 생각해야 합니다.

일관성 보장의 다른 부분은 `CHECK` 제약 조건, `NOT NULL` 제약 조건, 제약 조건 트리거와 같이 제약 조건의 관점에서 표현되며 그중 하나는 외래 키라고 합니다. 이 모든 것은 데이터 형식 정의와 동작의 사용자 수준 확장으로 생각할 수 있으며, 주요 차이점은 각 구문의 끝에서 현재 트랜잭션의 끝까지 이러한 제약 조건을 검사하는 적용을 `DEFFER`가 선택할 수 있다는 것입니다.

RDBMS의 관계형 비트는 모두 데이터를 모델링하고 관계에서 발견되는 모든 튜플이 구조 및 제약 조건과 같은 공통 규칙 집합을 공유한다는 것을 보장합니다. 이를 적용하면 데이터를 처리하기 위해 적절한 명시적 스키마를 사용하도록 강제하고 있습니다.

데이터에 대한 적절한 스키마 작업하는 것을 정규화라고 하며, 설계에서 미묘하게 다른 여러 가지 일반 형태를 목표로 할 수 있습니다. 그러나 정규화 프로세스의 결과로 주어진 것보다 더 많은 유연성이 필요할 때도 있습니다. 보통은 먼저 데이터 스키마를 정규화한 다음 수정하여 유연성을 회복하면 됩니다. 실제로는 더 많은 유연성이 필요하지 않을 수도 있습니다.

더 많은 유연성이 필요하다면 PostgreSQL을 사용하여 복합 유형, 레코드, 배열, H-Store, JSON, XML과 같은 여러 가지 비정규화 옵션을 사용해볼 수 있습니다.

하지만 비정규화에는 매우 중요한 단점이 있는데, 다음에 이야기할 쿼리 언어는 정규화된 데이터를 처리하도록 설계되었다는 것입니다. 물론 PostgreSQL을 사용하면 최신 릴리스에서 복합 형식, 배열 , H-Store과 JSON을 사용할 때 쿼리 언어가 가능한 한 많은 비정규화를 지원하도록 확장되었습니다.

RDBMS는 데이터에 대해 많이 알고 있으며 필요하다면 매우 세분화된 보안 모델을 구현하는 데 도움이 될 수 있습니다. 액세스 패턴은 관계 및 열 수준에서 관리되며, PostgreSQL은 **SECURITY DEFINER** 저장 프로시저를 구현하여 저장된 사용자 아이디^{saved user ID}(SUID) 프로그램을 사용하는 것과 거의 동일한 매우 제어된 방식으로 합리적인 데이터에 대한 액세스를 제공할 수 있습니다.

RDBMS는 80년대의 사실상 표준이 되었고 지금은 위원회가 구축하는 SQL을 사용하여 데이터에 액세스할 수 있습니다.

PostgreSQL은 각각의 모든 주요 릴리스와 함께 매우 풍부한 DSL 언어에 액세스할 수 있도록 확장이 많이 추가되고 있습니다. RDBMS에서 쿼리 계획과 최적화의 모든 작업을 수행하므로 원하는 데이터에서 원하는 결과만 설명하는 선언적 쿼리에 집중할 수 있습니다.

그렇기 때문에 최신 유행 제품의 대부분은 실제로 제품에서 SQL만 제거하는 것이 아니라 여러분이 기대하는 다른 많은 기초를 제거하기 때문에 NoSQL 제품에 세심한 주의를 기울여야 합니다.

또한 스토리지 백엔드와 RDBMS의 차이점을 기억하는 것이 중요합니다. 그것들은 매우 다른 서비스이며, 필요한 것이 저장소 백엔드라면 RDBMS 이외의 것을 사용하는 것이 좋습니다.

하지만 대부분 여러분이 정말로 필요로 하는 것은 모든 특성을 갖춘 RDBMS입니다. 이 경우 여러분이 선택할 최선은 PostgreSQL입니다. 문서를 읽어 보세요(`https://www.postgresql.org/docs`). 데이터 형식, 연산자, 함수, 기능 및 확장 프로그램 목록을 참조하고, 블로그 게시물에 대한 몇 가지 사용 예제를 읽어보기 바랍니다.

그런 다음 PostgreSQL을 개발에 활용하고 애플리케이션 아키텍처에 포함시킬 수 있는 도구를 고려하세요. 구현해야 하는 서비스의 일부는 RDBMS 계층에서 가장 잘 제공되며 PostgreSQL은 전체 구현에서 신뢰할 수 있는 부분입니다.

ORM을 사용하는 가장 좋은 방법은 무엇입니까?

ORM은 생성create, 읽기read, 업데이트update, 삭제delete 와 같은 CRUD 애플리케이션에서 가장 잘 작동합니다. 읽기 부분은 필요한 것보다 많은 열을 검색하는 것이 쿼리 성능 및 사용된 리소스에 큰 영향을 미치므로 단일 테이블을 대상으로 하는 매우 간단한 SELECT 문으로 제한되어야 합니다.

RDBMS에서 검색하고 사용하지 않는 모든 열은 귀중한 자원을 낭비하는 것이자 확장성을 파괴하는 것입니다. ORM이 요청하는 데이터만 가져올 수 있는 경우에도 필드 목록을 자동으로 계산하는 간단한 추상 메서드를 사용하지 않고, 각 상황에서 원하는 정확한 열 목록을 관리해야 합니다.

생성, 업데이트, 삭제 쿼리는 간단한 INSERT, UPDATE, DELETE 문입니다. 많은 RDBMS는 INSERT 후 데이터를 반환하는 등 ORM에서 활용하지 않는 최적화를 제공합니다.

또한 일반적인 경우 관계는 테이블이거나 쿼리의 결과입니다. ORM을 사용하여 정의된 테이블과 일부 모델 클래스 또는 다른 헬퍼 스터브helper stub 간에 관계형 매핑을 빌드하는 것이 일반적입니다.

전체 SQL 의미 체계를 일반화로 고려하면 관계형 매퍼mapper가 클래스에 대해 모든 쿼리를 매핑할 수 있어야 합니다. 그런 다음 실행하려는 각 쿼리에 대해 새 클래스를 빌드해야 합니다.

이를 사례에 적용할 때, 여러분은 관심 있는 데이터의 정확한 집합을 해결하기에 충분한 정보를 제공하지 않아도 ORM이 여러분보다 더 효율적으로 SQL 쿼리를 작성한다는 것을 신뢰해야 합니다.

때때로 SQL은 상당히 복잡해질 수 있지만, 제어할 수 없는 API-SQL 생성기를 사용하여 단순해질 수는 없습니다.

하지만 다음 절충안을 받아들이면 다음 두 사례처럼 ORM을 완화하여 사용할 수 있습니다.

- 시장 출시 시간 관점에서 가능한 한 빨리 시장 점유율을 얻고 싶을 때 도달하는 유일한 방법은 애플리케이션과 아이디어의 첫 번째 버전을 출시하는 것입니다. 팀이 SQL 쿼리를 직접 만드는 것보다 ORM을 사용하는 데 능숙하다면 꼭 그렇게 하길 바랍니다. 하지만 애플리케이션에 성공하자마자 해결해야 할 첫 번째 확장성 문제는 ORM이 나쁜 쿼리를 생성하는 것과 관련이 있다는 것을 깨달아야 합니다. 또한 ORM을 사용하면 여러분을 궁지로 몰아넣고 잘못된 코드 설계 결정을 내리게 될 것입니다. 하지만 만약 여러분이 그곳에 있다면, 여러분은 조금의 리팩터링 비용을 지출하고 ORM에 대한 모든 디펜던시를 제거하는 데 충분히 성공할 것입니다. 그렇겠죠?
- CRUD 애플리케이션은 한 번에 하나의 튜플만 편집하며, 기본 관리자 애플리케이션 인터페이스와 같이 성능에 대해서는 별로 신경 쓰지 않습니다.

파이썬으로 작업할 때 다른 데이터베이스에 PostgreSQL을 사용하는 것의 장점은 무엇입니까?

다음은 PostgreSQL을 선택하는 저의 주요 이유입니다.

커뮤니티 지원

PostgreSQL 커뮤니티는 광대하고, 새로운 사용자를 환영합니다. 사람들은 일반적으로 최상의 답변을 제공하기 위해 시간이 할애할 것입니다. 메일링 리스트는 여전히 커뮤니티와 소통하는 가장 좋은 방법입니다.

데이터 무결성과 내구성

PostgreSQL에 보내는 모든 데이터는 정의상 안전하며 나중에 다시 가져올 수 있습니다.

자료형, 함수, 연산자, 배열 및 범위

PostgreSQL에는 다양한 연산자와 함수가 함께 제공되는 매우 풍부한 데이터 형식 집합이 있습니다. 배열이나 JSON 데이터 형식을 사용하여 비정규화할 수도 있으며, 조인을 비롯한 고급 쿼리를 작성할 수도 있습니다.

플래너와 최적화 프로그램

이러한 것들이 복잡하지만 얼마나 강력한지 이해하는 데 시간을 들일 가치가 있습니다.

트랜잭션 DDL

거의 모든 명령을 ROLLBACK할 수 있습니다. 지금 사용해보길 바랍니다. 가지고 있는 데이터베이스에 대해 psql 셸을 열고 BEGIN; DROP TABLE foo; ROLLBACK;을 입력하기만 하면 됩니다. foo를 로컬 인스턴스에 있는 테이블의 이름으로 바꿉니다. 놀랍지 않나요?

PL/Python(또는 C, SQL, 자바스크립트, 루아와 같은 다른 프로그램)

데이터가 있는 서버에서 자체 파이썬 코드를 실행할 수 있습니다. 따라서 데이터를 처리하기 위해 네트워크를 통해 그것을 가져오거나 JOIN의 다음 단계를 수행할 필요가 없습니다.

특정 인덱싱(GiST, GIN, SP-GiST, 부분 및 기능)

PostgreSQL 내에서 데이터를 처리한 다음 해당 함수의 호출 결과를 인덱싱하는 파이썬 함수를 만들 수 있습니다. 해당 함수를 호출하는 WHERE 절로 쿼리를 발행하면 쿼리의 데이터로 한 번만 호출됩니다. 그러면 인덱스의 내용과 바로 일치됩니다.

## CHAPTER 13

효율적으로 코딩하기

마지막인 13장에서는 더 나은 코드를 작성하는 데 사용하는 파이썬의 고급 기능 몇 가지를 소개합니다. 이것들은 파이썬 표준 라이브러리에 국한되지 않습니다. 파이썬 2와 3 모두와 호환되는 코드를 만드는 방법, 리스프와 같은 메서드 디스패처를 만드는 방법, 콘텍스트 관리자를 사용하는 방법, attr 모듈이 있는 클래스용 상용구를 만드는 방법에 대해 설명합니다.

13.1 파이썬 2와 3을 지원하는 six 사용하기

파이썬 3은 파이썬 2와의 호환성을 깨고 개선되었습니다. 그러나 언어의 기본은 버전 간에 변경되지 않아서 파이썬 2와 파이썬 3의 호환성을 구현할 수 있습니다.

운이 좋게도 이 모듈은 이미 존재합니다! 2 × 3 = 6 때문에 six라고 불립니다.

six 모듈은 유용한 six.PY3를 제공하며 이 변수는 파이썬 3을 실행하고 있는지 여부를 나타내는 불리언 값입니다. 이것은 두 가지 버전이 있는 소스 코드의 피벗 변수입니다. 하나는 파이썬 2용, 다른 하나는 파이썬 3용입니다. 이를 남용하지 않도록 주의합시다. 소스 코드를 분산하면 six.PY3은 사람들이 읽고 이해하기 어렵게 될 것입니다.

8.2절 '제너레이터'에서 제너레이터를 설명할 때 파이썬 3은 map() 또는 filter()와 같은 다양한 기본 제공 함수의 리스트 대신 순회 가능한 객체가 반환되는 훌륭한 속성이 있음을 확인

했습니다. 따라서 파이썬 3은 dict.items() 주석을 만들기 위해 dict.items()을 실행할 수 있는 버전인 dict.iteritems()와 같은 메서드를 제거했습니다. 메서드와 반환 형식의 변경은 파이썬 2 코드를 깨뜨릴 수 있습니다.

six 모듈은 다음과 같은 파이썬 2의 특정 코드를 대체하는 데 사용할 수 있는 six.iteritems()를 제공합니다.

```
for k, v in mydict.iteritems():
    print(k, v)
```

six을 사용하면 mydict.iteritems() 코드를 파이썬 2와 3의 호환 코드로 바꿉니다.

```
import six

for k, v in six.iteritems(mydict):
    print(k, v)
```

이제 파이썬 2와 파이썬 3 모두 사용이 가능합니다! six.iteritems() 함수는 사용하는 파이썬 버전에 따라 dict.iteritems() 또는 dict.items()를 사용하여 제너레이터를 반환합니다. six 모듈은 여러 파이썬 버전을 쉽게 지원할 수 있는 많은 도우미 기능을 제공합니다.

또 다른 예는 파이썬 2와 파이썬 3 사이에 구문이 다른 raise 키워드에 대한 six 방법입니다. 파이썬 2에서 raise는 여러 인수를 수락하지만 파이썬 3에서는 예외를 유일한 인수로 받아들입니다. 파이썬 3에서 두 개 또는 세 개의 인수로 raise 문을 작성하면 SyntaxError가 발생합니다.

six 모듈은 함수 six.reraise()의 형태로 해결 방법을 제공하므로 사용하는 파이썬 버전 중 예외를 다시 불러올 수 있습니다.

13.1.1 문자열과 유니코드

고급 인코딩을 처리하는 파이썬 3의 향상된 기능은 파이썬 2의 문자열과 유니코드 문제를 해결했습니다. 파이썬 2에서 기본 문자열 유형은 기본 ASCII 문자열만 처리할 수 있는 str입니다. 나중에 파이썬 2.5에 추가된 unicode 형식은 실제 텍스트 문자열을 처리합니다.

파이썬 3에서 기본 문자열 유형은 여전히 str이지만, 파이썬 2 unicode 클래스의 속성을 공유하며 고급 인코딩을 처리할 수 있습니다. byte 유형은 기본 문자 스트림을 처리하기 위한 str 형식을 대체합니다.

six 모듈은 다시 six.u 및 six.string_types 같은 함수와 상수를 제공하여 전환을 처리합니다. 파이썬 3에서 제거된 long 형식을 처리하는 six.integer_types와 동일한 호환성이 정수에 제공됩니다.

13.1.2 파이썬 모듈 이동 처리

파이썬 표준 라이브러리에서 일부 모듈은 파이썬 2와 3 사이를 이동하거나 이름이 바뀌었습니다. six 모듈은 이러한 많은 움직임을 투명하게 처리하는 six.moves라는 모듈을 제공합니다. 예를 들어 파이썬 2의 ConfigParser 모듈은 파이썬 3의 configparser으로 이름이 바뀌었습니다. [예제 13-1]은 six.moves를 사용하여 코드를 이식하고 두 개의 주요 파이썬 버전과 호환되는 방법을 보여줍니다.

예제 13-1 six.moves를 사용하여 ConfigParser()를 파이썬 2 및 파이썬 3과 함께 사용하기

```
from six.moves.configparser import ConfigParser

conf = ConfigParser()
```

six.add_move를 통해 사용자 고유의 이동을 추가하여 six가 기본적으로 처리하지 않는 코드 전환을 처리할 수도 있습니다.

six 라이브러리가 모든 사용 사례를 다루지 않으면 six 자체를 캡슐화하는 호환성 모듈을 구축하여 향후 파이썬 버전에 맞게 모듈을 향상하거나, 특정 버전의 언어 지원을 중단하려는 경우 모듈을 삭제할 수 있습니다. 또한 six는 오픈소스이며 여러분도 기여할 수 있습니다!

13.1.3 modernize 모듈

마지막으로 **six** 모듈을 사용하여 파이썬 2 구문을 파이썬 3 구문으로 변환하는 대신 파이썬 3
으로 이식하여 코드를 '현대화'하는 **modernize**도구가 있습니다. 이것은 파이썬 2와 파이썬 3
을 모두 지원합니다. **modernize**는 힘들고 지루한 작업의 대부분을 수행하여 표준 **2to3** 도구
보다 더 많이 사용합니다.

13.2 파이썬으로 구현한 리스프를 사용하여 단일 디스패처 만들기

저는 파이썬이 리스프 프로그래밍 언어의 좋은 부분집합이라고 말하고 싶습니다. 시간이 지남
에 따라, 이 말이 점점 더 맞는다는 것을 알게 되었습니다. PEP 443은 CLOS가 제공하는 것과
유사한 방식으로 제네릭 함수를 디스패치하는 방법을 설명합니다.

리스프에 익숙하다면 이게 별로 새롭진 않을 겁니다. 공통 리스프의 기본 구성 요소인 리스프
객체 시스템은 메서드 디스패치를 정의하고 처리하는 간단하고 효율적인 방법을 제공합니다.
먼저 리스프에서 제네릭 메서드가 어떻게 작동하는지 보여드리겠습니다.

13.2.1 리스프에서 제네릭 메서드 만들기

우선 리스프에서 부모 클래스나 속성 없이 몇 가지 매우 간단한 클래스를 정의해보겠습니다.

```
(defclass snare-drum ()
  ())

(defclass cymbal ()
  ())

(defclass stick ()
  ())

(defclass brushes ()
  ())
```

이것은 부모 클래스 또는 속성 없이 클래스 snare-drum, cymbal, stick, brushes를 정의합니다. 이 클래스는 드럼 키트를 구성하고, 그것들을 결합하여 사운드를 낼 수 있습니다. 이를 위해 두 인수를 취하고 사운드를 문자열로 반환하는 play() 메서드를 정의합니다.

```
(defgeneric play (instrument accessory)
  (:documentation "Play sound with instrument and accessory."))
```

지금은 클래스에 연결되지 않은 제네릭 메서드만 정의하므로 아직 호출은 할 수 없습니다. 이 단계에서는 객체 시스템에 메서드가 일반적이며 instrument와 accessory라는 두 개의 인수로 호출될 수 있음을 알렸습니다. [예제 13-2]에서 작은북snare drum 연주를 시뮬레이션하는 방법의 버전을 구현합니다.

예제 13-2 클래스와 무관한 리스프의 제네릭 메서드 정의하기

```
(defmethod play ((instrument snare-drum) (accessory stick)) "POC!")
(defmethod play ((instrument snare-drum) (accessory brushes)) "SHHHH!")
(defmethod play ((instrument cymbal) (accessory brushes)) "FRCCCHHT!")
```

이제 코드에서 구체적인 메서드를 정의했습니다. 각 방법에는 두 가지 인수가 있습니다. snare-drum 또는 cymbal 인스턴스인 instrument와 stick 또는 brush의 인스턴스인 accessory입니다.

이 단계에서는 시스템과 파이썬(또는 이와 유사한) 객체 시스템 간의 첫 번째 주요 차이점을 볼 수 있습니다. 메서드는 일반적이며 모든 클래스에 대해 구현할 수 있습니다.

이제 실행해봅시다. 일부 객체를 사용하여 play() 메서드를 호출할 수 있습니다.

```
* (play (make-instance 'snare-drum) (make-instance 'stick))
"POC!"

* (play (make-instance 'snare-drum) (make-instance 'brushes))
"SHHHH!"
```

보다시피 어떤 함수가 호출되는지는 인수의 클래스에 따라 달라집니다. 클래스에 정의된 메서드가 없는 객체를 사용하여 play()를 호출하면 오류가 발생합니다.

[예제13-3]에서 play() 메서드는 cymbal와 stick 인스턴스로 호출됩니다. 그러나 play() 메서드는 이러한 인수에 대해 정의된 적이 없으므로 오류가 발생합니다.

예제 13-3 사용할 수 없는 서명이 있는 메서드 호출하기

```
(play (make-instance 'cymbal) (make-instance 'stick))
debugger invoked on a SIMPLE-ERROR in thread
#<THREAD "main thread" RUNNING {1002ADAF23}>:
  There is no applicable method for the generic function
#<STANDARD-GENERIC-FUNCTION PLAY (2)>
when called with arguments
(#<CYMBAL {1002B801D3}> #<STICK {1002B82763}>).

Type HELP for debugger help, or (SB-EXT:EXIT) to exit from SBCL.

restarts (invokable by number or by possibly abbreviated name):
0: [RETRY] Retry calling the generic function.
1: [ABORT] Exit debugger, returning to top level.

((:METHOD NO-APPLICABLE-METHOD (T)) #<STANDARD-GENERIC-FUNCTION PLAY (2)>
#<CYMBAL {1002B801D3}> #<STICK {1002B82763}>) [fast-method]
```

CLOS는 클래스를 사용하지 않고 메서드 상속이나 객체 기반 디스패치와 같은 더 많은 기능을 제공합니다. CLOS가 제공하는 많은 기능이 궁금하다면 제프 돌턴[Jeff Dalton]의 'Brief Guide to CLOS'를 읽어보길 바랍니다.[1]

13.2.2 파이썬을 사용한 제네릭 메서드

파이썬은 파이썬 3.4 이후 functools 모듈의 일부로 배포된 singledispatch() 함수로 이 워크플로의 간단한 버전을 구현합니다. 버전 2.6에서 3.3까지 singledispatch() 함수는 파

---

1 옮긴이_ http://www.n-a-n-o.com/lisp/cmucl-tutorials/CLOS-guide.html

이썬 패키지 인덱스를 통해 제공됩니다.

[예제 13-4]는 [예제 13-2]에 있는 리스프 프로그램과 비슷한 동작을 합니다.

예제 13-4 단일 디스패치를 사용하여 메서드 호출을 디스패치하기

```python
import functools

class SnareDrum(object): pass
class Cymbal(object): pass
class Stick(object): pass
class Brushes(object): pass

@functools.singledispatch
def play(instrument, accessory):
    raise NotImplementedError("Cannot play these")

@play.register(SnareDrum)    #①
def _(instrument, accessory):
    if isinstance(accessory, Stick):
        return "POC!"
    if isinstance(accessory, Brushes):
        return "SHHHH!"
    raise NotImplementedError("Cannot play these")

@play.register(Cymbal)
def _(instrument, accessory):
    if isinstance(accessory, Brushes):
        return "FRCCCHHT!"
    raise NotImplementedError("Cannot play these")
```

이 목록은 4개의 클래스와 `NotImplementedError`를 발생하는 기본 `play()` 함수를 정의하며, 이는 기본적으로 무엇을 해야 할지 모른다는 것을 나타냅니다.

그런 다음 특정 악기인 SnareDrum에 대한 특수 버전의 `play()` 함수를 작성합니다(①). 이 함수는 전달된 액세서리 유형을 확인하고 적절한 사운드를 반환하거나 액세서리가 인식되지 않으면 `NotImplementedError`를 다시 발생시킵니다.

프로그램을 실행하면 다음과 같이 작동합니다.

```
>>> play(SnareDrum(), Stick())
'POC!'
>>> play(SnareDrum(), Brushes())
'SHHHH!'
>>> play(Cymbal(), Stick())
Traceback (most recent call last):
  File "<stdin>", line 1, in <module>
  File "c:\users\fermat39\appdata\local\programs\python\python38\lib\functools.
py", line 840, in wrapper
    return dispatch(args[0].__class__)(*args, **kw)
  File "<stdin>", line 5, in _
NotImplementedError: Cannot play these
>>> play(SnareDrum(), Cymbal())
Traceback (most recent call last):
  File "<stdin>", line 1, in <module>
  File "c:\users\fermat39\appdata\local\programs\python\python38\lib\functools.
py", line 840, in wrapper
    return dispatch(args[0].__class__)(*args, **kw)
  File "<stdin>", line 7, in _
NotImplementedError: Cannot play these
```

singledispatch 모듈은 전달된 첫 번째 인수의 클래스를 확인하고 play() 함수의 적절한 버전을 호출합니다. object 클래스의 경우 함수의 첫 번째 정의된 버전은 항상 실행되는 함수입니다. 따라서 계측기에서 등록하지 않은 클래스의 인스턴스인 경우 이 기본 함수가 호출됩니다.

코드의 리스프 버전에서 보았듯이 CLOS는 첫 번째 프로토타입이 아니라 메서드 프로토타입에 정의된 인수의 형식에 따라 디스패치할 수 있는 다중 디스패처를 제공합니다. 파이썬 디스패처는 좋은 이유로 singledispatch라는 이름을 지었는데, 이것은 첫 번째 인수를 기반으로 디스패치하는 방법만 알고 있습니다.

또한 singledispatch는 부모 함수를 직접 호출할 수 있는 방법을 제공하지 않습니다. 파이썬 super() 함수 기능과 동등한 것은 없습니다. 이 제한된 사항을 우회하려면 다양한 트릭을 사용해야 합니다.

파이썬은 객체 시스템과 디스패치 메커니즘을 개선하고 있지만, CLOS와 같은 고급 기능이 여전히 많이 부족합니다. 따라서 자연적으로 singledispatch가 발생하는 것은 매우 드뭅니다. 언젠가 이러한 메커니즘을 직접 구현할 수 있기 때문에 singledispatch 존재는 여전히 흥미롭습니다.

13.3 콘텍스트 관리자

파이썬 2.6에 소개된 with 문은 오랫동안 리스프를 써온 개발자들에게 다양한 with-* 매크로를 떠올리게 할 겁니다. 파이썬은 **콘텍스트 관리 프로토콜**context management protocol을 구현하는 객체를 사용하여 유사한 메커니즘을 제공합니다.

콘텍스트 관리 프로토콜을 사용한 적이 없다면, 작동 방식은 다음과 같습니다. with 문 안에 포함된 코드 블록은 두 개의 함수 호출로 둘러싸여 있습니다. with 문에서 사용되는 객체는 두 호출을 결정합니다. 이러한 객체는 콘텍스트 관리 프로토콜을 구현하는 것으로 합니다.

open()에서 반환되는 것과 같은 객체는 이 프로토콜을 지원합니다. 따라서 다음과 같이 코드를 작성할 수 있습니다.

```
with open("myfile", "r") as f:
    line = f.readline()
```

open()에서 반환되는 객체에는 두 가지 메서드가 있습니다. 메서드는 __enter__와 __exit__입니다. 이러한 메서드 with 블록의 시작 부분과 끝에서 각각 호출됩니다.

콘텍스트 객체의 간단한 구현은 [예제 13-5]에 있습니다.

예제 13-5 콘텍스트 객체의 간단한 구현하기

```
class MyContext(object):
    def __enter__(self):
        pass
```

```
    def __exit__(self, exc_type, exc_value, traceback):
        pass
```

이 구현은 아무것도 하지 않지만 유효하며, 콘텍스트 프로토콜에 따라 클래스를 제공하기 위해 정의해야 하는 메서드의 서명을 보여줍니다.

콘텍스트 관리 프로토콜은 코드에서 다음 패턴을 식별할 때 사용하기 적합합니다. 이 경우 메서드 B에 대한 호출은 항상 A에 대한 호출 후에 수행되어야 합니다.

1 메서드 A 호출
2 일부 코드를 실행
3 메서드 B 호출

open() 함수는 이 패턴을 잘 보여줍니다. 파일을 열고 내부적으로 파일 설명자를 할당하는 생성자는 메서드 A입니다. 파일 설명자 해제하는 close() 메서드는 메서드 B에 해당합니다. 분명히 close() 함수는 항상 파일 객체를 인스턴스화한 후 호출되어야 합니다.

이 프로토콜을 수동으로 구현하는 것은 지루할 수 있는데, contextlib 표준 라이브러리는 contextmanager 데커레이터를 제공하여 구현을 더 쉽게 만듭니다. contextmanager 데커레이터는 생성기 함수에서 사용해야 합니다. __enter__와 __exit__ 메서드는 생성기의 yield 문을 래핑하는 코드를 기반으로 동적으로 구현됩니다.

[예제 13-6]에서 MyContext는 콘텍스트 관리자로 정의됩니다.

예제 13-6 contextlib.contextmanager 사용하기

```
import contextlib

@contextlib.contextmanager
def MyContext():
    print("do something first")
    yield
    print("do something else")

with MyContext():
    print("hello world")
```

yield 문 앞의 코드는 with 문의 본문을 실행하기 전에 실행됩니다. yield 문 다음의 코드는
with 문의 본문이 끝나면 실행됩니다. 실행하면 이 프로그램은 다음을 출력합니다.

```
do something first
hello world
do something else
```

하지만 여기에 처리해야 할 몇 가지가 있습니다. 첫째, with 블록의 일부로 사용할 수 있는 제
너레이터 내부에 무엇인가를 얻을 수 있습니다.

예제 13-7 값을 산출하는 콘텍스트 관리자 정의하기

```python
import contextlib

@contextlib.contextmanager
def MyContext():
    print("do something first")
    yield 42
    print("do something else")

with MyContext() as value:
    print(value)
```

[예제 13-7]은 호출자에게 값을 산출하는 방법을 보여줍니다. 키워드 as는 이 값을 변수에 저
장하는 데 사용됩니다. 실행되면 코드는 다음을 출력합니다.

```
do something first
42
do something else
```

콘텍스트 관리자를 사용한다면 with 코드 블록 내에서 발생할 수 있는 예외를 처리해야 할 수
있습니다. 이것은 [예제 13-8]에서와 같이 yield 문을 try...except 문으로 둘러싸면 수행

할 수 있습니다.

예제 13-8 콘텍스트 관리자에서 예외 처리하기(Listing13-8.py)

```python
import contextlib

@contextlib.contextmanager
def MyContext():
    print("do something first")
    try:
        yield 42
    finally:
        print("do something else")

with MyContext() as value:
    print("about to raise")
    raise ValueError("let's try it")
    print(value)
```

여기서는 with 코드 블록의 시작 부분에서 ValueError가 발생합니다. 파이썬은 이 오류를 콘텍스트 관리자로 다시 보내고, yield 문이 예외 자체를 발생하는 것처럼 나타납니다. yield 문으로 try와 finally를 감싸서 최종 print()가 실행되는지 확인합니다.

실행되면 [예제 13-8]은 다음을 출력합니다.

```
do something first
about to raise
do something else
Traceback (most recent call last):
  File "c:/serious_python/chapter13/Listing13_8.py", line 13, in <module>
    raise ValueError("let's try it")    #①
ValueError: let's try it
```

보다시피 오류는 콘텍스트 관리자로 다시 발생되고, try...finally 블록을 사용하여 예외를 무시했기 때문에 프로그램이 실행을 다시 시작하고 완료합니다.

일부 콘텍스트에서는 [예제 13-9]에 표시된 것처럼 두 개의 파일을 동시에 열 때와 같이 여러 콘텍스트 관리자를 동시에 사용하여 콘텐츠를 복사하는 것이 유용할 수 있습니다.

예제 13-9 두 개의 파일을 동시에 열어 콘텐츠를 복사하기

```
with open("file1", "r") as source:
    with open("file2", "w") as destination:
        destination.write(source.read())
```

즉 with 문이 여러 인수를 지원하기 때문에 실제로 단일 with 문을 사용하여 버전을 작성하는 것이 [예제 13-10]처럼 더 효율적입니다.

예제 13-10 구문이 있는 파일 하나만 사용하여 동시에 두 개의 파일 열기

```
with open("file1", "r") as source, open("file2", "w") as destination:
    destination.write(source.read())
```

콘텍스트 관리자는 매우 강력한 설계 패턴으로 예외가 발생할 수 있더라도 코드 흐름이 항상 올바른지 확인하는 데 도움이 됩니다. 다른 코드와 contextlib.contextmanager에 의해 코드를 래핑해야 하는 많은 상황에서 일관되고 깨끗한 프로그래밍 인터페이스를 제공하는 데 도움이 될 수 있습니다.

13.4 attr로 상용구 사용하기

파이썬 클래스를 작성하는 것은 번거로울 수 있습니다. 다른 옵션이 없기 때문에 몇 가지 패턴만 반복하는 경우가 많습니다. [예제 13-11]에 나와 있는 것처럼 가장 일반적인 예시는 생성자에게 전달된 몇 가지 속성을 가진 객체를 초기화하는 것입니다.

```python
class Car(object):
    def __init__(self, color, speed=0):
        self.color = color
        self.speed = speed
```

프로세스는 항상 동일합니다. __init__ 함수에 전달된 인수의 값을 객체에 저장된 몇 가지 속성에 복사합니다. 전달되는 값을 확인하고 기본값을 계산해야 하는 경우도 있습니다.

분명히 출력되면 객체가 올바르게 표시되기를 원하므로 __repr__ 메서드를 구현해야 합니다. 일부 클래스는 직렬화를 위해 딕셔너리로 변환할 수 있을 정도로 간단할 수 있습니다. 비교와 해시 가능성hashability에 대해 이야기할 때 상황은 더욱 복잡해집니다(객체에 hash를 사용하고 set에 저장하는 기능).

실제로 대부분의 파이썬 개발자는 모든 테스트와 메서드를 작성하는 것을 부담스러워 합니다. 따라서 항상 필요하다는 확신이 없으면 이 작업을 수행하지 않습니다. 예를 들어 __repr__이 프로그램에서 디버깅과 추적을 시도하고 표준 출력에서 객체를 프린트하기로 결정했을 때만 프로그램에서 유용할 수 있습니다.

attr 라이브러리는 모든 클래스에 대한 일반 상용구를 제공하고 많은 코드를 생성하여 간단한 솔루션을 목표로 합니다. 여러분은 명령 pip install attr을 사용하여 attr을 설치할 수 있습니다. 즐길 준비를 합시다!

일단 설치되면 attr.s 데커레이터는 attr 멋진 세계의 진입점이 됩니다. 클래스 선언 위에 이것을 사용하고, attr.ib() 함수를 사용해서 클래스에 속성을 선언합니다. [예제 13-12]는 attr을 사용해서 [예제 13-11]을 다시 작성하는 방법을 보여줍니다.

예제 **13-12** attr.ib()를 사용하여 속성을 선언하기

```python
import attr

@attr.s
class Car(object):
    color = attr.ib()
    speed = attr.ib(default=0)
```

이런 식으로 선언하면 클래스는 파이썬 인터프리터의 **stdout**에 프린트될 때 객체를 나타내기 위해 호출되는 `__repr__`과 같은 몇 가지 유용한 메서드를 자동으로 얻습니다.

```
>>> Car("blue")
Car(color='blue', speed=0)
```

이 출력은 `__repr__`이 프린트한 기본값보다 깔끔합니다.

```
< main .Car object at 0x104ba4cf8>.
```

validator와 converter 키워드 인수를 사용하여 속성에 대한 유효성 검사를 더 추가할 수도 있습니다.

[예제 13-13]은 `attr.ib()` 함수를 사용하여 일부 제약 조건이 있는 속성을 선언하는 방법을 보여줍니다.

예제 13-13 converter 인수와 attr.ib() 사용하기

```
import attr

@attr.s
class Car(object):
    color = attr.ib(converter=str)
    speed = attr.ib(default=0)

    @speed.validator
    def speed_validator(self, attribute, value):
        if value < 0:
            raise ValueError("Value cannot be negative")
```

converter 인수는 생성자에게 전달되는 모든 변환을 관리합니다. validator() 함수는 `attr.ib()` 인수로 전달되거나 [예제 13-13]에 표시된 대로 데커레이터로 사용할 수 있습니다.

attr 모듈은 속성의 유형을 확인하기 위해 `attr.validators.instance_of()`와 같은 몇 가지 유효성 검사기를 제공하므로 직접 구축하면서 시간을 낭비하기 전에 확인합시다.

또한 attr 모듈은 객체를 해시하여 세트와 딕셔너리 키에서 사용할 수 있도록 조정해줍니다. 클래스 인스턴스가 변경되지 않도록 `attr.s()`에 `frozen=True`를 전달합니다.

[예제 13-14]는 고정된 매개변수를 사용하여 클래스의 동작을 변경하는 방법을 보여줍니다.

예제 13-14 frozen=True 사용하기

```
>>> import attr
>>> @attr.s(frozen=True)
... class Car(object):
...     color = attr.ib()
...
>>> {Car("blue"), Car("blue"), Car("red")}
{Car(color='blue'), Car(color='red')}
>>> Car("blue").color = "red"
Traceback (most recent call last):
  File "<stdin>", line 1, in <module>
  File "D:\workspace\work_python\venv\lib\site-packages\attr\_make.py", line 419,
in _frozen_setattrs
    raise FrozenInstanceError()
attr.exceptions.FrozenInstanceError
```

[예제 13-14]는 frozen 매개변수를 사용하여 Car 클래스의 동작을 변경하는 방법을 보여줍니다. 해시되어 세트에 저장될 수 있지만 객체는 더는 수정할 수 없습니다.

요약하자면 attr은 수많은 유용한 메서드에 대한 구현을 제공하므로 직접 작성할 수 없습니다. 클래스를 구축하고 소프트웨어를 모델링할 때, 효율성을 높이기 위해 attr을 활용하는 것이 좋습니다.

13.5 마치며

축하합니다. 이제 이 책을 모두 마쳤습니다. 파이썬 실력을 더 향상하고, 효율적이고 생산적인 파이썬 코드를 작성하는 방법을 알게 되었을 겁니다. 계속해서 이 책을 활용했으면 합니다.

파이썬은 훌륭한 언어이며 다양한 분야에서 사용할 수 있습니다. 이 책에서 언급하지 않은 파이썬의 더 많은 활용 분야가 있지만, 모든 책은 결말이 필요합니다.

오픈소스 프로젝트에 참여하며 많은 소스 코드를 읽어보고, 기여도 하며 더 많이 배워보기를 권합니다. 종종 다른 개발자가 여러분의 코드를 검토하고, 그것에 대해서 토론하는 것은 좋은 학습이 됩니다.

해피 해킹!

INDEX

INDEX